AR LAFAR, AR GOEDD

Golwg ar gymdeithas wledig
de Ceredigion drwy graffu
ar gyfoeth iaith 'hen ŷd y wlad'

AR LAFAR, AR GOEDD

Golwg ar gymdeithas wledig de Ceredigion drwy graffu ar gyfoeth iaith 'hen ŷd y wlad'

DAVID JENKINS

CYMDEITHAS LYFRAU CEREDIGION GYF.

Cyhoeddwyd gan Gymdeithas Lyfrau Ceredigion Gyf.,
Blwch Post 21, Yr Hen Gwfaint, Ffordd Llanbadarn,
Aberystwyth, Ceredigion SY23 1EY.
Argraffiad cyntaf: Mawrth 2007
ISBN 978-1-84512-055-9

Seiliwyd y mapiau a'r diagramau ar dudalennau 144-166
ar ddeunydd a gedwir yng nghasgliadau
Llyfrgell Genedlaethol Cymru ac Archifdy Ceredigion.
Llun tud. 116 © Hawlfraint y Goron: Comisiwn Brenhinol Henebion Cymru
Daw gweddill y lluniau o gasgliad personol yr awdur.

Cefnogwyd y gyfrol gan Gyngor Llyfrau Cymru.
Argraffwyd gan Wasg Gomer, Llandysul, SA44 4JL.

i Megan

Cynnwys

§

Rhagair

PLESER yw ysgrifennu gair o gyflwyniad i gyfrol gyfoethog a gwerthfawr fy hen gyfaill David Jenkins. Mae gan David a minnau lawer iawn yn gyffredin; mae'r ddau ohonom yn hannu o deulu o forwyr – David o Aber-porth a minnau o Langrannog ryw bedair milltir i ffwrdd. Bu'r ddau ohonom yn ddisgyblion yn Ysgol Uwchradd Aberteifi ac ym Mhrifysgol Aberystwyth lle y dylanwadwyd yn fawr iawn arnom gan yr Athro E. G. Bowen ac Alwyn D. Rees. Hwy oedd y prif symbyliad inni'n dau baratoi traethodau estynedig ar ein hardaloedd er mwyn ennill graddau uwch.

O 1949 tan ei ymddeoliad yn 1986 darlithydd poblogaidd ac uchel ei barch yn Adran Efrydiau Allanol Coleg Prifysgol Cymru, Aberystwyth fu David, a daeth ei waith beunyddiol ag ef i gysylltiad agos â nifer o wladwyr diwylliedig. Manteisiodd ar eu gwybodaeth a'u profiad i gasglu manylion amhrisiadwy am orffennol bywyd ac iaith y gymdeithas. Yn 1971 cyhoeddwyd peth o'i waith ymchwil yn ei *The Agricultural Community in South-West Wales at the Turn of the Nineteenth Century*; gwaith cynhwysfawr a safonol.

Mae'n cynnal yr un traddodiad gydag *Ar Lafar, Ar Goedd*. Mewn tair ysgrif feistrolgar dadansoddir natur cymdeithas a 'gwerin' wledig de Ceredigion drwy fanylu ar arferion amaeth a geirfa feunyddiol a llachar ei gwladwyr. Mae David nid yn unig yn cyflwyno'r dystiolaeth a gasglodd dros y blynyddoedd ond ar adegau pwrpasol mae'n ei osod mewn cyd-destun llenyddol sy'n goleuo ei ddehongliad mewn modd rhyfeddol ac yn tystio i ddyfnder gwreiddiau yr hen gymdeithas.

Yn ystod blynyddoedd cynnar yr ugeinfed ganrif âi bywyd yn ei flaen yn y Gymru wledig heb ryw lawer o darfu ar yr arferion oesol a fu. Ar offer llaw a pheiriannau syml a gâi eu tynnu gan geffylau ac ychen y dibynnai'r amaethwr. Byddai bron pob fferm yn cadw gweision a morynion, a byddai gan bob un ei ran i chwarae yn ffyniant y fferm. Ar gyfnodau prysur dibynnai pob amaethwr ar wasanaeth cymdogion a pherthnasau, canys heb system o gydweithio cymdeithasol ni fyddai'n bosibl cynaeafu na gwair nac ŷd, na thatws na mawn. Chwalodd cythrwfl yr ugeinfed ganrif hynny'n chwilfriw; diflannodd cymdeithas hynafol. Ac oni bai am gymwynaswyr megis David Jenkins byddai'r dystiolaeth am ei natur wedi mynd i ddifancoll yn ogystal.

Dyna yw pwysigrwydd *Ar Lafar, Ar Goedd*; mae'n gosod ar gof a chadw beth o'r cyfoeth nas gwelir fyth eto.

J. Geraint Jenkins

Ysgrif 1
Ar Lafar, Ar Goedd

Fe adroddir i Syr John Morris-Jones ryw dro ddweud wrth Syr Ifor Williams, pan oedd hwnnw'n sôn am drafod enwau lleoedd, mai dim ond gŵr ffôl fyddai'n ymgymryd â'r fath orchwyl. Tybed beth a ddywedai wrth y sawl a gynigiai drafod llafar gwlad a'i helaethrwydd? Doeth felly fyddai dechrau trwy ddatgan yr ystyriaeth sydd wrth wraidd yr ymgais hon i drin ymadroddion iaith pob dydd, a gwnaf hynny fel a ganlyn. Os cofnodir fesul un yr ymadroddion sydd i'w clywed, pa mor ddiddorol bynnag y bônt, ni fydd y cyfan namyn rhestr o idiomau digyswllt neu grynhoad o fanion yr iaith lafar. Mae'r ymadroddion yn ddi-os yn cyfoethogi ac yn gloywi iaith y rhai sy'n eu harfer, ond nid ydynt yn anhepgor iddi. Er hynny, fe awgrymir neu fe dybir o bryd i'w gilydd fod yr ymadroddion yn haeddu sylw am eu bod yn gynnyrch cymuned iaith arbennig ac felly'n datgelu ei nodweddion. Nid pawb sy'n cytuno â hynny, fodd bynnag; yn ôl rhai, unigolion sy'n ynganu geiriau, nid cymunedau, ac unigolion hefyd sy'n rhaffu geiriau wrth ei gilydd am y tro cyntaf gan ffurfio ymadroddion. Ond cyn i eiriau unrhyw unigolyn dyfu'n ymadrodd, rhaid i'w gyd-ddynion synhwyro'u harwyddocâd a chanfod eu priodoldeb iddynt hwythau. Ac fe ddigwydd hynny yn ôl meini prawf a rennir ganddynt ac sy'n cyfrif iddynt hwy yn anad neb. A chan na thry geiriau unigolyn yn ymadrodd oni bai eu bod yn cyfrif i'w gyd-ddynion, mae'r ymadroddion ar ryw gyfrif yn dystion i'r hyn sydd neu oedd o bwys i'r cyd-ddynion hynny. Maent felly yn arweiniad i'w gwerthoedd a'u syniadau a'u teithi meddwl.

Brodorion a Sylwebwyr

Yn 1944 cyhoeddodd A. W. Ashby ac I. L. Evans *The Agriculture of Wales and Monmouthshire.* Prifathro Coleg y Brifysgol, Aberystwyth, oedd yr economegydd Ifor L. Evans ac Athro Economeg Amaethyddol yr un coleg oedd A. W. Ashby. Yn eu llyfr fe roddir cyfrif o ffermydd Cymru yn ôl eu maint, gan nodi sawl daliadaeth a berthynai i bob un o'r categorïau canlynol: 1-5 erw; 5-20 erw; 20-50 erw; 50-100 erw; 100-150 erw; 150-300 erw; 300-500 erw; a thros 500 erw. Nid oes dim yn hynod nac yn annisgwyl ynglŷn â'r categoreiddio hwn. Ond nid felly y cyfeiriai trigolion cefn gwlad at ffermydd gynt. Pe gwrandewid ar lafar ffermwyr a gweision a phawb arall a weithiai ar y tir o bryd i'w gilydd, ni chlywid unrhyw gyfeiriad at ffermydd yn ôl categorïau Ashby ac Evans. Yn hytrach, fe glywid am 'le bach' neu 'le mawr', am 'le ceffyl' neu 'le pâr o geffylau', am 'le buwch' neu 'le jogel'. Ymadroddion unigol yw'r rhain i gyd, ond gyda'i gilydd fe'n galluogant i weld sut y byddai trigolion y wlad yn gwahaniaethu rhwng un daliadaeth a'r llall am eu bod yn ffurfio dwy set o gategorïau, neu ddwy gadwyn, neu ddwy ffordd gyfochrog o wahaniaethu rhwng ffermydd a'u dynodi. Mae hynny yn ei dro yn rhagdybio gwahaniaethu rhwng un fferm a'r llall nid ar fympwy nac yn ôl y meini prawf oedd yn cyfrif i Ashby ac Evans, ond yn ôl yr ystyriaethau oedd yn cyfrif i'r bobl a arferai'r ymadroddion, y brodorion.

Dyma un gyfres, un set o gategorïau: lle buwch/dwy fuwch/tair buwch, sef digon o dir at gynnal un fuwch, neu ddwy neu dair (yng ngorllewin Iwerddon gynt, o ganlyniad i'r rhannu eithafol a fu ar dir, y 'lle' lleiaf a ddynodid ar lafar oedd 'lle coes buwch', ac am yr un rheswm, efallai, y cyfeirid ar un adeg at 'le coes ceffyl' yn yr Alban); lle ceffyl, sef digon o dir at gynnal ceffyl; lle pâr o geffylau, sef hynny o dir y medrid ei aredig ag un pâr o geffylau ar gyfer hau mewn amser priodol; lle dau bâr/ tri phâr, sef hynny o dir y medrid ei aredig â dau neu dri phâr o geffylau ar gyfer hau mewn amser priodol.

A dyma'r ail gyfres: lle bach, lle jogel,[1] a lle mawr. Yn neau sir Aberteifi ystyrid fferm 150 cyfer yn 'le mowr'.

Nid ar fanylion yr hyn a gyflwynwyd gan Ashby ac Evans y bwriedir sylwi ond ar hyn, sef bod eu dosbarthiad yn wahanol ei fath i eiddo'r trigolion. Sylwebwyr oedd Ashby ac Evans, ymchwilwyr yn y maes yn hytrach na chyfranogwyr ym mywyd beunyddiol ardal neu gymuned ffermio. 'Dosbarthiad sylwebwr' (neu 'ymchwiliwr') felly yw eu dosbarthiad hwy, a luniwyd ganddynt yn hollol gywir a phriodol at eu diben, sef rhoi cyfrif o ffermydd Cymru. Sylfaen eu dosbarthiad yw'r meini prawf a sefydlwyd ganddynt hwy eu hunain, yn unol â'r hyn a ystyrient yn bwysig.

Mewn cyferbyniad â hynny 'dosbarthiad brodorion' yw'r ddwy gyfres a grybwyllwyd uchod, sef eiddo'r rheini a gyfranogai gynt yng ngwaith a bywyd ffermydd a chymunedau'r wlad. Mae eu categorïau yn ddibynnol ar yr hyn oedd yn cyfrif yn eu byd hwy, ac felly'n amlygu'r ystyriaethau oedd yn arwyddocaol ac ystyrlon iddynt.

Golygai 'lle buwch' rywbeth unigryw ym mywyd cefn gwlad, am ei fod yn rhoi 'cynhali(a)eth lla(e)th a menyn' i'w ddeiliaid tra byddai'n rhaid i drigolion y 'tai bach', sef y di-dir, fodloni ar laeth enwyn a llaeth sgim ar ôl y corddi ar ffermydd eu broydd. Tua 1900, medrai deiliaid y 'llefydd buwch' logi yn hytrach na phrynu creadur am 25 swllt, a hynny am y cyfnod

---

1 Yn nhafodiaith y de-orllewin mae *di* yn troi'n *j* dan rai amgylchiadau. Try 'diogi' yn 'jogi', 'diangyd' yn 'jangyd', 'diawl' yn 'jawl', 'diaist i' yn 'jaist i', 'Duw Duw' [oedd yn waharddedig] yn 'jiw jiw' [derbyniol], 'diod baco' yn 'jôd baco', a 'diogel' [sef cymedrol] yn 'jogel'.

'rhwng bwrw llo a hesbo', sef y cyfnod y byddai'n godro. 'Buwch hur' oedd yr ymadrodd am yr anifail, a dengys yr ymadrodd fod iddi ei lle ei hunan yn nirnadaeth trigolion cefn gwlad.

Yr oedd 'lle ceffyl' yn cyfrif oherwydd dyma'r maen tramwy at gael 'lle pâr o geffyle'. Yr oedd felly am fod dwy 'ffon fara' ar 'le ceffyl'. 'Halio' fyddai gwaith y gŵr, sef cludo pa beth bynnag y byddai angen ceffyl a chart i'w symud – cerrig a thywod at adeiladu (hyd yr 1950au cynnar); dodrefn; boncyffion anhydrin; mawn a thyweirch; glo; a nwyddau o'r rheilffordd i'r siopau yn y cyfnod cyn dyfodiad lorïau. Y wraig a ofalai am y ddaliadaeth, a thrwy ymdrech ac aberth gellid hel y cyfalaf oedd yn ofynnol er mwyn chwilio am le mwy i symud iddo.

Yr oedd 'lle pâr (dau/tri phâr) o geffyle' yn cyfleu mwy na nifer yr anifeiliaid, am fod angen aradrwr ar gyfer pob pâr o geffylau. Os byddai'n rhaid cyflogi, gwas a gyflogid at aredig, nid gweithiwr, ac i'r un perwyl â'r uchod fe glywais mewn rhai ardaloedd gategoreiddio a dosbarthu ffermydd fel 'lle gwas a morwyn', 'lle dau was', 'lle tri gwas' yn ôl pa sawl pâr o geffylau yr oedd eu hangen i drin y tir.

Nodwn hyn hefyd: yr oedd fferm yn 'le pâr (dau/tri phâr) o geffyle' yn ôl barn a rennid gan drigolion y cylch ynglŷn â sawl pâr y byddai eu heisiau i drin tir fferm, hyd yn oed os byddai rhai ffermwyr yn cadw mwy o geffylau neu lai ohonynt at aredig nag oedd eu hangen yn ôl y farn gyffredin. Hynny yw, nid adroddiad ffeithiol oedd 'lle pâr (dau/tri phâr) o geffyle' yn y bôn ond barn y trigolion am ffermydd eu broydd; yn hynny o beth y mae'r categorïau hyn yn dra gwahanol i eiddo Ashby ac Evans. Gwelir hefyd fod yna resymau am wahaniaethu rhwng daliadaethau yn union fel y gwneid, rhesymau yn ymwneud â gofalon a gofynion a phrofiad y bywyd beunyddiol.

Yr oedd hynny hefyd yn wir am y gwahaniaethu rhwng 'lle bach', 'lle jogel', a 'lle mawr', sef yr ail ddosbarthiad a grybwyllwyd. Nid oedd gan y llefydd lleiaf y cyfan o'r da byw na'r cyfarpar a oedd gan y llefydd mwy; yn arbennig, ni fedrai lle bach gadw tarw er bod gwasanaeth tarw yn ofynnol nes dyfodiad y 'tarw botel' yn y blynyddoedd ar ôl yr Ail Ryfel Byd. Felly roedd lle yn fach o'i gymharu â'r lle mwy yr oedd yn ddibynnol arno am anhepgorion gwaith, tra ar yr un pryd deiliaid y llefydd bach yn aml fyddai'n cyflawni'r swyddi oedd yn ofynnol ar gyfer pob fferm – lladd moch, delio mewn wyau ac ymenyn, ac yn ddiweddarach buddsoddi mewn lorïau i gludo da byw, ac ati.

Llafar gwlad sy'n dynodi'r categorïau hyn ac yn amlygu'r ffordd yr oeddid yn dosbarthu ffermydd gynt. Wrth wraidd y categorïau yr oedd ystyriaethau a fyddai'n gyfarwydd i bawb. Yr oedd yr ymadroddion hyn felly yn gelfi meddyliol i bobl, yn offer o syniadau, yn ganllawiau at amgyffred a thrafod eu hamgylchedd mewn ffordd a fyddai'n ddealladwy iddynt oll: yn hynny o beth, hyrwyddent y cyfathrebu a'r cyfathrachu na fedr na chymdogaeth na chymdeithas hebddynt. Gwir y dywedwyd, 'Figures of speech are figures of thought.'

Byddai'n fuddiol ychwanegu tri pheth ynglŷn â'r gwahaniaethau a nodwyd uchod rhwng 'dosbarthiad sylwebwr' ar y naill law, a 'dosbarthiad brodorion' ar y llall. Yn gyntaf, ni ddadleuir fod un yn gywir a'r llall yn anghywir: mae angen y ddau ond at ddibenion gwahanol. Yn ail, camsyniad fyddai priodoli'r naill ddosbarthiad i'r rhai sy'n synied yn ôl y llall: perthynant i wahanol feysydd trafod. Ac yn drydydd, mae gwahaniaethu rhwng 'dosbarthiad sylwebwr', a 'dosbarthiad brodorion' yn briodol mewn llawer cyswllt ar wahân i faint daliadaethau o dir. Fe ellir ychwanegu hefyd fod yr ystyriaethau hyn yn berthnasol lle bynnag y medrir yn iawn wahaniaethu rhwng cysyniadau ymchwilwyr ar y naill law a rhai brodorion ar y llall. Dyma, er enghraifft, y cyfarpar o syniadau sy'n galluogi dehongli *class* y Saesneg. Mae'n 'ddosbarthiad (neu gysyniad) sylwebwr' mewn llawer cyswllt, ond yn 'ddosbarthiad (neu gysyniad) brodorion' mewn llawer cyswllt arall. Â dosbarthiad brodorion y mae a wnelom ni yma yn bennaf.

Cyn mynd yn ein blaenau, nodwn a ganlyn. Yn ystod yr Oesau Canol fe ddynodid amryw diroedd nid yn ôl nifer erwau eu harwynebedd ond yn ôl nodweddion fel y rhain – eu gallu i gynnal pobl, neu nifer yr anifeiliaid gwaith oedd yn ofynnol i'w trin, er enghraifft, *hide* (daliadaeth a fedrai gynnal un teulu), *bovate* (cymaint o dir ag y gellid ei drin ag un ych), a *ploughland* (y tir y gellid ei drin ag un wedd o ychen). Tebyg i hyn yw dull yr ymadroddion o'r de-orllewin, ymadroddion a fu'n gyfarwydd ar lafar hyd yn ddiweddar. Yr un yw maint can erw (dyweder) o weirgloddiau breision ac o rostiroedd llwm, fel y gwyddai Ashby ac Evans, ond mae'n amlwg mai ystyriaethau eraill sy'n cyfrif yn yr ymadroddion dan sylw.

Iaith a Gwaith a Man Geni

Pan geisiais gyntaf ddisgrifio'r bywyd cefn gwlad y clywais amdano gan genhedlaeth hŷn, fe'm siomwyd droeon gan f'anallu i lunio dim namyn casgliadau o ffeithiau moel unigol – casgliad o ffeithiau ynglŷn ag arferion tymhorol, casgliad o ffeithiau am waith, am dai annedd, am fwydydd ac ati, 'a vast heap of littleness' ys dywedodd Coleridge mewn cyswllt tra gwahanol. Cofnodi manylion oedd hynny yn hytrach na disgrifio: ni ellir disgrifio heb ddeall. Un ffordd o ddeall dulliau pobl yw trwy synio amdanynt fel y syniant hwy eu hunain amdanynt. Allwedd i hynny yw eu llafar: mae hwnnw yn frith o ymadroddion (fel am faint ffermydd) sydd wedi ennill eu plwyf am eu bod yn cyfleu ystyriaethau sy'n cyfrif i'r rhai a'u harferant. Ymhlith yr ymadroddion mae'r rheini sy'n dangos sut y mae pobl yn categoreiddio ac felly'n rhoi trefn feddyliol ar y byd a'i bethau. Fe awn ar drywydd rhai o'r rheini maes o law.

Heddiw yng Ngheredigion y mae gweddill y gymdeithas fu yno gynt, gweddill sy'n byw ymhlith dyfodiaid estron a brodorion a estronwyd. Ond erys cyfoeth o ymadroddion ar dafod y gweddill hwnnw, ymadroddion a luniwyd pan oedd amaethyddiaeth yn brif foddion cynhaliaeth, pan oedd mwyafrif y boblogaeth yn rhannu'r un diwylliant, a phan oedd mewnfudo yn anghyffredin (er gwaethaf y gweithfeydd mwyn), a'r ychydig fewnfudwyr a geid yn aml yn debyg i'r brodorion o ran eu diwylliant a'u cefndir cymdeithasol. Gwelir awgrym o hynny yng nghyfrifiad 1901, yn yr ystadegau ynglŷn ag iaith y rhai oedd yn dair oed a throsodd yn y flwyddyn honno.[2]

Dosbarth gwledig	Cyfanswm	Poblogaeth dair oed a throsodd	Uniaith Saesneg	Uniaith Gymraeg	Cymraeg a Saesneg
Aberaeron	8,170	7,722	109	5,394	2, 199
Aberystwyth	13,457	12,617	694	6,703	5,163
Aberteifi	3,400	3,222	161	1,535	1,513
Llanbedr	3,783	3,518	82	2,262	1,172
Llandysul	8,175	7,720	182	5,201	2,333
Tregaron	7,947	7,494	123	5,537	1,824

Gwelir nad oedd ond 82 yn ddi-Gymraeg ymhlith y 3,518 o bobl tair blwydd oed a throsodd a drigai yn nosbarth gwledig Llanbedr, ac o'r 7,494 cyfatebol yn nosbarth gwledig Tregaron medrai 7,361 ohonynt y Gymraeg. Nid yw hynny'n gwbl annisgwyl pan sylweddolir fod 80 y cant o boblogaeth Ceredigion wedi eu geni yn y sir, a bod deg y cant arall yn enedigol o siroedd oedd yn ffinio â hi (Cyfrifiad 1901).

2 Gan fod rhai atebion yn ddiffygiol, nid yw cyfanswm nifer y siaradwyr yn cyfateb yn union i gyfanswm y boblogaeth dair oed a throsodd.

Fe ddengys yr un cyfrifiad fod yn y sir y pryd hwnnw 20,952 o wrywod deng mlwydd oed a throsodd. Yr oedd 16,775 ohonynt yn gweithio, 7,283 mewn amaethyddiaeth gan gynnwys 2,905 o 'farmers and graziers'. Enillai mwy o lawer o ddynion eu bywoliaeth drwy waith fferm na thrwy unrhyw un math arall o waith.

Yn yr un cyfnod yr oedd yng Ngheredigion 59,879 o bobl (1901) a 18,133 o geffylau (1913). Mewn plwyfi heb ffatrïoedd na chwareli roedd un ceffyl i bob dau berson; er enghraifft, yn Nhroed-yr-aur a Betws Ifan ynghyd, ceid 1,063 o bobl a 499 o geffylau. 'Dilyn ceffyle' oedd 'gwaith uwcha'r fferm', tra 'gore'i drap a gore'i geffyl' oedd nod llawer ffermwr. Er hynny, gwartheg a'u cynnyrch, sef llaeth ac ymenyn, fyddai'n dwyn yr elw mwyaf. Y gwaith lleiaf dymunol oedd 'gwaith caib a rhaw' a'r bygythiad i grwt diog fyddai dweud mai 'gwaith caib a rhaw sy o dy fla'n di'.

Yr oedd yng Ngheredigion yn 1913 67,595 o wartheg gan gynnwys 1,803 yn Nhroed-yr-aur a Betws Ifan ynghyd. Ond sarhaus fyddai cyffelybu neb i wartheg. Tra dywedid bod hon a hon yn 'hen fuwch', 'hen lo' fyddai hwn a hwn beth bynnag ei oedran. Os oedd yn ŵr twp, dywedid ei fod 'mor dwp â llo' neu fod 'y fuwch wedi'i lyfu fe'. Dywedid bod person anniben 'fel buwch yn domi', yn gosod pethau i lawr pa le bynnag y mae'n digwydd bod. Roedd y gŵr cyhyrog 'mor gryf â cheffyl' yn hytrach na tharw, a thra bod y Sais 'mor wyllt â tharw', roedd gŵr y de-orllewin 'mor wyllt â chacwn'. Ac er bod un fuwch mewn buches yn debygol o arwain y lleill yn gyson o'r cae i'r beudy, eto ni luniwyd unrhyw gyffelybiaeth yn cymharu unrhyw arweinydd â'r anifail hwnnw. Gyda llaw, cyn codi tai bach, âi'r menywod i'r beudy a'r dynion i'r stabl!

Mewn cymhariaeth â nifer y rhai a enillai eu bywoliaeth ar ffermydd, fe weithiai 1,817 yn y diwydiant adeiladu, fel seiri a masiyniaid yn bennaf. Parthed menywod, dywed cyfrifiad 1901 fod 1,487 ohonynt yn gweithio ym myd amaeth, a'r ffigur hwnnw'n cynnwys morynion. Ond nid oedd ffermwragedd wedi'u cynnwys ynddo: yn ôl Ashby ac Evans ceid 6,000 a mwy o ddaliadaethau yng Ngheredigion yn 1913, gan gynnwys 1,817 o 50 erw a mwy, ac yn sicr ddigon lle trigai gwŷr a gwragedd ar y ffermydd hynny fe fyddai'r gwragedd yn ogystal â'r gwŷr yn cyfrannu at eu gwaith.[3] Yn wir, anwybyddwyd nifer y ffermwragedd yn fwriadol yn y cyfrifiad am nad oedd yr wybodaeth am eu cyfraniad at orchwylion gwaith fferm yn gwbl ddibynadwy. Roedd felly fwy o fenywod yn gweithio ar ffermydd nag a ddywed y cyfrifiad; rhaid casglu hefyd fod mwy o bobl yn gweithio ym myd amaeth nag mewn unrhyw fyd arall, a hynny o gryn dipyn.

Yn ogystal â'r gweithwyr llawn amser, ceid gwŷr a gwragedd eraill a weithiai ar y ffermydd yn achlysurol, megis y medelwyr. Talent hwy 'ddyled gwaith' am 'osod tato mas' ar dir fferm, a chan eu bod yn talu eu dyledion o ddyddiau gwaith adeg cynhaeaf, yr enw arall ar y ddyled oedd 'dyled cynhaeaf'. (Yng nghanolbarth Ceredigion 'duty tatw' oedd yr enw ar 'ddyled gwaith' y de, ac ym mhob man y fferm fyddai'n darparu'r dom ar gyfer pob un o rychau'r talwr 'dyled gwaith'; telid un dydd gwaith y rhych. Yng ngogledd Ceredigion yn ystod yr Ail Ryfel Byd, pan oedd bwyd a gweithwyr yn brin, adferwyd y 'duty tatw' ond gan adael i bob un a fyddai'n 'plannu allan' [yng nghae'r fferm] gymryd o'r llwyth dom yr hyn oedd yn gymwys yn ôl ei gydwybod. Adwaenid y drefn fel 'tatw dyletswydd'.) Yng ngogledd eithaf Ceredigion hefyd byddai pobl yn 'dilyn pladuriau', sef rhwymo ysgubau a'u stacanu am gael torri mawn ar fawnogydd ffermydd yn eu cylchoedd. Os ychwanegir y medelwyr at nifer y gweithwyr llawn amser, fe welir fod rhywun neu'i gilydd mewn rhyw naw o bob deg tŷ annedd yng nghefn gwlad yn gweithio ar ffermydd ac yn gyfarwydd â'u gweithgareddau ac â geirfa ffermwriaeth.

3 Cyd-ddigwyddiad yn hytrach na chamsyniad yw'r ffigur 1,817 sy'n ymddangos ddwywaith uchod.

Un o ganlyniadau hynny oedd fod gweithgareddau eraill, lle byddai hynny'n ymarferol, yn cael eu trefnu fel ar ffermydd. Ymhell cyn codi'r ffatrïoedd gwlân helaeth ar lannau Teifi a'i hisafonydd, megis yn Dre-fach Felindre a Phencader a Llandysul, ceid mân ffatrïoedd ar glos llawer fferm. Cyflogid gweithwyr y rheini o Galan Gaeaf i Galan Gaeaf fel gweision ffermydd, a chysgai'r gweithwyr yn llofft y stabl neu'r storws gyda'r gweision ffermydd. Adwaenwn ŵr a anwyd tua 1870 a fu'n rhannu llofft stabl fferm tua dwy filltir o Landysul, gyda 13 arall. Yr oedd dau o'r rheini yn weision ffermydd fel yntau, a'r 11 arall yn weision y ffatri wlân a safai ar glos y fferm. Rhannent saith gwely rhyngddynt. Cofier hefyd mai 'gwas siop' sy'n gweini mewn siop, safle sy'n cyfateb i 'was fferm'.

Gwelwyd uchod fod trwch y boblogaeth yn rhannu'r un cefndir ieithyddol, a'r iaith honno, y Gymraeg, yn cynnwys geirfa a oedd mewn rhan yn waddol sawl canrif. Nid amheuaf fod rhai o leiaf o'u hymadroddion yn tarddu o'r Oesau Canol; yn sicr, meddent ar eirfa a luniwyd cyn i drwch y boblogaeth gyfarwyddo â seiniau'r Saesneg. Clywais yng ngogledd sir Benfro hen wraig a anwyd ar ddechrau'r ugeinfed ganrif yn sôn am y 'piam' a'r 'dendwm' a dyfai gerllaw ei thŷ, sef *peony* a *rhododendron* plastai'r cylch. Fe addaswyd y Saesneg ganddynt at yr hyn oedd yn gydnaws yn yr unig iaith oedd yn llwyr gyfarwydd iddynt: dyma'r 'creadigrwydd' y soniodd Saunders Lewis amdano. Ond os trwy gyfrwng y plastai y cyflwynwyd llawer planhigyn i drwch y boblogaeth, go brin mai perchnogion y plastai a addasodd eu henwau fel hyn. Mae'r iaith yn frith o eiriau a hir addaswyd felly, megis 'shwc' a 'sten', a 'rhaca' a 'chorlac', sydd bellach yn rhan annatod o 'iaith cynhefin y wlad'.

Ond roedd yr iaith honno yn rhyfedd o frith hefyd o eiriau eraill lle roedd y Saesneg gwreiddiol yn bur amlwg. Dyma restru rhyw ychydig: ale; bariwns; britis; bertshan; conseint; comodiwe; comopo; constrowlo; cidl; clandro; cwrbe; dihowlt;

ecs; ffeirin; ffleim; ffarlinco; giler; gwresto; hoffdrar (*half drawer*, sef dodrefnyn); lwff; mate (o'r dywarchen); moned; nepo; olier; polpo; peis; pilffran; patro; pampo; pitfal; pilwri; reil; stwffwl; sponer; stringaste; stranco; starloywo; shwrl; sleten; stresol; scrwbin; slabart; slachdar; slibwrt; sparbil; trân; trestel; trebl; wamfflat; wejen; wharblat. Benthyciwyd mwy a mwy o eiriau o'r Saesneg oddi ar yr Oesau Canol, ac ymddengys bod yr iaith ar drai er bod cynifer yn ei medru hi; torrwyd ar yr addasu rhyfedd hwn gyda seisnigeiddio trylwyr y cyfnod.

Tebyg mai'r benthyciad hynotaf o'r Saesneg oedd y gair *farmyard*. Fe'i defnyddid nid am glos na buarth fferm ond pan olygid *homefarm* yn y Saesneg; er enghraifft, 'Farmyard Gwernan' y gelwid *homefarm* Plas y Gwernan(t).

Yng nghyffiniau Dyffryn Teifi gelwir rhai ffermydd a fu gynt yn *homefarms* plastai'r fro yn 'Farmyard', ac fe glywais mai 'Farmyard' oedd hen enw *homefarm* plas Alltlwyd (Plas Gwyn heddiw), sydd rhwng Llanrhystud a Llan-non. Gyda llaw, nid oes awgrym yng ngeiriadur mawr Rhydychen fod *farmyard* byth yn gyfystyr â *homefarm* yn y Saesneg.

Mae'r parodrwydd i gipio geiriau o'r Saesneg yn rhyfedd. Yr hyn a ddywedid ar lafar am *hernia* oedd 'bretsh', addasiad o *breech* neu *breach* y Saesneg. Mewn un pentref yn ne Ceredigion 'bara bacéres' oedd yr enw ar fara a oedd wedi'i bobi gan bobwraig yn hytrach na phobydd, er na fyddai neb byth yn sôn am ddim ond *pobi* bara.

Ynglŷn â bathu ac addasu geiriau fe all fod yr ymadroddion sy'n ymwneud â thai, a'r mathau ohonynt, yn arwyddocaol. Ar lafar cyfeirid at y 'tŷ dau ben', y 'tŷ singl', a'r 'tŷ dwbwl'. Dau ben y math cyntaf oedd y 'penisha' a'r 'pen ucha'. Y 'pen isha' oedd 'parlwr' rhai pobl, gair sy'n tarddu o'r Saesneg a'r Ffrangeg: gwn am wŷr a anwyd yn ystod yr 1920au yng nghanolbarth Ceredigion na chlywsant y gair 'parlwr' nes mynychu'r ysgol ganol yn Aberaeron. Ni ddywedid yno wrth blentyn 'Cer i'r parlwr i 'mofyn hyn a hyn' ond 'Cer i'r pen isha . . .' Y 'pen ucha' oedd y gegin, lle ceid y lle tân pan nad oedd yna dân ond wrth un talcen. Nodwn hefyd mai un ystyr 'to' oedd gwellt toi; 'tynnu to' oedd paratoi gwellt ar gyfer toi, a 'thŷ to' (nid 'tŷ to gwellt') oedd tŷ â tho o wellt.

Nodwedd y 'tŷ singl' oedd fod ei ystafelloedd mewn un rhes neu linell: os oedd ganddo lofft yn hytrach na 'dowlad' (taflod) dyna 'dŷ â lofft', ac os ceid 'eil' yng nghefn y tŷ yn ei helaethu dyna 'dŷ ag eil'. Buwyd yn codi 'tai ag eil' yn y de-orllewin o ganol y ddeunawfed ganrif o leiaf hyd yr 1920au.

'Tŷ ag eil' y llafar oedd dwy ystafell yn wyneb y tŷ, ac eil (*aisle* y Saesneg) yn ymestyn ar hyd y cyfan o gefn y tŷ. Noder fod 'eil' yn rhan hanfodol o'r tŷ, nid ychwanegiad ato. Gwahaniaethid rhyngddo a *lean to*: nid 'eil' oedd hwnnw ond 'olier', sydd hefyd yn tarddu o'r Saesneg, sef *oriel*. Y 'tŷ ag eil' oedd *Georgian* y 'gwell na'i gili'. Efelychiad pell ydyw o gynllun plasty: fe ewch drwy'r drws i'r 'passage' gyda'r grisiau yn eich wynebu yn hytrach nag i ystafell fel mewn 'tŷ bach' neu 'dŷ hir' a ddiweddarwyd, neu i'r beudy, ac oddi yno i'r tŷ annedd mewn 'tŷ hir' o'r iawn ryw. Ni welais dŷ felly, ond deallaf fod un wedi goroesi hyd ddiwedd yr Ail Ryfel Byd yng nghyffiniau Banc Siôn Cwilt.

Yn y llun noder hefyd y ffenestri, ac ymestyniad y gegin i'r simnai fawr. Ym mur cefn y gegin y mae'r drws i'r eil; yn hwnnw mae'r llaethdy ar un ochr, a'r 'rwm ford' ar y llall, y tu ôl i'r gegin. Diweddar, nid gwreiddiol, yw'r agoriad yn y talcen: ni cheid mynediad i'r 'rwm ford' ond trwy'r gegin a'r eil. Hyd tua chanol yr ugeinfed ganrif, bob Hydref byddid yn rhoi cot i'r to â saim mochyn wedi ei gymysgu â dŵr poeth, i atal y gwynt a'r glaw rhag dod i mewn i'r llofft oddi tan y llechi. Ni wn i beth oedd manylion y driniaeth. Gyda llaw, er na chlywais i mohono fe gofnodwyd mai 'torrad tŷ'[4] oedd y llafar am *ground plan,* yn sir Benfro gynt.

4 Tybed a oes cyffelybiaeth yma i 'dorri enw'?

Tŷ Mawr, Aber-porth. Enghraifft dda o 'dŷ ag eil'.

Mewn 'tŷ dwbwl' roedd y prif ystafelloedd nid mewn rhes ond ym mlaen a chefn y tŷ hefyd, a rhagflaenydd cynllun y 'tŷ dwbwl' oedd plastai o'r math a godwyd yng Nghymru o'r ail ganrif ar bymtheg ymlaen, fwy neu lai cynllun llawr y tŷ *double pile* y sonia penseiri amdano. Prin iawn yw'r ffermdai sy'n dai dwbwl hyd yn oed ymhlith tai annedd ffermydd mawrion, ond codwyd llawer tŷ dwbwl mewn pentrefi glan môr yn ystod rhan olaf y bedwaredd ganrif ar bymtheg a hyd at gyfnod y Rhyfel Mawr.

Ym mhentrefi'r glannau hefyd yn y blynyddoedd yn union cyn y gyflafan honno, fe adeiladwyd tai ar gynllun rhai a godwyd yr un adeg mewn strydoedd yn y trefydd, tai hirgul ag un ystafell yn y blaen ac ystafelloedd eraill y tu ôl iddi, gan gynnwys cegin a chegin fach neu gegin gefn. Dyna fath gwahanol o dŷ, ond ni fathwyd nac addaswyd ymadrodd i'w ddynodi.

§

Dwrned o Shiprys

Pan oeddwn yng ngardd cymdoges yr oeddwn wedi ei hadnabod 'ers hiroedd', fe gyfeiriodd at *snapdragon* fel 'swch y mochyn': ni chlywswn ganddi ond *snapdragon* cyn hynny, ac ni chlywswn 'swch y mochyn' gan neb hyd y dydd hwnnw. Clywswn 'glust yr hwch' droeon; fe'i hadwaenir hefyd fel *bergenia*, gyda'i ddail mawr trwchus. Meddai cyfaill o fecanig wrthyf am ŵr tew oedd newydd ddod â'i gar i'w drin, 'Ma fe fel llo yn sugno dwy fuwch.' Gallai hefyd fod wedi dweud ei fod 'fel llo yn sugno'r tethe bla'n', 'fel pot lla'th cadw' (sef llaeth i'w gadw nes i'r hufen godi i'r wyneb er mwyn ei gael at gorddi), 'mor dew â chaseg fagu', neu fod 'ishe codi'r rhastal' i'w rwystro rhag cael lluniaeth (byddai angen 'gostwng y rhastal' ar gyfer gŵr tenau).

Yn ôl yr un cyfaill, yr oedd rhywun arall 'fel cachgi mewn stên' (cachgi bwm, cacynen), hynny yw yn swnllyd ond disylwedd, gŵr distadl 'fel mesen ym mola hwch', a pherson siaradus 'fel pwll y môr' neu 'fel pwll tro'. Clywais y sawl sy'n orofalus o'r hyn a ddywed yn cael ei alw'n 'santageg' gan rai a 'sant y geg' gan eraill, neu fe ellid dweud am rywun felly ei fod 'yn fwy duwiol na'i Feibl'. Fe ddywedid fod dau berson oedd yn gweddu i'w gilydd (neu yn rhannu rhyw nodwedd anghyffredin) yn 'eithaf bachalatsh', fel gŵr a gwraig a oedd ill dau yn anlwcus. Ar y llaw arall, 'haffinaffwt' oedd y rheini nad oedd yna lawer i ddewis rhyngddynt. Fe anrheithiwyd yr enw persain 'Angharad' pan y'i seisnigeiddiwyd yn 'Ancred', ond talwyd y pwyth yn ôl (neu 'talwyd y pwyth hyd adref' fel y dywedai Theophilus Evans, Penywenallt) pan addaswyd *half in and half out* yn 'haffinaffwt'.

Meddai hen forwr wrthyf wrth gyfeirio at ŵr a fu farw'n ddisymwth, 'Fe ath rhwng llaw a llawes', ac 'angladd gwŷr a gweision' oedd angladd i'w mynychu gan wrywod yn unig. Mae hynny'n golygu naill ai 'angladd meistri a'r rhai sy'n gweini' neu 'angladd gwŷr priod a dibriod', sef y gwrywod i gyd. Bum can mlynedd a mwy yn ôl fe gollodd Lewis Glyn Cothi fab pum mlwydd oed; amdano meddai'r bardd:

> Afal pêr ac aderyn
> A garai'r gwas, a gro gwyn

Hynny yw, 'gwas' fyddai gŵr dibriod er nad oedd yn gwasanaethu. Nid rhyfedd hynny, oherwydd wrth reol yr hen drefn ni phriodai mab fferm nes iddo gael ei fferm ei hunan: swydd gwas fyddai eiddo'r rhai dibriod tra bo swydd meistr ynghlwm wrth briodi. Perthynai i'r gair 'morwyn' hefyd yr un ystyron. Gan hynny, cyfeiria 'angladd gwŷr a gweision' at fath o angladd, mae'n wir, ond hefyd fe ddadlenna arfer y gymdeithas, fel y'i canfyddid gan y rhai a gyfranogai ynddi.

Nodwn fanylyn llenyddol diweddarach. Roedd Caradoc Evans ('Caradog' neu 'Dai Caradog' yn lleol) yn gyfarwydd â llafar ei fro: tybed ai ymadrodd oedd yn gyffredin yn y llafar hwnnw sydd wrth wraidd y stori hynod 'Be This Her Memorial' yn ei gyfrol enwog gyntaf, *My People* (1915)?

Yn y stori honno cyflwynir hen wreigan dlawd sy'n arbed arian drwy fwyta llygod mawrion yn hytrach na phrynu bwyd, ond sydd hefyd yn gwario ar Feibl i'w gyflwyno i'w gweinidog cyn iddo ymadael am eglwys arall. Oherwydd ei darbodaeth, dechreua glafychu ac aiff ei chorff yn ffiaidd o afluniaidd. Mae llawer o 'ddisgrifio' Caradoc Evans yn dra anhygoel, ond mae hwn yn annirnadwy felly. Dynes yw hi sydd yn byw *hand to mouth existence* y Saesneg: yr hyn a ddywedid am hynny oedd 'dala llygoden a'i bwyta hi'. Ceir hanes ei chymwynas â'i gweinidog yn y llyfryn *Dyffryn Troedyraur* gan S. Gwilly Davies (Gwasg Gomer, 1976). Mab fferm y Brithdir (Rhydlewis) ydoedd ef ac roedd yn gyfarwydd â theulu Caradog. Galwai brawd Caradog, 'Josi Lanlas', yn y Brithdir o bryd i'w gilydd i gwmnïa â'r penteulu, gŵr a oedd yn gwbl ddall ac yn gwmnïwr hynod ddiddan. Roedd 'rhywbeth bach yn bod' ar Josi: *autism* yn nhyb ei gyfnither, merch Dr Joshua Powell. Nid oedd dim rhyfedd i Gwilly Davies adrodd amdano, dim ond hanes dynes dlawd yn rhoi anrheg i weinidog a berchid yn fawr – a'r gweinidog yn ei dro yn tawel ddychwelyd y rhodd i'w theulu.

Mae enw'r gweinidog yn 'Be This Her Memorial', 'Josiah Bryn-Bevan', yn haeddu sylw. Mentraf mai aralliad yw o Joshua Bron Iwan' (ab Ifan, Ieuan, Ioan, Iwan), hynny yw Joshua Powell, ewythr Caradog a Josi, a pherchen fferm Bron Iwan heb fod nepell o Lanlas, cartref y ddau frawd, er mai meddyg oedd hwnnw nid pregethwr.

Bron Iwan oedd cartref ac eiddo John Morgans, tad-cu Joshua a Mali, mam Caradog. Bu ef yn ddiacon yn Hawen am drigain mlynedd: cynhaliai'r ddyletswydd deuluol yn y meysydd amser y cynhaeaf – 'A Father in Sion' (?) tybed, y stori gyntaf yn *My People* – er bod manylion y stori yn gwbl o chwith, fel yn 'Be This Her Memorial'.

Yn ystod oes Joshua a Mali, y gobaith a'r bwriad ar ffermydd oedd cael i bob plentyn le fel ffermwr neu ffermwraig, gan gyfrannu at sefydlu pob un pan ddeuai'r galw. Yn hynny roedd dau beth yn cyfrif: cael cynhaliaeth wrth reswm, ond hefyd cael bod yn 'fishtir'/'fishtres', yn bennaeth gorchwylion, yn gyfrifol am eu llwydd, yn hytrach na gweini at ddibenion yr hwn oedd yn dwyn y cyfrifoldeb – ystyriaeth na ellir ei gorbwysleisio. Yr eithriad i hyn fyddai cynnal plentyn i'w addysgu i gael swydd: byddai ef felly wedi cael ei gyfle. Ynghlwm wrth sefydlu plant ar eu ffermydd eu hunain yr oedd rhannu eiddo'r teulu, proses na chyflawnid yn ddihelynt bob tro.

Roedd llawer achos cynnen yn y wlad gynt, a chynhennu o fewn teuluoedd yn hytrach na rhwng teuluoedd a arweiniai at y cynhennau a barhâi (yn llythrennol) dros oes. Un o'r prif achosion oedd anghydfod ynglŷn ag eiddo, ac ymhlith rhydd-ddeiliaid eiddo a adawyd i un yn hytrach na'r llall mewn ewyllys. Dyna a ddigwyddodd i Bron Iwan; fe'i gadawyd maes o law nid i Mali ond i Joshua, a addysgwyd yn feddyg ac a gawsai felly "ffon (i) fara", ei foddion cynhaliaeth.

Ysgrifennai Caradog ar gyfer dau gylch o ddarllenwyr, y naill ledled gwledydd Prydain ar llall yn Nyffryn Troed-yr-aur a fedrai adnabod gwrthrychau ei wawd a'u dilorni. Ymddengys fod wrth wraidd ei eiriau yr un agweddau ag eiddo'r gwŷr a'r gwragedd a ddaeth dan ei lach.

Mae'r cyfan yn amlygu hyn: nid disgrifio manylion ymddygiad a wnâi Caradog, nid dyna'i fwriad, ond mynegi barn ar deithi meddwl ac ansawdd bywyd, a thraethu barn (ddirmygus) am werthoedd pobl ei fro, gwerthoedd a oedd wedi cymell rhywun i dlodi ei hun i'r fath ddiben â chyflwyno Beibl i weinidog. Mae'n dwyn i gof feirniadaeth llawer o offeiriaid yr Eglwys Gatholig yn Iwerddon ym more oes Caradog, wrth gollfarnu tenantiaid tlodion a fyddai'n newynu eu teuluoedd er mwyn talu'r rhent yn brydlon. Felly hefyd yn storïau eraill Caradoc Evans, traethu barn a wneir yn hytrach na disgrifio, eithr nid barn gytbwys, ddiduedd mohoni. 'We rhywbeth 'dag e' yn y storïe cynnar, ond ailadrodd 'i hunan wedd e' wedyn,' meddai un o'r brodorion a adwaenai Caradog. A chydnabyddid hynny gan rai o bobl ei fro a'i hadwaenai.

Olynydd y Parch. David Adams yn Hawen a Bryngwenith oedd y Parch. J. J. Jones, gŵr a adwaenid fel 'Jones B.A.' am fod ganddo radd. Collodd ei wraig, ymadawodd â Rhydlewis gan symud i Ryd-y-bont, Llanybydder. Ailbriododd, a mab yr ail briodas oedd John Lloyd Jones y deuthum i'w adnabod pan oedd ef yn brifathro Ysgol Gyfun Llanbedr Pont Steffan. Adroddodd imi hanes ei dad yn ystod Rhyfel y Degwm yn ardal Rhydlewis. Bu'n mynychu cyfarfodydd i gefnogi'r gwrthddegymwyr, ond peidiodd pan sylweddolodd mai canlyniad oedd rhan o'r terfysg i weithredoedd cynhennwyr yn y cylch a fynnai dalu'r pwyth yn ôl.

Geirfa wahanol iawn i eiddo Caradog sydd yn y darn a ganlyn; nid dychymyg Caradog yw'r cynnwys chwaith. Dyfyniad ydyw o bapur newydd New Brunswick, 1880:

SUNK BY AN ICEBERG

Strange story of the loss of a ship bound for Miramichi (New Brunswick) and the cowardly abandonment of her owner by his captain and crew.

St. John's, N.F., July 8. The Titania, sailing ship, Captain Lloyd, master, owned by John Rees, of Swansea, left St. John's for Miramichi in ballast on Tuesday morning last. Shortly before midnight, under cover of dense obscuring fog, the Titania struck with a terrific crash on a huge ice island, and in a few hours sank deep down in its wake. As soon as the vessel was known to be irretrievably wrecked Captain Lloyd ordered the boats to be lowered away. The crew were all got safely out of the ship and all available provisions and stores secured to meet possible contingencies.

THE OWNER LEFT TO SINK

Mr Rees, the owner, who was on board and had a considerable sum of money in his possession, got into the smaller boat, and placed, it is said, away aft in her this money and all his personal property that time availed him to save. Having forgotten something of importance, not named, he again boarded the sinking ship, and, strangely enough, was deserted in his hour of peril by the crews of the two boats, and left to sink with the sinking ship. The deep damnation of his taking off, is today the subject of judicial investigation. No coherent story of the cowardly and criminal desertion of the owner of the Titania has been offered as yet by the captain or crew. The ship, after the collision, remained above water for nearly three hours. The sea was almost tranquil. A brisk breeze had been recently sprung up and the distance of the ship from the harbour of St. John's was barely forty miles in a southeasterly direction.

THE CREW SAVED

> Next morning at six o'clock, when about fifteen miles from the scene of the disaster, the fishing schooner P.J. Whitton, returning from St. John's to the Grand Banks, fell in with the two boats' crews, all well, took them on board and brought them in safely to St. John's last night. No trace, however, of the money of the unfortunate Rees has been found.

UNSATISFACTORY EXPLANATIONS

> When Captain Lloyd was interrogated as to the reason of his not waiting or attempting to rescue Rees, he replied that he was a very powerful man and he feared to board the ship lest he should fling him overboard. No two individuals from the ill-fated Titania reproduce the same or even a consistent account of the unhappy occurrence. It is not surprising, therefore, that a dark cloud of suspicion has settled on the whole affair, and that a challenge not to be ignored has been addressed to the judicial authorities of Newfoundland to probe the matter to the bottom.

John Rees oedd fy hen dad-cu; fe'i ganwyd yn Aber-porth, ac yno y'i magwyd ac y'i priodwyd hefyd. Symudodd i Borth Tywyn pan gollodd ei wraig. Yn ôl a glywais, brodorion Aber-porth oedd pump o'r morwyr a'i gadawodd i'w dynged. Man gwyn man draw?

Man gwyn man draw eto. Awgrymwyd yr hyn a ganlyn i mi gan Dr Evan James, yn gywir mi dybiaf. Stori am ŵr yn cam-drin ei wraig yw stori Caradog, 'Gwilym'. Gwyddai ef yn iawn mai cyfieithiad o 'William' oedd y teitl, sef enw'i dad, a gwyddai hefyd fod eraill yn sylweddoli hynny.

Yn y stori 'Be This Her Memorial', mae Caradog yn sôn am y *tramping way* a geid ym mro ei febyd. Ail-luniad yw'r ymadrodd hwnnw o 'ffordd drympeg' y llafar, sef *turnpike road* y Saesneg. Nid oes amheuaeth fod Caradog yn addasu manylion ei gynefin at ei ddibenion ei hun. 'Davydd Bern-Davydd' yw enw un o bregethwyr ei straeon. 'Gwern Ddafydd' yw enw un o ffermydd ardal Rhydlewis, tra bo chwaer Caradog yn 'wraig Dyffryn Bern', fferm ger Tresaith: enw afon yw 'Bern' ac enw go anghyffredin. Prin y medrai Caradog unrhyw ffynhonnell arall. Dros ganrifoedd, un o'r hoff ddulliau o gyfeirio at dir oedd cyfuno'r enw ar fath o dir ag enw person: Esger Tanglwst; Bron Iwan; Pant Dafydd; Maes Gwenllian; Gwern Ddafydd. Felly roedd tras hynafol i'r enw a addaswyd gan Caradog, ac ni ddarfu am y dull hyd ei ddyddiau ef. Ym mro ei febyd ceir y ddwy fferm Cwmbarre Ucha(f) a Chwmbarre Is(h)a, ac ym more oes Caradog trigai Sam Jones yn y gyntaf a Hezekiah James yn yr ail; adwaenid y ffermydd fel 'Cwmbarre Sam' a 'Chwmbarre Ezek'.

Rhaid nodi mai hawdd yw clywed dywediadau fel y rhai a nodir yma heb sylweddoli ar unwaith mai ymadroddion ydynt yn hytrach na ffordd rhyw unigolyn o raffu geiriau wrth ei gilydd. Ond fe ddeellir 'ma(e)s law'.

Mae'r gŵr sy'n gweithio'n ddyfal yn 'pannu arni' neu'n 'gweithio fel melin ban', ac os yw'n araf wrth ei waith mae 'fel heddi' a fory': pan gaiff hoe dywedir ei fod yn 'magu dwylo', a phrin y bydd eisiau iddo 'fwrw blinder' pan gyflawnith ei orchwyl. Os aiff adref yn bwyllog fe fydd yn 'mynd yn ei bwyse', ond os yn gyflym bydd yn 'rhoi tra'd yn tir'. Os yw'n dyheu am gyrraedd adref (neu am unrhyw beth arall) dywedir ei fod 'bron torri'i fogel' am hynny, ac os bydd iddo ddychmygu hyn neu'r llall ar ei ffordd, yna bydd yn 'chware meddylie'. Os bydd yn pryderu am a ddaw bydd yn 'mynd o fla'n gofid', ac os bydd yn gloddesta fe'i cymherir â 'hwch yn y soeg' (y gweddillion wrth facsu cwrw). Os bydd yn adrodd hanesion annymunol am ei gymdogion, yna bydd yn 'rhacanu storïe', sy'n bur debyg i *muck-raking* y Saesneg. Mae'n drawiadol mai ymadroddion gwreiddiol Cymraeg yw trwch yr ymadroddion hyn, yn hytrach na rhai wedi'u benthyg o'r Saesneg. Pan fydd rhywun yn cymysgu'r hyn y mae'n bwriadu ei ddweud, yna bydd yn 'dweud yn fforchog' ('Twm, Twm, rhed, mae'n bwrw mate a'r glaw ar led'), a 'chael llaw galed' a wna'r hwn y mae rhyw orchwyl yn dreth arno, megis gofalu am gleifion neu rai mewn cystudd. Ac os bu i rywun, yn groes i'w arfer, weithredu'n ffôl, yna fe wnaeth hynny 'ar awr wan'.

'Llanw bwyd' yw'r ymadrodd am godi bwyd i'r platiau i'w fwyta. Yng Ngheredigion bydd te yn 'bwrw'i ffrwyth' ond 'rhoi' a wna yn sir Benfro, ac os torrir y dorth yn dafelli tenau, dyna 'fara menyn pregethwr'. Maes o law fe eir i 'glwydo' neu i'r 'cwal' neu i'r 'cae nos'. Cae oedd 'cae nos' lle cedwid creaduriaid dros nos at ba bwrpas bynnag. Ar ddechrau'r bedwaredd ganrif ar bymtheg roedd Thomas Hassal, yswain, yn ffermio Windy Hill sydd ar lechwedd yng ngogledd sir Benfro; roedd ganddo gae nos i gadw defaid ynddo a'u hachlesu. Fe'i cyflwynir fel *night field* gan Gwallter Mechain yn ei adroddiad ar amaethyddiaeth a bywyd cefn gwlad yng Nghymru, ac nid yn anaml yn y Saesneg y gwelir yn gyntaf ymadroddion sydd yn y Gymraeg hefyd. Cyfeirir at hyn eto.

Bydd y rhai sy'n pwyso a mesur pethau yn 'cnoi cil', ac os byddant yn rhannu'r un diddordebau yna dywedir eu bod yn 'pori yn yr un meysydd'. Ond os amrywiol fydd eu diddordebau, yna 'pob un a'i gryman' a glywir, gan mai'r cryman oedd yr offeryn a ddefnyddid at lawer gorchwyl pan fyddai gŵr yn gweithio ar ei ben ei hun. Wrth aredig fe fydd y cwlltwr yn 'torri'r garw' fel y gwna'r oged wrth i'r llafurwr 'gerdded tir coch', sef llyfnu cwysau'r tir âr. Yn ffigurol, fe all 'torri'r garw' olygu torri newydd drwg i rywun, ond pan alwais yn nhŷ hen wraig na chyfarfûm â hi o'r blaen, meddai hi ar ôl i ni gloncan am ein cydnabod am beth amser, ''Na ni 'te, 'na ni wedi torri'r garw.' Yn hwyr neu'n hwyrach, fe ddaw'n amser i ŵr 'gau pen y mwdwl' neu 'gau'i gyllell'. Deuai pryd bwyd canol dydd gweision a gweithwyr i ben pan gaeai'r gwas mawr ei gyllell;

parhaodd yr arfer tra bo gan lafurwyr ar ffermydd bob un ei gyllell boced ei hun ar gyfer gweithio a bwyta, a hynny hyd ddiwedd y bedwaredd ganrif ar bymtheg a dechrau'r ugeinfed yn neau Ceredigion.

Fel yr amlygir yn eu hymadroddion, treiddiodd amaethu yn ddwfn i ymwybod y bobl, ac nid rhyfedd hynny a chynifer ohonynt yn gweithio ym myd amaeth ac yn gyfarwydd â'i orchwylion. A dywedwch chwithau nad yw hynny yn 'ddim byd ar ffarm fowr' os mynnwch ei ddibrisio. Ac os trafferthu am ddim o bwys yw hyn oll, gofynnwch 'Pam wyt ti'n poeni am "sofol haidd"?' – gwellt haidd a osodid yn 'sarn' dan draed y creaduriaid yn y stabl a'r beudy, ac ail orau oedd sofl haidd i sofl ceirch i'r creaduriaid borthi arnynt. Ond gwell yw poeni am 'sofol haidd' na 'godro buwch hesb' fel y gŵyr llawer un. Ar lafar y clywais am 'sofol haidd' am y tro cyntaf, ond fe'i gwelais wedyn yn *Golwg ar y Beiau* (1732) gan frodor o dde sir Gaerfyrddin, Jeremy Owen, y cyfeirir ato eto.

Ni chlywais gan neb na gair nac ymadrodd i gyfeirio yn eu crynswth at yr holl bobl a drigai mewn tŷ fferm, megis *household* neu *staff* y Saesneg. Ni chysylltid gweithwyr a gâi eu cyflogi'n achlysurol at waith fferm ag enw unrhyw fferm benodol (adwaenid hwynt fel 'dynion hur'), ond cysylltid pawb a weithiai'n rheolaidd ar fferm ag enw'r fferm honno yn ôl eu gorchwylion – gwas Pennar, gweithiwr y Dyffryn, morwyn yr Helyg, ac ati. Mae'n arfer sy'n rhagdybio fod pawb yn gyfarwydd â ffermydd eu broydd ac sy'n gweddu i gymdogaethau y mae eu trigolion oll yn adnabod ei gilydd.

Eto ymddengys y cyfeirid hyd y bedwaredd ganrif ar bymtheg at bawb a drigai mewn tŷ fel 'tylwyth'. Gwelir hynny yn y llinellau canlynol o eiddo Edmwnd Prys:

> I'r unig a'r amddifad rhy
> Lawenydd, llwyddiant, tylwyth tŷ:
> Am hyn moliannwch Dduw i gyd.

At hynny, arferid y gair felly gan Rhys Prichard, Llanymddyfri, yn yr ail ganrif ar bymtheg, gan Evan Thomas Rees (1710-70) o Lwyndafydd a Llanarth yn y ddeunawfed, a chan ei gyfoed Lewis Morris yng ngogledd Ceredigion. Mewn llythyr, ysgrifennodd Lewis Morris yn 1760: 'Wele, dyma drefn fy nhylwyth i yn ddyn ac yn anifail.' Aeth rhagddo i restru ei 'dylwyth': ef ei hun; ei wraig; ei ferch; y bugail; 'Sian y Gwartheg (nid cowmon sydd yn y wlad yma)'; 'Wil y Grifft'; Arthur 'yr amaeth aradr'; y forwyn fach; y ceffylau a'r gwartheg a'r defaid. Dyna'i dylwyth, 'yn ddyn ac yn anifail'.

Gwelir Twm o'r Nant hefyd yn cyfeirio ar droad y bedwaredd ganrif ar bymtheg at bawb a drigai mewn tŷ fel 'tylwyth', ac ymddengys fod y gair yn golygu hynny yn ardaloedd Llandysul a Thalgarreg yn hanner cyntaf y ganrif honno. Yn 1828 aeth si ar led fod bwci wedi dychryn dwy forwyn yn fferm Nantyremenyn (yn ardal Talgarreg), sef cartref Rees Jones, y cysylltir ei enw â Phwllffein hefyd. Derbyniodd Rees Jones gân yn cyfeirio at hyn gan ei gyfaill John Jones, Panthowel:

> Dwedir fod ei oerion sgrechau
>   Ar hyd y nos,
> Yn arswydo'r tylwyth weithiau
>   Ar hyd y nos,
> Ac i fod ei sŵn dychrynllyd
> Yn peri i bawb i lwyr ochelyd,
> Aros yn dy annedd ennyd
>   Ar hyd y nos.

Yn fwy cyffredinol, set o bobl oedd 'tylwyth': cyfeiriwyd eisoes at Jeremy Owen, gweinidog eglwys Henllan Amgoed ar un adeg. Roedd ef yn gwbl gyfarwydd â Chymraeg cefn gwlad sir Gaerfyrddin, ac ar ôl i'r eglwys ymrannu yn gynnar yn y ddeunawfed ganrif fe ddywedodd am un o'r rhai a ymadawodd â Henllan Amgoed ynghyd â'i bleidwyr, 'A all ef ddim peidio (a) . . . r(h)yw hen ffregod . . . a ddygasai ef ei hunan, a'i dylwyth, arnynt eu hunain?' Set neu garfan o bobl oedd 'tylwyth' yn y cyd-destun hwn.

Ac yn ardal Llangynnwr yn Nyffryn Tywi, 'tylwyth' oedd yr enw ar staff fferm hyd tua chanol y bedwaredd ganrif ar bymtheg.[5] Ac wrth gwrs, 'tylwyth' oedd y gair am set o bobl a berthynai i'w gilydd. Mae'n debyg y cyfyngwyd ystyr 'tylwyth' i olygu 'perthnasau' pan ddiflannodd geiriau fel 'ceraint' o'r iaith lafar: dengys llythyrau sydd ar gadw fod 'ceraint' i'w glywed ar lafar hyd yr 1820au o leiaf.

Flynyddoedd yn ôl bûm yn holi rhai a anwyd yn yr 1870au a'r 1880au ynglŷn â hyn, ond 'perthnasau' oedd ystyr 'tylwyth' iddynt hwy fel i minnau: mae'n debyg fod diflaniad hen ystyr y gair ynghlwm wrth newid yn y ffordd y byddai pobl yn amgyffred trefn fferm, heb bellach ragdybio cyffelybiaeth rhyngddi a threfn teulu a thylwyth. Meddai William Llewelyn Williams, yntau'n frodor o Lansadwrn ac yn 'fab fferm', wrth y comisiynwyr a fu'n holi rhwng 1894 ac 1896 ynglŷn ag amaethyddiaeth yng Nghymru:

> I remember when a kind of domestic competition on the hearth as to who could make the best wooden spoon or basket or string onions. There is now nothing of the kind. The servants are gradually losing their character as members of the family, and do not remain as much in the farm kitchen.

Mae'r hyn a ganlyn 'wrth ymyl y ddalen'. Soniwyd uchod am y ffordd y cyfeirid gynt at weision a gweithwyr ffermydd; yma crybwyllir sut y cyfeirid at grefftwyr. Yn gyffredin, ffurf luosog 'gole' oedd 'goleuon/goleion' – fel y gwyddys, ni wahaniaethir rhwng y seiniau *u* ac *i* yn y de-orllewin. Penbleth llwyr felly

5 Yn Lloegr yn yr Oesau Canol hefyd *famuli* neu *familia* y gelwid holl weithwyr arglwydd y faenor.

oedd clywed am 'Dafi goleion'; deellais maes o law mai ei waith oedd yn esbonio'i enw, er nad oedd a wnelo ef ag unrhyw olau o fath yn y byd. Crefftwr ydoedd, ac adwaenid crefftwr wrth ei enw bedydd ynghyd ag enw'i grefft, a'i gartref hefyd os byddai angen gwahaniaethu rhyngddo ef a rhywun arall, er enghraifft 'Dafi sa'r Llain'. Ymhen y rhawg sylweddolais mai Dafi go(f) (efail y) Lion, lle bu tafarn gynt, oedd 'Dafi goleion'.

Pan fûm oddeutu'r flwyddyn 1960 yn holi ynghylch y gymdeithas a fodolai gynt, gan ganolbwyntio'n arbennig ar waith tymhorol ar ffermydd, fe'm hatebwyd nid yn ôl dyddiadau'r calendr cyffredin ond yn ôl ffeiriau'r flwyddyn a gwyliau eglwysig. Byddai hyn a hyn yn digwydd 'sha ffair Fedi' (neu 'ffair Glame' neu 'ffair Llanarth yr haf' neu 'ffair Glangeia' neu 'ffair Gynon' neu 'Ddydd Sadwrn Barlys'), neu 'sha gŵyl Ddyrchaf(a)el' neu 'ŵyl Fathla' neu 'ŵyl Fihangel'. A phe gofynnid ynglŷn â phethau na pherthynent i waith fferm, atebid gan gyfeirio at y gorchwylion a gyflawnid ar wahanol adegau yn y flwyddyn – fe fyddent yn gwneud hyn a hyn 'tuag amser y cynhaeaf gwair' neu 'tuag amser tynnu tato', ac ati.

Y mae hyn yn drawiadol o debyg i'r hyn a ddywedodd George Ewart Evans am Suffolk. Bathodd ef yr ymadrodd *the prior culture* i ddynodi'r bywyd a fu gynt yn yr ardal y soniai amdani, a dywedodd hyn am iaith ei brodorion: '. . . in the old prior culture the language of the ordinary people of East Anglia was singularly concrete, free of most abstractions. They would, for instance, rarely talk of early summer but of beet-singling time or haysel; and Autumn would be Michaelmas-time, or sowing of winter corn.' Fe welid y cyfryw duedd yng ngodre Ceredigion: amlygiad ydyw o gwlwm rhwng gwaith mewn cymdeithas wledig a llafar ei haelodau. Aeth George Ewart Evans yn ei flaen fel hyn: 'Just as an old lady once remarked to me when I showed her some healthy-looking apples: "Those apples will keep till apples come again." She avoided the abstract phrase "till next season" as though by instinct. The old dialect speakers relate all states or qualities to objects or persons; and this concreteness gives the dialect a poetic quality that is full of images which capture and hold the interest of the listener.' Mewn gwirionedd, roedd geiriau'r hen wraig yn fwy trawiadol nag yr oedd yr awdur wedi sylweddoli, oherwydd ymadrodd llafar gwlad canolbarth Lloegr yw 'Those apples will keep till apples come again' yn hytrach na geiriau unigolyn, a'r ymadrodd hwnnw a'i harweiniodd i osgoi'r haniaethol, gyda'r canlyniadau eraill a nododd yr awdur.

Crybwyllaf ddwy enghraifft ddi-ail o siarad heb osgo haniaethol a'r cyfan sydd ynghlwm wrth hynny, a glywyd yn ystod yr 1950au cynnar. Meddai gŵr o gefn gwlad sir Faesyfed pan welodd am y tro cyntaf drên o fath oedd yn gyffredin bryd hynny: 'Good Lord, it's full of windows.' A phan welodd un arall y môr am y tro cyntaf, nid 'It's big' neu 'It's huge' a ddywedwyd ganddo ef ond 'There's acres of it!', sy'n ategu geiriau'r gŵr o Abercynon.

Mae'r hyn a ganlyn i'r un perwyl â'r uchod. Tua'r Nadolig a'r Calan fe glywid rhan neu'r cyfan o hwn yn go gyffredin:

Dydd Sul du bach
Dydd Nadolig cam ceiliog
Awr fawr Galan
Prydnhawn melyn mawr.

Y dydd Sul cyn y Nadolig oedd y 'Sul du bach', y byrraf yn y flwyddyn, ac ar 'Galan Hen' (12 Ionawr) y deuai'r 'Awr fawr': ddeuddydd ar ôl hynny roedd hi'n 'Brydnhawn melyn mawr', sef y dydd na fyddid am beth amser wedyn yn 'gollwng' y ceffylau o'r tresi tua chanol dydd wrth aredig, ond yn bwrw 'mlaen heb hoe er mwyn manteisio ar bob awr o olau dydd.[6] Ar yr ail o Chwefror deuai 'dwy awr fach Gŵyl Fair', sef Gŵyl Fair

6 Cyfatebol iddo oedd *Plough Monday* ardaloedd gwledig yn Lloegr, er nad oedd hwnnw yn union yr un peth.

y Canhwyllau, ond yn syth ar ôl Calan Hen roedd deuddeng niwrnod y 'Coel Ddyddiau' – fe chwythai'r gwynt bob mis o'r flwyddyn fel y gwnâi yn ystod pob un o'r Coel Ddyddiau. Ac roedd a wnelo'r pennill canlynol hefyd â'r Coel Ddyddiau, er na wn sut:

> Deuddeg arglwydd yn marchogaeth
> Un ladi ar ddeg yn dawnsio
> Deg ffidler yn canu
> Naw tarw yn rhuo
> Wyth ych gorn yng nghorn
> Saith dafad newydd gneifio
> Chwech caseg ystlys hirion
> Pump cwtws sgwaro[7]
> Pedair gŵydd ddu
> Tair haid o betris
> Dwy hwyad
> A (g)iâr dew.

Paham nodi'r pethau hyn? Dangosant ein pellter oddi wrth yr hyn a fu. Roeddynt ynghlwm wrth weithgareddau bywyd beunyddiol ac felly'n gymorth i ddeall y 'diwylliant blaenorol' (chwedl George Ewart Evans) yn ei gyflawnder. Pennill bach arall a glywid oedd hwn:

> Fe ddaw Gŵyl Fair, fe ddaw Gŵyl Ddewi,
> Fe ddaw yr hwyad fach i ddedwy.

Ar ddechrau'r ugeinfed ganrif byddai trwch y boblogaeth wledig yn mynychu capel neu eglwys; pe symudai dyn i ardal newydd, a neb yn ei adnabod, y trydydd neu'r pedwerydd cwestiwn a ofynnid iddo, yn ôl a ddywedwyd wrthyf, oedd 'Ble 'ych chi'n mynd i'r cwrdd?' Yn eu llafar, fe wahaniaethai pobl rhwng y rhai oedd yn aelodau mewn capel – 'pobol y capel', 'pobol

7 colomen gynffon-daen/*fantailed pigeon*?

y seiet', 'plant y gyfeillach', 'gwŷr tŷ cwrdd' – a'r rheini oedd yn 'bobol y byd' neu'n 'wŷr y byd'; clywais hefyd sôn am 'bobol yr eglwys' a 'phobol y comin'. O fewn y capeli fe wahaniaethid rhwng 'y plant' (sef y rhai heb gyrraedd oedran cymuno) a phobl hŷn, ac ymhlith y rheini gwahaniaethid rhwng 'y bobl ifanc' a'r 'bobl mewn oed'; ar sail y rhannu hwnnw darperid cyfarfodydd ar gyfer mynychwyr y capeli, boed hwy'n aelodau neu'n wrandawyr. Roedd yn gyffredin neilltuo côr neu gorau ar gyfer gwrandawyr. Yng nghanolbarth Ceredigion adwaenid hwnnw fel y 'côr da hesbon', tra yn sir Benfro 'côr y bustechi' oedd yr enw a roddid ar gôr y bechgyn ieuainc yng nghefn y capel. Ymhlith gwrandawyr pob capel ceid rhai a oedd 'o'r byd', ond hefyd y rheini oedd yn aelodau mewn capeli eraill. Yn aml, byddai gan gapel fwy o 'wrandawyr' nag 'aelodau', megis capel Twrgwyn (Rhydlewis) yn 1902 lle ceid 184 o aelodau a 276 o wrandawyr. Yn yr un flwyddyn, yn yr Hen Gapel yn Aber-porth[8], ceid 241 o aelodau a 321 o wrandawyr. I'r graddau y mae hyn yn annisgwyl i ni, cyfyng yw ein dealltwriaeth o fywyd cefn gwlad gynt.

Derbynnid pobl yn aelodau mewn 'seiet dderbyn': derbynnid plant 'o had yr eglwys', ond 'o'r byd' y derbynnid oedolion nad oedd yn aelodau yn unman. Am y capeli a fynychwyd ganddynt yn eu plentyndod fe ddywedai pobl mai ynddynt y 'maged' hwynt. Dywedid yr un peth am enwad; pe newidiai rhywun ei enwad, digwyddiad nid anghyffredin, fe ddywedai mai 'gyda'r Annibynwyr (neu'r Methodistiaid, ac ati) ges i'm magu'. Clywais ddweud o bryd i'w gilydd, yn enwedig mewn

8 Saernïwyd pulpudau capel yr Annibynwyr, Brynmair, capel yr Hen Gorff yn Aber-porth (1901) a chapel Glynarthen gan John Thomas, a fu farw yn oedrannus tua 1955. Mab siop Penbryn oedd ef; fe'i prentisiwyd gan Thomas y Saer, Pontgarreg. Symudodd wedyn at James Davies, Troedrhiwfach, Penmorfa. Ni rwystrodd dirwasgiad diwedd y bedwaredd ganrif ar bymtheg a dechrau'r ugeinfed ar ail-lunio'r capeli. Gwelir gambo o waith James Davies yn Amgueddfa Werin Cymru yn Sain Ffagan.

Diwylliant gwerin Cymru. Pulpud yr Hen Gapel, Aber-porth.

cyfarfodydd coffa, fod gan ŵr a fynychodd achos yn hir a ffyddlon ddwy aelwyd, sef ei gartref a'i gapel. Ond prin y tybid fod hynny'n golygu bod y naill a'r llall yn fagwrfa: rhwng capel a chartref ceid cyferbyniad yn hytrach na chyffelybiaeth.

Er hynny, mewn tŷ annedd, y gwahoddiad i eistedd wrth y tân fyddai 'Dewch i'r côr mowr': eisteddai pobl o gylch y lle tân fel yr ymgasglai côr mawr o gylch y pulpud mewn capel. Y pulpud yw canolbwynt yr addoldy; oddi yno y traethir y bregeth, sydd yn rhan mor amlwg o'r gwasanaeth ac o foddion neu gyfrwng gras. Nid rhyfedd mai 'pregethwr cwrdde mawr' y gelwid gweinidog a fedrai ddenu cynulleidfa gref i gyfarfodydd ('pregethwr deg o'r gloch', sef amser cychwyn y prif gyfarfod ar un adeg, oedd y pennaf oll), a dywedid am gyfarfod llewyrchus mewn unrhyw gyrchfan, 'Mae'n gwrdde mowr 'ma.' Am hynny oedd yn fater syndod dywedid 'mae'n bregeth meddwl', ac roedd yn 'bregeth i weld' rhywun oedd yn annisgwyl o dda ei wedd, fel claf wedi adfer ar ôl cyfnod hir o nychdod.

Dywedodd y Parch. Rhys Nicholas wrthyf gyda gwên yr hyn a glywodd ychydig ar ôl iddo gychwyn bugeilio eglwysi

Pulpud capel yr Annibynwyr, Glynarthen.

Horeb a Bwlch-y-groes yn 1948. Bernid gweinidog, meddai, yn ôl dau faen prawf, sef y modd y byddai'n pregethu, a'r modd y byddai'n claddu. Cyfeirid at bregethu fel 'peinto', a dywedodd iddo glywed am ddau aelod yn ei drafod. Meddai un:

'Mae'n beintwr da, ond claddwr sâl yw e.'

'Beth sy'n bod?' mynte'r llall. 'Ody' nhw'n codi ar ei ôl e?'

Ac erbyn hyn 'mae'n bregeth meddwl' am yr 'wythnos weddïe' a geid gynt ar ddechrau'r flwyddyn pan gynhelid cwrdd gweddi bob noson waith o'r wythnos lawn gyntaf yn y flwyddyn.

Ar gyfer gweithgareddau'r capel roedd angen pobl a feddai ar 'ddoniau cyhoeddus', ac adwaenid y rheini a fyddai'n 'cym(e)ryd rhan' fel pobl 'gyhoeddus'. Esboniwyd i mi paham y cynhelid y ddyletswydd deuluol gan y gwas mewn tŷ fferm yr oeddwn yn holi amdano gyda'r geiriau 'Wedd e'n gyhoeddus', ac afraid dweud mai 'hoelion wyth' oedd y rhai blaenllaw yng ngwaith unrhyw achos.

Rhan sylfaenol o waith capel ac eglwys oedd cynorthwyo pob aelod i 'fagu cymeriad', ac o ran ymddygiad pobl tuag at ei gilydd, 'cymeriad da' oedd y syniad allweddol a hefyd y ddelfryd a grynhoai rinweddau'r gŵr a'r wraig uniawn. Ar y llaw arall, yr ymddygiad a waherddid oedd hwnnw a arweiniai at 'golli cymeriad' ac o bryd i'w gilydd at 'dorri mas'.

§

Afraid dweud fod yna gategori helaeth o ymadroddion na chynhwyswyd yma, megis yr un a glywais wrth gerdded gerllaw fy nghartref gyda chyn-forwr, perthynas i mi. O'n blaenau cerddai gwraig drom, tua 60 oed; symudai'n afrosgo gan drilio fel llong gyda phob camad. 'Drycha arni,' meddai ef, 'fel ci â dou bâr o geille.'

Enwau yn Bennaf

a) Amryw flawd

Enwau ar bethau yw llawer o'r ymadroddion, a chrybwyllir nifer ohonynt yma. 'Trân sgadan' (sef *train* y Saesneg) oedd dwy rwyd (neu fwy) ynghlwm wrth ei gilydd ar gyfer eu tsheto, hynny yw eu gosod, i ddal sgadan; â 'thrân' cysylltid enw'r union fan yr oedd y rhwydi i'w gosod, er enghraifft 'trân Fathgarreg', 'trân y Cerrig Duon', ac ati.

Nid ymadrodd disynnwyr yw 'môr tir'; cyfeiria at y môr pan fydd yn sugno yn ôl trwy'r tywod a'r graean yn swnllyd a pheryglus. Gelwid llyn ar ben traeth yn 'forllyn' (gyda'r sillaf gyntaf yn fer fel yn 'morfa'), fel y llyn a gronnai yn y pant a adewid wrth gymryd tywod ar gyfer balast i'r 'llonge bach' gynt. Un o chwaraeon bechgyn ifainc oedd 'bwldics': fe'i chwaraeid hyd yr Ail Ryfel Byd ym mhentrefi glannau de Ceredigion. Mae'n enw go hynod ar gêm a oedd yn cynnwys taflu cerrig yn ôl rheolau pendant a chymhleth. O'r pentrefi hyn yr hanai'r morwyr a fyddai'n cludo glo de Cymru i Marseilles a Genoa, dinasoedd lle y chwaraeid *boules* yn bur gyffredin; tybed ai cyfuniad o *boules* a *dix* (deg) y Ffrangeg yw 'bwldics', beth bynnag fyddai arwyddocâd hynny?

'Cestyll duon' oedd cymylau *cumulus*, y rhai tal, twmpathog sy'n argoeli cawodydd; 'gwallt y Forwyn' oedd y rhai uchel, rhubanog, sef y *cirrus*. 'Braich (neu aden) wynt' oedd yr enw ar astell dywydd talcen tŷ. Yn ddilornus, clywid sôn am gwrw fel 'y peth yfed'. Yn ne Ceredigion, 'menyn gwiran' oedd ymenyn heb halen ynddo, ond roedd ystyr arbennig i hynny yn y gogledd. Yno 'menyn gwiran' oedd yr haen o ymenyn oedd ar ôl ar yr hidl pan arllwysid y llaeth enwyn o'r fuddai wrth orffen corddi. Cesglid yr ymenyn yn y llaw a'i wasgu'n swpyn, ac yna'i osod wrth y fantell ger y lle tân. Ar ôl iddo lwydo fe'i taenid ar glwyfau a chleisiau; gwyddid ei fod yn effeithiol ond ni ellid egluro pam – bu'n rhaid aros nes i Syr Alexander Fleming daro ar *penicillin* cyn cael esboniad.

Roedd enwau hefyd ar y gwahanol gylymau a ddefnyddid wrth rwymo ysgubau adeg y cynhaeaf. 'Aden gŵydd' oedd un ohonynt (ar gyfer rhwymo barlys), ond 'cwlwm Sais' a ddefnyddid at rwymo gwenith, a 'gwenith Sais' oedd enw'r had a heuid gan lawer ar ddechrau'r ganrif ddiwethaf.

Yn ôl a ddeallaf, enw cyffredin ar sawl math o had oedd 'gwenith Sais'. Fe'i heuid ar y tir gwell, tra heuid 'Hen Gymro' ar dir salach a oedd eto'n addas ar gyfer gwenith; tybed beth a symbylodd heuwyr y dwthwn hwnnw i gyplysu braster â 'gwenith Sais' a llymder â'r 'Hen Gymro'?

Mae'n debygol fod yr had a'r cwlwm dan sylw wedi eu dwyn yn ôl o sir Henffordd gan y medelwyr a gerddai yno ar gyfer y cynhaeaf. Nid wyf wedi cyfarfod â neb a fu'n gysylltiedig â'r gwaith hwnnw, ond cwrddais un tro â gŵr (80 oed yn 1960) a wyddai i'w dad 'fynd i'r cynhaea' yn ei lencyndod. Ond prin y byddai unrhyw wenithen yn ateb y diben ar 'hen orest o le' (fferm wael), ymadrodd a oedd i'w glywed o leiaf hyd yr 1960au.

'Dillad dydd Sul' neu 'ddillad parch' oedd 'dillad gore' i bawb, a byddai rhai yn sôn am 'ddillad cig rhost' hefyd. Yn yr wythnos, 'dillad gwaith' a wisgid, a phan ofynnais flynyddoedd yn ôl i hen ddwylo godre Ceredigion a oedd yna fath arall o ddillad heblaw 'dillad dydd Sul' a 'dillad gwaith', soniasant am 'ddillad negesa', sy'n cyfateb i 'ddillad siopa' Sarnicol: gynt fe elwid mewn siopau am y gyfathrach yn ogystal â'r nwyddau.

'Drifil yr ych' oedd *gossamer* y Saesneg; 'llwybr tarw' oedd yr enw ar lwybr uniongyrchol, ond dywedid bod un igam-ogam 'fel pisho eidon'. Nid hud a lledrith oedd 'ysbryd cart'. 'Cart gist' oedd cart cyffredin; heb y gist, dyna 'ysbryd cart' – os iawn y deallaf. Clywais droeon 'wili weren' am naws oer sy'n 'cydio'; ni wn am y 'wili' ond 'weren' yw 'oerin', sef 'oer hin' yr iaith lenyddol gynt. Meddai Ieuan ap Rhydderch mewn cywydd, 'Ymddiddan â'r Yspryd', a hynny cyn diwedd yr Oesau Canol: 'Aros yr wyf mewn oerin.'

Yng nghegin gefn tŷ fferm fe welid gynt y 'crochan oered'; cymysgedd o saim mochyn a pharddu oedd yr 'oered' (sef iraid), at daenu ar glocsau'r gweision bob nos Sadwrn. Y morynion a gyflawnai'r orchwyl honno, eu hunig wasanaeth i'r gweision. Cysylltid pob un o'r morynion – y 'forwyn fowr' a oedd â'i gwaith arbennig yn y llaethdy gyda'r 'fishtres', yr 'ail forwyn', a adwaenid fel y 'forwyn llaw sgubor' gan mai hi fyddai'n cynorthwyo gyda rhai o orchwylion y sgubor, y 'drydedd forwyn' (os oedd un), a'r 'forwyn fach' – ag enw'r fferm a'u cyflogai. Byddai'r gweision hwythau yn 'hebrwng pac' pan ddygent eu dillad brwnt adref i'w golchi. Clywais am 'gawl dŵr', sef rhywbeth diddim, droeon cyn sylweddoli mai enw ydoedd ar fath o fwyd disylwedd: blawd ceirch a dŵr, a dim arall.

Diddim hefyd oedd 'mwg tato': pan enillodd India ei hannibyniaeth dymunai Gandhi gael gwlad o bentrefi a ddibynnai ar grefftau ac amaethu am eu bywoliaeth, gyda thröell ym mhob tŷ. Mynnai Pandit Nehru fod hynny'n 'pure moonshine', sef 'mwg tato'r' Cardi. Clywid sôn weithiau am 'bwle dihangol', sef pylau o hysteria; rhaid bod rhywun neu rywrai wedi synhwyro a deall yr hyn a ddeellir gan seiciatryddion hefyd. Ymadrodd arall oedd 'rhech groes', a ddefnyddid wrth sôn am anghytundeb. Pan fyddai capelwr ffyddlon wedi bod yn absennol Sul ar ôl Sul ac yntau'n holliach fe glywais 'Gei di weld, ma' rhech groes fan 'na', sef awgrym fod drwgdeimlad rhyngddo ef ac eraill yn yr un achos.

Mae yna hefyd ddiarhebion nas gwelir mewn print: 'Man a man a rhech hala rhech i drotian' a ddywed y Cardi lle dywed y Sais 'Might as well be hung for a sheep as a lamb'. Yn ôl R. T. Jenkins, nid oedd angen ar ffermwyr gynt ond casgliad o ddywediadau yn ganllawiau iddynt; mae'n anodd credu hynny, ond cyfeirio yr oedd at eiriau megis 'Aur dan y rhedyn, arian dan yr eithin, tlodi dan y grug', neu 'Gwerthu gwair yw gwerthu aur' gan mai gwair oedd yn dwyn elw i'r rheini a ddibynnai ar werthu da byw ac ymenyn hallt. Byrdwn gwahanol eto yw eiddo 'Unwaith y flwyddyn mae pobol tai bach yn lladd mochyn', hynny yw yn anaml y medrent ffwrdo gwario'n helaeth.

Yr ymadrodd hynotaf a glywais ynglŷn â'r mochyn oedd hwn – 'mochyn rhywun arall'. Pan ofynnais am esboniad ar y geiriau cyfeiriwyd at fam yn gofalu fod dillad plentyn yn lân a chymen cyn gadael y tŷ gan ddweud, ''Na ti, fel mochyn rhywun arall nawr.' 'Synnen i fochyn' pe bai hynny'n gywir!

Gwahanol eto oedd 'mochyn deudwlc', fel pan fegid plentyn gan ei fam-gu a'i dad-cu yn hytrach na'i rieni, a hwnnw'n cael croeso a ffafr mewn dau dŷ.

Yr enw ar nifer o berchyll a aned ar yr un pryd oedd 'torad o foch', a'r olaf ac nid yn anaml y gwannaf ohonynt oedd y 'cardydwyn'. Felly hefyd ymhlith dynion y 'cardydwyn' fyddai'r plentyn olaf; o bryd i'w gilydd hoffai Isfoel gyfeirio at Alun Cilie fel y 'cardydwyn' yn hytrach na'r 'cyw melyn ola'', un go hynod o'i fath mae'n rhaid addef. Mae naws cymdeithas sydd wedi darfod amdani ar gadw yn yr ymadroddion hyn; sut y synhwyrir ei hansawdd a theithi meddwl ei haelodau heb gyfarwyddo â'u geirfa a'u llafar ni wn.

Ychwanegaf yn fyr y parau hyn o ymadroddion: wmed houl/bola houl; gwynt tros dir/gwynt o'r môr (neu wynt o mas); ochor tywy'/claw' cysgod (sef dwy ochr y clawdd ar ffermydd pan fo'r creaduriaid yn chwilio cysgod, a lle bynnag y byddai'n hollol noeth dywedid nad oedd yno 'ddim cysgod cawnen'; whylo (hwylio) llonge bach/whylo ar led. Ac fe wnaf 'ollwng' o hyn o beth gyda'r enwau hyn am blant yn bennaf. 'Bachan crwn' y gelwid bachgen nwyfus, a 'losgron' (sef 'lodes gron') fyddai merch heini. 'Plan' crynion' fyddent yn eu crynswth.

Hyd ddiwedd yr 1950au neu'r 1960au cynnar, mae'n debyg na fyddai'n annisgwyl clywed hen wraig yn cyfarch yn hoffus ferch oedd newydd ddechrau yn yr ysgol ddyddiol fel hyn: 'Wyt ti'n mynd i'r ysgol nawr 'te, na losgron.' O fewn yr ysgol honno yr 'ysgol fowr' fyddai dosbarthiadau'r plant hŷn, ond nid oedd a wnelo'r 'ysgol fach' â'r ysgol ddyddiol o gwbl. Yn fy ardal enedigol i, 'yr ysgol fach' oedd yr enw ar y dosbarthiadau a gynhelid yn y capel ac a arweiniai at arholiadau ysgrythurol yr Hen Gorff[9]. Nid 'bach' ydoedd am ei bod yn ysgol i blant bychain; roedd hi'n ysgol i bawb, gan gynnwys oedolion hyd tua chyfnod y Rhyfel Mawr, yn yr ardal y gwn i amdani. Ymhen y rhawg fe dyfai 'bachan crwn' yn 'lasgrwt' neu'n 'lasgowtyn', ac ambell 'losgron' yn 'gwenen'. A thyfent oll yn 'bobol mewn oed' maes o law.

b) Amryw ddynion

Fel y nodwyd, enwau ar bethau yw nifer o'r ymadroddion. Mae yna eraill sy'n enwau ar fathau o ddynion a menywod, hynny yw mathau o unigolion y gwahaniaethid rhyngddynt ac a ddynodid oddi mewn i'r gymdeithas gan aelodau'r gymdeithas honno, yn ôl y meini prawf a gyfrifai iddynt hwy, mewn cyfnod pan oedd amgylchiadau'n wahanol iawn i rai

9 Ym mhentref bychan Aber-porth llwyddodd 55 yn yr arholiad yn 1901, y flwyddyn gyntaf y mae cyfrif cyflawn ar gael o hynny.

heddiw, a nodweddion bywyd cefn gwlad yn wahanol hefyd. Cyn dyddiau Henry Ford roedd cylch cyfathrach yn gyfyng; dyma ddwy enghraifft o'r hyn yr oedd hynny'n ei olygu.

Yn 1891 safodd Sarnicol arholiad i geisio ysgoloriaeth yn y Coleg ger y Lli; roedd yn daith ddeuddydd iddo o Fanc Siôn Cwilt i Aberystwyth. Yn hwyr y dydd teithiodd i Geinewydd gan fwrw'r nos yno er mwyn cychwyn yn blygeiniol gyda'r 'carier'. Wedi cerdded y rhiwiau i fyny ac i lawr er mwyn arbed y ceffylau, cyrhaeddodd Aberystwyth am un ar ddeg y nos – dim ond 30 milltir o'i gartref.

Rhyw bymtheng mlynedd wedi hynny penderfynodd Isfoel gystadlu mewn eisteddfod leol a gynigiai wobr am gân i Blas Llanina, adeilad na welasai Isfoel erioed mohono. I'w ysbrydoli, cerddodd un Sul y 12 milltir a mwy o Gilie i Lanina, a 12 milltir arall yn ôl. Dilynodd lwybr y glannau gan groesi dyffrynnoedd yr afonydd sy'n llifo i'r bae gerllaw; dringodd un ar ôl y llall y llethrau sy'n eu gwahanu. Dyna'r pellter a ystyrid yn 'ymarferol' pan fyddai gwŷr a gwragedd yn llafurio ar ffermydd chwe diwrnod o'r wythnos. Soniodd cyfoedion Isfoel hefyd am gerdded y cyfryw bellter pan fynychent eisteddfodau yn y cylch. Gwyddys y cerddent o Gilie cyn belled â Llandysul er mwyn mynychu eisteddfod yno.

Ochr arall yr un geiniog oedd fod cyfathrachu rhwng cymdogion o fewn pob ardal fwy neu lai yn anochel, boent gyfeillgar neu elyniaethus. Roedd cynnal 'cymdog(a)eth dda' yn bwysig, a byddai'r 'cymydog da' a'r 'gymdoges dda' yn amlwg iawn ymhlith y mathau o unigolion a gydnabyddid yn llafar pobl ym mhob man, sef y gŵr a'r wraig oedd yn barod eu cymwynas ac yn amharod i aflonyddu ar eu cymdogion. Pan fyddai ffermwyr yn gyd-aelodau o gylchoedd cywaith, a phan fyddai dibynnu ar eraill, gan gynnwys aelodau'r fedel, yn anorfod at gynaeafu gwair ac ŷd, cyfrannai bodolaeth 'cymdogaeth dda' at gyflawni gwaith a sicrhau cynhaliaeth. Er hynny fe geid cynhennu o bryd i'w gilydd, a 'phartners gwŷr mowr' fyddai'r rheini a ffraeai â'i gilydd, fel y 'gwŷr mowr' a gystadlai i fod y blaenaf yn eu rhengoedd, yn ôl a ddywedwyd wrthyf.

c) Dyled, a'i thalu a'i thowlu

Rhan annatod o gynnal 'cymdogaeth dda' oedd yr ymwybyddiaeth o 'ddyled', o 'dalu dyled' ac o 'dowlu (taflu) dyled', ac o fod yn 'rhydd a rhydd' (o ddyled) pan fyddai dau berson wedi talu eu dyledion i'w gilydd heb i un fod yn ddyledwr, a heb neb yn ddyledus iddo.

Roedd yna ymdeimlad dwfn o rwymedigaethau 'dyled' a 'thalu'n ôl'; roedd hynny'n un o anhepgorion tegwch yn amrywiol weithgareddau dynion. Rhai hollol ffurfiol oedd nifer o'r dyledion hyn, megis y 'ddyled gwaith' y cyfeiriwyd ati eisoes, a'r cydweithio a geid ar un adeg rhwng ffermydd ar gyfer y cneifio ar y tiroedd uchel, y cynhaeaf gwair a'r dyrnu, a'r cynhaeaf medi. 'Menyn dyled' a roddid i wragedd y tai bach am gynorthwyo gyda'r gwaith o gywiro gwair, sef ei drin ar ôl ei ladd ar gyfer ei gywain. Pan ddywedwyd yng nghlyw 'mishtres' fferm ger fy nghartref mai prin oedd y fedel wrth y cynhaeaf gwair mewn fferm gyfagos, meddai hithau 'O ma' rhaid i chi g'wiro gwair drwy'r flwyddyn', hynny yw rhaid ymddwyn yn gymwys a phriodol a thrin pobl yn deg trwy'r amser os dymunir eu cymorth. 'Teg a theg' oedd yr ymadrodd a gyflwynai hynny, pan fyddai pawb yn ymddwyn yn deg tuag at bawb arall. Dywedodd Jeremy Owen yn ei drafodaeth ar hynt eglwys Henllan Amgoed ar ddechrau'r ddeunawfed ganrif: 'Yr oedd Eglwys *Henllan* yn hwylio ymlaen deg a theg, ac yn cadw y ffordd ganolog . . .'

Pan euthum ati i holi ynghylch dull a threfn y 'cynheifydd' yn fy ardal enedigol ar ddechrau'r ugeinfed ganrif, canfûm mai dibynnu ar fedel o 'bobol tai bach' a wnâi ffermydd ar gyfer y cynhaeaf yn hytrach na chydweithio. Ond ymddengys y bu cydweithio gynt ar gyfer y cynhaeaf ŷd, cyn y cyfyngu a gafwyd ar erwau'r ŷd ar ôl yr 1870au. Mae sawl disgrifiad wedi goroesi o'r cydweithio hwnnw, megis eiddo'r Parch. D. G. Williams yn ei gyfrol *Llên Gwerin Sir Gaerfyrddin* (1898). Edrydd ef am ffermwyr yn cydlafurio yn y 'fedel wenith' yn ystod y bedwaredd ganrif ar bymtheg.

A hyd yr 1970au o leiaf fe soniai hen ddwylo ardaloedd Seisnig dwyrain Maldwyn am y *love reaps* gynt, sef y cydweithio a geid rhwng ffermydd adeg y cynhaeaf ŷd. Periglor Manafon yn y rhan honno o Faldwyn oedd Gwallter Mechain, ac am drefniadau'r cynhaeaf medi meddai ef yn 1815, 'Much wheat, etc. was formerly cut by what is called "love reaping" [medel gymorth]. The farmer publishes his day; and all his dependents and trading customers in the vicinity either came, or sent substitutes; poor labourers also gave a day for every horse in the team, which they borrowed either for carrying fuel or ploughing; and many who were under no kind of obligation, would be glad of having their labour accepted for a participation in the fare and merriment usually attendant upon such occasions . . . These "love reaps" are still in use, though not as generally as formerly . . .' Nid yw'n glir pwy a olygai wrth *trading customers*, ond gwelir iddo gyfystyru *love reap* â 'medel gymorth'; y tebyg yw mai o gymhorthau'r Oesau Canol y deillia'r arfer a'r ymadrodd.

Er mai dyledion ffurfiol oedd rhai'r fedel ar achlysur y cynhaeaf ŷd, fel rhai'r cynhaeaf gwair, eto fe ellid hepgor dyled o bryd i'w gilydd. Ar farwolaeth aelod o deulu fferm ni wnâi neb o'r teulu ddim o waith arferol y fferm cyn y gladdedigaeth; cyflawnid y gorchwylion hynny gan y cymdogion a byddid yn hepgor dyled. Amser hau a medi yr oedd hyn bwysicaf oll. Soniodd cydnabod imi am berthynas o ffermwr a alwyd i Lerpwl ar farwolaeth ei frawd ac yntau newydd dorri'r oll o'r ŷd, rhyw naw neu ddeg erw ohono. Pan ddychwelodd ar ôl rhai dyddiau, roedd y cyfan wedi ei gynaeafu a'i ddiddosi gan 24 o gymdogion ar y cyd; nid oedd yna ddyled i'w had-dalu. Afraid

'Gwair y Step', Aber-porth, 1935 – 'lle dwy/tair buwch'.
Cymdogaeth yn cynaeafu o ddifrif ac yn mwynhau'r gwmnïaeth.

dweud mai'r perygl wrth grybwyll digwyddiad fel hwn yw rhamanteiddio; perygl i'r gwrthwyneb fyddai ei ddiystyru.

Nid annhebyg i hepgor dyled oedd 'tshas' at waith fferm. Ceid nifer o eiriau am ysbaid fer, amhenodol o waith, megis 'talcwaith' a 'chetyn gwaith'; pan gyfrennid hynny heb ddim disgwyl tâl na dyled, dyna 'tshas' at ba orchwyl bynnag a gyflawnid, er enghraifft 'tshas at y gwair'. Mae'n debyg mai *chase* y Saesneg oedd y gwreiddiol; 'tshaso' yr iaith lafar yw *to chase* y Saesneg a 'tshasbin' yw *chasepin*. Ni wn i sicrwydd paham yr oedd gweithio fel hyn yn 'tshas'; efallai y dywedid hynny am fod cymorth o'r fath yn dilyn gwaith neu ynghlwm wrth waith y rhai a gynorthwyid. Fel yn achos *farmyard*, nid oes sôn yng ngeiriadur mawr Rhydychen am ddim a all egluro paham yr oedd 'tshas' yn getyn gwaith yn ne Ceredigion. Ond gallaf ddychmygu paham y dywedid 'cynnig dros fraich' pan gynigid cymorth yn ddiawydd a gwangalon; 'cynnig dros ysgwydd' a geir yn *Geiriadur Prifysgol Cymru*.

Yn ogystal â 'tshas' at waith fferm, lle nad oedd dyled i'w had-dalu, fe ellid hefyd 'dowlu' (taflu) dyled, sef anfon rhywun arall yn eich lle i dalu'r ddyled. A chan fod 'towlu' yn golygu 'hepgor' yn ogystal â 'lluchio' yn nhafodiaith yr ardal – 'Wyt ti am hyn a hyn?' 'Na, fe dowla i' – ai 'towlu dyled' oedd ei hepgor hefyd?

Dywedwyd eisoes fod y ddyled rhwng y ffermydd a gydweithiai adeg y cynhaeaf gwair yn ddyled ffurfiol, sef dyled i anfon gweithiwr i gynhaeaf gwair pob fferm a anfonai weithiwr atoch chwi. Ni chlywais enw nac awgrym o enw ar y cylch o ffermydd a gydweithiai (nac am ffermydd a fyddai'n cneifio ar y cyd); yr hyn a ddywedid am aelodau eraill y cylch cywaith oedd mai â hwy y byddech yn 'trwco' – 'Â nhw we ni'n trwco,' meddai gwraig fferm wrthyf. Hwn yw'r union air am unrhyw gyfnewid; 'trwco' a wnâi ffermwyr wrth gyfnewid 'tatw had', a phlant wrth gyfnewid teganau neu gnau neu afalau. Y Saesneg *having truck with* yw'r gwreiddiol. Pan fyddai ffermwyr gynt yn cydweithio adeg y cynhaeaf medi, 'medel' oedd y rhai a fyddai'n trwco, ynghyd â thalwyr y 'ddyled gwaith'.

Dyledion ffurfiol fel y rhai a nodwyd oedd 'pwython' y neithior gynt. Gellid mynd i gyfraith i hawlio ad-dalu'r rheini yn ogystal â'u gadael i eraill mewn ewyllys. Dengys cyfrifon sydd ar gadw fod cannoedd yn cyfrannu at rai neithiorau yn sir Aberteifi, cyn i'r neithior edwino ym mlynyddoedd olaf y bedwaredd ganrif ar bymtheg. Pan gynhaliodd Ann Davies, morwyn Cwmul, ger Llandysul, ei neithior yn 1825 cafwyd 194 o gyfraniadau. Ad-daliadau o bwython oedd yn ddyledus iddi oedd 52 o'r rheini; roedd yn ddyletswydd arni hithau i ad-dalu'r rhelyw. I wneud hynny rhaid oedd gwybod pryd yr hawlid pob ad-daliad. Golygai hynny yn ei dro gadw cyfrif o hynt a hanes pawb yr oedd pwython yn ddyledus iddynt. Ac wedi darfod am y neithior roedd yna 'ddyletswydd' nid annhebyg i dalu'n ôl am anrheg briodas gyda rhodd gyfartal lle byddai hynny'n gymwys. Nid rhyfedd fod yna ddiddordeb hynod mewn carwriaethau a phriodasau a phwy oedd yn ddyledus i bwy.

Yr un egwyddor oedd wrth wraidd yr arfer o roi 'ffroge bach' yn sir Benfro. Derbyniai gwraig 'ffroge bach' ar enedigaeth ei chyntaf-anedig. Cyflwynid hwynt iddi gan amryw gymdogion, hyd at 40 a mwy o 'ffroge', a chedwid cyfrif ohonynt ar gyfer yr ad-dalu a fyddai'n angenrheidiol maes o law.

Arferid cyflwyno rhoddion ar enedigaeth plentyn yng Ngheredigion hefyd; cedwid rhestr o'r anrhegion ac fe fyddai yna ddyletswydd i ad-dalu ar ryw achlysur. Yn 1959 yng Nghoed-y-bryn rhoddwyd imi un o'r rhestri hynny, sef cyfrif o'r anrhegion a dderbyniwyd ar enedigaeth plentyn tua 1895. Cafwyd rhoddion o leoedd cyn belled â Cheinewydd, Llangeler ac Aber-banc. Derbyniwyd 28 rhodd, 'ffroge' oedd 11 ohonynt ac ymhlith y rhelyw ceid y rhoddion unigol hyn: dau bwys o siwgr; ac eto ddau bwys o siwgr; pwys o siwgr a chwarter pwys o de; torth a phwys o siwgr; pwys o ymenyn; torth a blawd ceirch. Nid doniol yw'r rhoddion hyn ond trychinebus; adlewyrchant galedi'r dyddiau pan oedd dau bwys o siwgr yn rhodd resymol. Dyna gefndir arfer fel hon, arfer a alluogai gwraig i gael cymorth gan 28 o'i chydnabod tra medrai'r cyfranwyr hwythau, bob yr un, ddisgwyl help llaw ganddi hithau mewn cyfyngder.

Yr un eto oedd y drefn yn y cyfnod diweddar, wrth ddwyn cyfraniadau i'r te a gynhelid cyn gwylnos. Am ei blentyndod yn Nhaliesin meddai Evan Isaac (1865-1938), 'Yn fy nyddiau bore i ni chleddid neb, bach na mawr, heb wylnos iddo. Prynhawn y dydd cyn y claddu, ceid te yn y tŷ galar yn gyfle i gyfeillion 'dalu'r pwyth yn ôl' trwy adael darn o arian ar y bwrdd. Yn gyffredin gwragedd a fyddai yn y te, ac ni welid yno neb oni fyddai arni 'bwyth'.'

Sylwer ar yr ymadrodd 'tŷ galar'; ni chlywais hynny ar lafar, ond fe glywais 'deulu galar' am y galarwyr sydd o blith tylwyth yr ymadawedig ac sy'n cadw ar wahân i'r rhelyw yn ystod y gwasanaeth angladdol a'r claddu. Parhaodd yr wylnos hyd yr ugeinfed ganrif; dengys cardiau angladdau iddynt gael eu cynnal yn ardal Horeb, Llandysul, yn 1917 ac 1918, a chlywais am ambell un yn yr 1920au cynnar. Cadwyd rhai emynau gwylnos ac angladd ar lafar yn hwy na hynny, megis y pennill hwn sy'n bur annhebyg i ddim a welir mewn llyfr emynau cyffredin:

> Ffarwél gymdogion call a ffôl,
> 'Rwyf yn eich gadael bawb ar ôl;
> O'r tŷ 'rwyn myned tua'r bedd,
> Ar fyr canlynwch fi'r un wedd:
> Fel mae fy nghorff ar 'sgwyddau gwŷr
> Cewch chwithau 'ch cario cyn bo hir
> O'r tŷ i'r bedd i maes o law,
> I'ch cuddio gan y gaib a'r rhaw.

Eto roedd yr ymwybyddiaeth o 'ddyled' yn llawer ehangach nag am ddyledion ffurfiol fel y rhai a nodwyd. Os derbynnid cymwynas fawr neu fân, roedd dyletswydd i ymateb; trwy hynny fe gynhelid cyfathrach ac ewyllys da, a hynny mewn ffordd a fyddai bron yn ddefodol. Pan oedd hen wraig o blith fy nghydnabod, un o hen ddwylo Dyfed, yn glaf yn ysbyty Glangwili fe dderbyniodd anrhegion o ffrwythau, Lucozade, a llawer 'moethyn' (amheuthun) gan amryw bobl yn y ffordd arferol. Wedi adfer ei hiechyd a dychwelyd adref yr hyn a'i poenai oedd 'Pryd gewn ni gyfle i dalu'n ôl?' Byddai cyflwyno rhodd gyfartal fel petai'n talu bil yn gwbl amhriodol; rhaid oedd disgwyl cyfle pan fyddai hwn a hwn yn 'cwyno' neu ryw dro croes wedi dod i ran rhywun arall. Yna fe fyddai pawb yn 'rhydd a rhydd', mewn cyfathrach, ac yn gyfartal.

Ac o bryd i'w gilydd fe ddyfeisid dyled, megis pan anfonodd mam ei merch fechan i fferm gyfagos ag 'arian pen' am ddwsin o wyau. Dychwelodd hithau â 14 wy am bris y 12. Ni ddywedwyd dim, ond fe wyddai'r rhoddwr a'r derbyniwr fod yna rwymedigaeth a dyletswydd i ad-dalu pan fyddai angen cymorth. Talwyd am yr wyau ond nid oedd neb yn 'rhydd a rhydd'. A chyda llaw, nid enghraifft ddychmygol yw hon.

Yn 1925 cyhoeddodd Marcel Mauss ei waith enwog, *Essay sur le don* (Traethawd ar y Rhodd). Cyfeiriodd at roddion a droai'n ddyledion am ei bod yn ofynnol i'r derbyniwr gyflwyno rhodd gyfartal yn ei dro. Unigolion fyddai'n rhoi ac yn derbyn y rhoddion hyn, ond unigolion a drigai mewn cymdeithasau a oedd wedi eu ffurfio o rannau neu garfanau, yn hytrach nag o ddosbarthau fel y syniwn ni amdanynt, lle perthynai pawb i un rhan neu garfan ac i un yn unig. Gan fod rhoddwr yr anrheg a'r derbyniwr yn aelodau o wahanol garfanau, a chan fod trefn o gyflwyno rhoddion yn gyson a rheolaidd, roedd y rhoi a'r derbyn yn gyfrwng i bwytho'r carfanau wrth ei gilydd a'u cadw'n 'un' gymdeithas. Talwyd cryn sylw i *gift exchanges* fel hyn wedi cyhoeddi traethawd Mauss.

Mae'n berthnasol nodi fod y ddyled yn ne-orllewin Cymru bob tro ar yr unigolyn (os nad ar ŵr a gwraig), ac nid ar neb fel aelod neu yn rhinwedd aelodaeth o unrhyw gylch neu set neu garfan o bobl megis tylwyth neu gylch cywaith. At hynny, i unigolyn y byddai'r dyledwr yn ddyledus. Cofier er hynny nad unigolyn 'atomig', digyswllt â neb arall, 'fel pelican yn yr anialwch', oedd y dyledwr na'r hwn yr oedd yn ddyledus iddo, ond bod gan bob un o'r ddau ei gwlwm o'r rhwymedigaethau eraill y cyfeiriwyd atynt eisoes, gan gynnwys eu rhwymedigaethau i'w perthnasau. Dychmyger y naill a'r llall fel 'cneuen cwlwm pump'. Ac yn gwbl amlwg, roedd gweithredu pobl ynglŷn â dyled yn anwahanadwy oddi wrth eu gwerthoedd a'u syniadau am ymddwyn yn gywir a chydag anrhydedd. Ychwaneger mai arferion unigol a gwahanol i'w gilydd oedd y ddyled gwaith, y neithior, yr wylnos, y ffroge bach a'r trwco, ond fe'u cysylltid gan y teithi meddwl a roes fod iddynt, sef y rheini a ddatgelir gan y syniad am 'ddyled', ei 'thalu a'i 'thowlu'. Ffurfient 'ddosbarth' o arferion, ond arferion oeddynt at ddatrys problemau bywyd beunyddiol unigolion yn bennaf oll, mewn cymdeithas wahanol ei strwythur i'r rheini a ddenodd sylw Mauss.

Wrth ystyried ffenomena cymdeithasol fe all fod yn bwrpasol llunio model – fel y dywedir – o drefniadau unig(ol)yddol ohonynt neu un cyfunol, yn ôl y galw, ond yn aml mae'n ddiarhebol o anodd amgyffred pa un o'r rheini sy'n ateb y diben orau at drafod a dehongli arferion penodol y bywyd beunyddiol. Nid yn anaml y gellir cysoni rhyw arfer dan sylw â'r naill drefn neu'r llall, ac yn gyfatebol nid yw'r gwahaniaeth rhwng y ddwy drefn o hyd yn glir ond mewn 'modelau' ohonynt. Nodwn hefyd nad yw dweud fod model unig(ol)yddol yn briodol yn golygu nad oes gan bobl ddim cyfathrach â'i gilydd, nac o ran hynny fod llai o gyfathrach rhyngddynt na lle bydd model cyfunol yn gymwys. Nid oes a wnelo model unig(ol)yddol ddim ag unigrwydd; yn hytrach, cyfeirio a wna at y modd y cysylltir pobl â'i gilydd, nid at nifer y rhai a gysylltir.

Tra oedd yna ymwybyddiaeth o 'ddyled' a 'thalu dyled', deellid hefyd mai yn gyferbyniol i hynny roedd 'cardod' a 'chardota', lle nad oedd yna 'dalu'n ôl'. Ceir cyfrif o'r achlysuron y byddid yn cardota gynt yn sir Benfro yng ngwaith W. Meredith Morris, *A Glossary of the Demetian Dialect* (1910). Sonia am 'ffiol gardod' arbennig (i gael blawd) adeg y Nadolig a Chalan Hen, am amser 'itta' (yda?) yng nghyfnod hau (hynny yw, deiliaid rhyw dair neu bedair erw yn cardota am 'lafur had'), ac am 'wlana' ym Mehefin (sef 'dynion bach' yn gofyn cardod o wlân gan y ffermydd). Ar gyfer hyn oll byddai gan bob cardotyn ei 'adwedd', ei gylch cardota ei hun. Yn ôl a ddywedir, ni fyddai dyledwyr yn Iwerddon gynt yn talu eu dyledion yn llawn i'r gwŷr yr oeddynt yn ddyledus iddynt. Gan hynny, ni ddatodid y cwlwm rhyngddynt. Ni threwais ar ddim felly yn y de-orllewin; cydnabod dyled a'i thalu oedd yn gwahaniaethu rhwng yr ad-dalwr a'r cardotyn, a'r rhai oedd yn gydradd yn hyn o beth a'r rhai oedd yn isradd. Ar un adeg fe fyddai'r rheini oedd yn gyfarwydd â'n hemynau hefyd yn gyfarwydd â gweithgareddau ffermio – hau a medi, nithio a gwyntyllu – ac yn yr un modd, pan glywid pobl yn dweud 'Fe dalodd ein holl ddyled', 'Prynu'n bywyd, talu'n dyled', fod y 'ddyled wedi'i thalu', ac iddo dalu 'eu dyled oll i lawr', roedd yn amlwg eu bod yn gynefin ag amryw ddyledion rheolaidd a phenodol gwaith a bywyd beunyddiol.

Cyn cloi'r ymdriniaeth â 'dyledion' nodwn dri pheth am y dyledion a grybwyllwyd uchod. Yn gyntaf, 'dyled-un-achlysur' oedd llawer ohonynt, megis y ddyled a ganlynai pan dderbynnid rhodd mewn neithior neu wylnos; ni rwymid neb ganddi oddieithr i'w had-dalu. Yn ail, roedd yna ddyledion eraill a adnewyddid yn dymhorol neu a barhâi dros flynyddoedd lawer, megis y dyledion rhwng ffermwyr oedd yn gyd-aelodau mewn cylch cywaith, neu'r ddyled rhwng ffermwr ac aelod o'i fedel; canlyniad hyn oedd bod cwlwm parhaol rhwng y gwŷr hynny. Ac yn olaf, er mai rhwng gwŷr cydradd yr oedd nifer o'r dyledion, roedd yna ddyledion eraill rhwng gwŷr oedd yn anghydradd ar un ystyriaeth, sef ffermwyr a gwŷr y tai bach. Mewn cysylltiad â hynny y mae dau air i'w crybwyll, sef 'cardod' a 'shiligowto'.

Ar ôl tynnu tatw yng nghae fferm (cae a elwid y 'ca' tato' er bod ynddo gnydau eraill), byddid yn cywain y cnydau i gartrefi pob teulu tŷ bach oedd yn gosod eu tatw ar dir y fferm honno. At y tatw ychwanegid ychydig o foron ('garetsh' y llafar) ac erfin. Y gair am 'fesur' bychan fel hwn oedd 'cardod', er enghraifft 'cardod o garetsh' a 'chardod o swets'. Nid cardod yn llythrennol oedd y moron a'r erfin, ac fe ellid y gair 'cardod' mewn cyswllt gwahanol. Yn Nyffryn Aeron, 'cardod o wair' oedd yr ymadrodd am y gweddillion gwair a geid mewn cert neu gambo ar ddiwedd y cynhaeaf gwair. Byddai'r gweddillion hynny yn llai na'r llwyth cyflawn olaf o'r cnwd wrth orffen cywain, a thybed a oeddynt yn cyfateb i'r lloffa ar ddiwedd y cynhaeaf medi, a'r modd y rhoddid y manion ŷd, y gwanŷd, gynt yn dâl i'r rhai fu'n nithio wedi'r cynhaeaf ŷd? Mae'n bur drawiadol ac arwyddocaol mai'r gair 'cardod' a ddywedid am 'fesur' bychan fel a nodwyd.

Trown at 'shiligowto'; yn ôl a ddywedwyd wrthyf 'shiligowto' oedd 'hanner addoli' rhywun mwy breiniol, fel yr 'hanner addolid' ambell ŵr mawr gan rai o'i denantiaid a'i weithwyr mewn lleoedd megis Trawsgoed, Bronwydd a Llysnewydd.[10] Pan ofynnais am esboniad helaethach ar 'shiligowto' cynigiwyd y gymhariaeth hon: 'Fel gwraig tŷ bach yn shiligowto i wraig ffarm.' Tebyg y deallem arwyddocâd y gair yn well pe gwyddem ei darddiad; mae ganddo sŵn gair sy'n deillio o'r Saesneg, ond os felly nid yw'r gwreiddiol yn hysbys. Mae'r ddau air dan sylw yn rhoi cip inni ar agweddau pobl mewn cyfnod pan ddiwellid amryw anghenion yn lleol gan ddulliau cwstwm ac arfer, cyn dyfodiad offer modern a darpariaeth wahanol.

Yr hyn a welir yn y gwahanol fathau o ddyled a grybwyllwyd uchod yw dulliau a alluogai unigolion i gael cymorth yn rheolaidd ac mewn cyfyngder, a hynny oddi mewn i'w cymdogaeth. Efallai y bydd hynodion y dulliau hyn yn amlycach os nodir dull gwahanol at gyflawni'r un nod, sef hen drefn a fu'n gyffredin ledled ardaloedd gwledig rhanbarthau deheuol cyfandir Ewrop, trefn a gysylltai pobl fel y gwnâi'r 'ddyled' yng Nghymru, ond mewn ffordd wahanol a chyda chanlyniadau gwahanol.

Ar achlysur priodas yn y tiriogaethau hynny fe wahoddid rhyw ŵr i fod yn sbonsor i'r priodfab, sbonsor yn hen ystyr y gair, sef gŵr i ymgymryd â chyfrifoldeb am ŵr arall. Dewisid sbonsor ychwanegol ar enedigaeth plentyn i'r briodas (sef y tad bedydd), ac fe ymrwymai hwnnw i'w orchwylion yn ystod defod y bedyddio yn yr eglwys; gan hynny, roedd sêl ac awdurdod yr eglwys yn ategu'r ymrwymiad. Yn ogystal, dewisid sbonsor arall eto ar gyfer pob un o blant y briodas, a chaent i gyd sbonsor gwahanol eto ar gyfer eu cymun cyntaf.

10 'Wedd hi'n anrhydedd i fod yn un o denantied Bronwydd'; dyna a ddywedwyd wrthyf gan ŵr a fu unwaith yn un o ddeiliaid yr ystad honno.

Yn hyn oll y ddolen amlwg yw honno rhwng y sbonsor a'r hwn neu hon sydd dan ei aden, er enghraifft rhwng tad bedydd a phlentyn, ond ar un ystyriaeth y ddolen a gyfrifai yn bennaf oedd honno rhwng y sbonsor a'i wraig ar y naill law, a rhieni'r plentyn ar y llall, am eu bod yn *compadres* (cyd-dadau) a *comadres* (cyd-famau) i'r plentyn. A byddai gŵr yn *compadre* nid gydag un gŵr arall ond gyda phob un oedd yn sbonsor i bob un o'i blant ar bob achlysur, hyd at ddegau o sbonsoriaid. Cydnabyddid hyn gan yr awdurdodau eglwysig; ar un adeg byddai'r eglwys yn caniatáu i ŵr gael hyd at 30 sbonsor i'w blant, ac am hir flynyddoedd gwaherddid priodas rhwng disgynyddion y 'perthnasau' hyn. O ganlyniad fe rwymai gŵr wrth gylch o bobl, a dyma'r arfer a adwaenir yn Sbaen fel *compadrazgo*. Yn y wlad honno adlewyrchid y cyswllt eglwysig gan ymadrodd helaethach am *compadres*, sef *compadres de gracia* (cyd-dadau gras). Dengys geirfa sawl gwlad arall mor gyffredin fu'r drefn hon gynt: yn Lladin ceir *compater-commater*, yn Eidaleg *compare-comare*, ac yn Ffrangeg *compère-commère*.[11]

Dyletswydd y *compadres* oedd cynnal ei gilydd, ac unwaith y byddent wedi ymrwymo nid oedd datod y rhwymyn; ar yr un pryd roedd 'dyled' rhwng *compadres* yn bwysicach na bron unrhyw ddyled arall. (Beth, tybed, oedd y berthynas rhwng tad a thad maeth ymhlith y lliaws yng Nghymru gynt, pe ceid mabwysiadu ymhlith y rheini?) Cludodd y Sbaenwyr a'r Portiwgeaid yr arfer hon i'r Amerig, a disgrifiad o'r drefn ym Mecsico yw'r cyfrif cyntaf ohoni yn y Saesneg, gan E. B. Tylor yn 1861. Meddai ef, 'The thing itself is curious, and quite novel to an Englishman of the present day. The godfathers and godmothers of a child become, by their participation

11 Yn Lloegr *godsib* oedd yr enw ar bobl a ystyrid yn 'berthnasau' am yr un rheswm â'r uchod, sef cyfuniad o *god* a *sib*, hen air am 'berthynas'. O'r gair hwnnw y deillia *gossip*.

in the ceremony, relations to one another and to the priest who baptises the child, and call one another ever afterwards *compadre* and *comadre* . . . In Mexico, this connection obliges the *compadres* and *comadres* to hospitality and honesty and all sorts of good offices towards one another; and it is wonderful how conscientiously this obligation is kept to, even by people who have no conscience at all for the rest of the world. A man who will cheat his own father or his own son will keep faith with his *compadre*. To such an extent does this influence become mixed up with all sorts of affairs, and so important is it, that it is necessary to count it among the things that tend to alter the course of justice in the country.'

Yn 1993 bu farw'r pêl-droediwr Bobby Moore. Ef oedd y capten pan enillodd Lloegr Gwpan y Byd yn 1966. Yn union cyn y gystadleuaeth nesaf ym Mecsico aeth tîm Lloegr i ddinas Bogotá yn Colombia i chwarae; yno cyhuddwyd Moore ar gam o ddwyn meini gwerthfawr o siop yn y ddinas, ac fe haerodd un o weision y siop iddo weld Moore yn cymryd y gemau. Datgelwyd wedi hynny fod perchen y siop a'r gwas yn *compadres*, ac wedi arwyddo cytundeb cyfreithiol i'r perwyl hwnnw. Dyma gefndir y *Mafia* a'r *Godfather*.

Ynglŷn â'r *compadrazgo* mae un ystyriaeth arall i'w nodi, sef y sefyllfa pan fydd gwŷr anghydradd yn *compadres* i'w gilydd. Fe ddigwydd hynny pan fydd un o'r 'cyffredin' yn gwahodd perchen tir, dyweder, i fod yn dad bedydd i'w blentyn ac yntau'n cytuno. Byddant wedyn yn *compadres*, ond bydd un hefyd yn *patrono* neu'n *padrino* i'r llall: hynny yw, bydd un bellach yn noddwr a'r llall yn bleidiwr iddo. Fe all y noddwr yn ei dro fod yn bleidiwr i noddwr mwy breiniol, a gall y pleidiwr yntau fod yn noddwr i ŵr llai breiniol nag ef ei hun. Ac fe all fod gan unrhyw noddwr nifer o bobl dan ei nawdd ac yn pleidio iddo. Hynny yw, nid dau ŵr yn unig a gysylltir trwy gyfrwng yr arfer hon, ond llu ohonynt. Cymharer hynny â'r drefn a geid yng Nghymru erstalwm, lle byddai gan bleidiwr ei 'ŵr nod' grymusach nag ef tra ei fod ef ei hun hefyd yn ŵr nod i'w bleidwyr yntau.

Cyflwynwyd y deunydd am 'ddyled' a 'thalu dyled' a 'thowlu dyled' er mwyn trafod 'cymdogaeth dda' a'r hwn a'r hon a gydnabyddid yn 'gymydog da' ac yn 'gymdoges dda'. Afraid dweud y dynodid mathau eraill o bobl yn llafar y wlad ac at hynny y trown yn awr, at y rhai a fyddai'n trin tir ac anifail, gan gychwyn gyda'r ymadroddion sy'n dynodi'r ffyrdd gwahanol o drin tir a gydnabyddid ar dafod leferydd. 'Tir gwyllt' neu 'dir wast' yw tir nas trinnir; cynnyrch prin y tir hwn os yw'n dir uchel a llaith yw 'gwair rhos' neu 'wair rhos cwta' neu 'wair rhos gota' neu 'wair cwta'. Fe'i lleddid yn yr un man bob blwyddyn, yn ystod mis Medi, pan fyddai'r gweiryn eto'n las; lleddid yn y bore gan gywain yr un prynhawn. Erbyn 1960 byddai ambell i le eto'n ei ladd â phladuriau, ond gan mai ar dir gwlypaidd y tyf rhoddwyd heibio ei gynaeafu'n gyffredinol pan ddaeth peiriannau lladd gwair yn gyffredin. Fe sonia'r rhai sy'n ei gofio am yr ymenyn anghyffredin a dymunol a wneid o laeth y gwartheg a borthid â'r gwair hwn.

Yn gyferbyniol i 'dir gwyllt' ceir 'tir glas', sef tir dan borfa, a 'thir coch', sef tir wedi ei aredig. Fe nodwyd eisoes mai 'cerdded tir coch' yw llyfnu, a phrin fod angen dweud mai tir mawnog yw 'tir du' yn hytrach na math o dir dan driniaeth. Ac ynglŷn â'r gwaith o ffermio tiroedd fel hyn, clywais fod yna wahaniaethu rhwng gweithgareddau 'biti'r clos' ar y naill law ac 'ar y miny' (mynydd) ar y llall. Y cyntaf oedd y gwaith arferol a wneid o ddydd i ddydd, tra cyfeiriai 'ar y miny' nid at dir uchel ond at waith 'dilyn ceffyle' wrth drin tir i godi cnydau; clywid yr ymadroddion hyn o leiaf hyd gyfnod yr Ail Ryfel Byd.

Rhan o'r 'tir glas' oedd 'tir pori', ond fe arferid 'tir pori' mewn dwy ffordd. Gan amlaf golygai hynny'r tir fyddai ar gael i greaduriaid ei bori ar y pryd, ond mewn rhai ardaloedd, gan gynnwys ucheldiroedd gogledd Ceredigion, fe'i cyfyngid i'r tir na fyddid byth yn ei droi nac yn lladd ei wair. 'Tir glas' fyddai 'tir gwndwn' hefyd; clywais 'dir gwndwn' a 'gwair gwndwn' am gnwd a dyfai ar dir glas heb hau had. Meddai Syr John Prys yn 1546/7 'torr dy wndwn y geirch', ond math o weddill oedd 'tir gwndwn' yn llafar fy nghydnabyddion i, tir glas heb unrhyw bwrpas arbennig iddo. Mewn rhai cylchoedd ceid tir lle byddai cymdogion yn pori eu creaduriaid gyda'i gilydd, sef tir comin. Gweinyddid trefn y tir hwnnw yn ôl rheolau'r 'cwrt clyd', y *court leet*. Gerllaw Ystumtuen yng ngogledd Ceredigion ceir comin o'r fath, ac yno byddai gan y rheini â thir yn ffinio â'r comin hawl i bori hyn a hyn o'u hanifeiliaid arno yn unol â pha faint o 'dir gwair' oedd ganddynt ar eu ffermydd eu hunain. Er enghraifft, dwy erw o dir gwair oedd gan un o'r ffermwyr hynny, ac felly roedd ganddo hawl yn ôl rheolau'r 'cwrt clyd' i bori dwy fuwch a 12 dafad ar y comin. Enw'r lle oedd Comin y Berth Ddu, ond fel 'tir sefrol' (*several*?) y cyfeirid ato. Cynhaliwyd cyfarfod olaf y 'cwrt clyd' yn nhafarn George Borrow ym Mhonterwyd yn ystod yr Ail Ryfel Byd, lle gynt yr ymgynullid yn nhafarn Rhydlydan. Mynychai asiant ystad Nanteos y cyfarfodydd hyn; os yw 'sefrol' yn hanfod o *several*, tybed ai geiriad rheolau'r 'cwrt clyd' oedd wrth wraidd hynny? Yn sicr, byddai 'sawl un' yn defnyddio'r tir comin.

Fe erddid tir gynt mewn grynnau, ac wrth aredig â phâr o geffylau cerddai'r creaduriaid ochr yn ochr gydag un ohonynt yn camu ar y tir oedd newydd ei droi (sef y rhych) tra cerddai'r llall ar y glaswellt oedd eto i'w droi. 'Ceffyl rhych' oedd yr enw ar y naill a gelwid y llall yn 'geffyl cefen' neu'n 'geffyl gwellt' (sef glaswellt) neu'n 'geffyl dan llaw' (sef 'y ceffyl nesaf at ddyn wrth arwain y wedd'). Defnyddiai'r arddwr awenau i ffrwyno'r ceffylau; yn ogystal, ymestynnai rhwymyn a elwid y 'cwplyn o ben i ben' rhwng pennau'r creaduriaid. Wrth droi ar y talarau fe droai'r arddwr y 'ceffyl dan llaw' ond nid y 'ceffyl rhych'. Arweinid hwnnw gan y rhwymyn y cyfeiriwyd ato, a byddai angen i'r 'ceffyl rhych' gydsymud â'r 'ceffyl dan llaw'; ymhlith dynion ystyrid y 'ceffyl rhych' yn gyd-weithiwr da.

Pan fyddai dau geffyl yn tynnu cart sonnid am y 'ceffyl bla(e)n' neu'r 'ceffyl traso', a'r 'ceffyl shafft' ('ceffyl yn y gert' yng ngogledd Ceredigion) neu'r 'ceffyl bôn'. Afraid dweud mai 'ceffyl blan' fyddai'r enw a roddid ar ŵr a fynnai le amlwg i'w hun. Ni chlywais 'geffyl bôn' fy hun, ond clywais gyferbynnu 'bôn' a 'blan' mewn ambell gyswllt. 'Llafur byw' oedd ŷd heb ei dorri; wrth dorri'r ŷd y 'palis' oedd yr ochr a wynebai'r pladuriwr. Yn ôl a ddeallaf, y 'bondrwch' neu'r 'bonlladd' oedd trwch y sofl a adewid lle byddai'r bladur yn cychwyn taro'r gwelltyn, a'r 'bla(e)ndrwch' neu'r 'bla(e)nlladd' oedd trwch y sofl a adewid lle gorffennai'r bladur ei thrawiad (ar lafar rhwng 1955 ac 1960). Tra gelwid y gŵr a fynnai sylw yn 'geffyl blan', 'ceffyl bôn' neu 'geffyl shafft' fyddai gŵr dibynadwy, y cydweithiwr diwyd, diymhongar. Ys dywedai trigolion sir Benfro, 'Os gwrthodith y ceffyl shafft mae ar ben arnoch chi.'

O ddarllen geiriau Francis Payne am feirdd yr Oesau Canol a'u holynwyr sylweddolir feithed y blynyddoedd y buwyd yn cyffelybu fel hyn, a gwelir hefyd fod arwyddocâd rhai cyffelybiaethau wedi newid dros amser:

> Wrth aredig y meysydd yr oedd lleoliad yr ychen yn y wedd yn bwysig. Fel gyda cheffylau heddiw (1947), ceid rhai ychen a gerddai'r gwellt (sef y tir heb ei droi) yn unig a rhai eraill a fedrai gerdded y rhych yn ogystal. Gwelltor y gelwid yr anifail hanner teithiog, a hyd y sylwais i, ni cheir y term fel trosiad mewn cywydd mawl ond pan ddymunir gwahaniaethu rhwng nifer o wŷr yn ôl eu gradd neu'u hoedran. Os dymunai bardd ddangos bod ei arwr yn gallu troedio'n gadarn pa mor arw bynnag fyddo'r llwybr, y rhychor, ych y rhych, a ddeuai i'w feddwl. "Mae fo'n gawr rhychawr hir" ebr Iolo Goch am Rhys Gethin Nanconwy, ac wrth ganu i Syr Gruffudd Fychan dywed Rhys Goch na bu'n gwlad "heb rychor o ryw Brochwel". Yr un modd gyda

> llu o'n beirdd, os am gyffelybu gŵr i ych arbennig, rhychor yw'r gair.

Ac eto: 'Yr oedd dosbarthiad ychwanegol ar ychen rhagor na hwnnw o gwelltor a rhychor, sef yr ychen blaen a'r ychen bôn. Rhoid yr ychen cadarnaf ym môn y wedd bob amser am mai arnynt hwy y disgynnai baich y gwaith wrth nesáu at y dalar. Bryd hynny byddai'r ychen blaen yn llaesu ychydig yn eu hieuau wrth ddechrau troi ar y dalar. Ac ar yr ychen bôn y deuai pwysau'r ailddechrau ar y gŵys nesaf. Felly gofelid bob tro i roi'r gwelltor a'r rhychor cadarnaf o dan yr un iau ym môn y wedd yn nesaf at yr aradr. Ych felly oedd Archddiacon Llanelwy yn ôl Tudur Aled:

> Ni roech chwi bin, yr ych bôn,
> Er chwe deg, archdiagon . . .

Pan fyddid yn aredig ag ychen gyda'r math ar aradr oedd ar gael y pryd hwnnw byddai angen dau ŵr at y gwaith, sef yr 'amaeth' a'r 'geilwad'. Y cyntaf a lywiai'r aradr a'r ail a driniai'r wedd. Araf fyddai cerddediad yr ychen a cherddai'r geilwad lwrw'i gefn gan alw'r ychen ymlaen a chanu iddynt y caneuon ychen; dyna sut y'u rheolid ac y'u cedwid 'dan law'. Ond pan gychwynnwyd aredig â gweddoedd cymysg o ychen a cheffylau fe gerddai'r anifeiliaid yn gyflymach; symudodd y geilwad i gerdded wrth ochr y wedd ar y glaswellt ac felly'r anifeiliaid a gerddai'r glaswellt oedd y rhai 'dan llaw'. Ymhen y rhawg diflannodd yr ychen a'r geilwad hefyd, a phan ddigwyddodd hynny y 'ceffyl gwellt' oedd y 'ceffyl dan llaw'. Roedd yna gadwyn ddi-dor o arferion ac ymadroddion o'r Oesau Canol, neu cyn hynny, hyd yr 1950au.

Ychwanegaf hyn at y deunydd am fathau o unigolion a gyflwynwyd uchod: tra byddai'r 'ceffyl blan' yn mynnu sylw, 'daeacon pren' fyddai'r gŵr a fynnai le blaenllaw er ei fod yn amddifad o gyneddfau arweinydd. Dywedodd Francis Payne wrthyf un tro fod a wnelo 'daeacon pren' â rhan ddiangen o'r aradr gynt, ond ni wyddwn ddigon am hynny i'w ddeall yn iawn. Am arweinydd go iawn fe ddywedid ei fod yn barod i 'gymeryd yr awenau' (sy'n go debyg i *taking the reins* yn Saesneg), ond ni chlywais ymadrodd yn ei gyffelybu ef i'r un anifail fel y cyffelybid y gŵr diwyd a'r cyd-weithiwr da i geffylau'r cart a'r wedd. Ys dywedwyd, cyd-weithiwr da bellach oedd rhychor yn hytrach na gŵr cadarn; sut a phryd y trodd y 'cawr rhychawr hir' yn gyd-weithiwr o'r iawn ryw? Pan fûm yn holi, yr ansoddair a ddewisid gan yr hen ddwylo i ddisgrifio gŵr blaenllaw, y rhychor gynt, oedd 'urddasol', a hynny o ran gwisg ac iaith ac ymarweddiad – nid fel pawb arall ond ar ddelw'r 'gwŷr mawr' mae'n debyg. Gelwid y gwŷr blaenllaw hyn yn 'bobl urddasol', nid categori ond disgrifiad gan bobl a ddymunai arweinwyr y gallent eu parchu.

Gwahanol i'r uchod oedd y 'ddafad gornog', sef y gŵr a anghytunai ac a anghydwelai â'i gymdogion ac a fyddai'n barod i ddibrisio'u barn a'u hanghymeradwyaeth. Os byddai byth a beunydd yn groes i bawb arall, dywedid bod 'croen ei din ar ei dalcen'. Fe allai cynnal 'cymdogaeth dda' fod yn gymorth i osgoi sefyllfaoedd a fygythiai arwain at anghytundeb ac anfodlonrwydd, fel nad aflonyddid ar fywyd cymdogaeth. Fe allai hynny arwain at ddiffyg arall, sef amharodrwydd i wynebu rhai ystyriaethau ac amharodrwydd i ddiwygio arferion pan fyddai amgylchiadau yn newid. Ar yr adegau hynny byddai lle i'r 'ddafad gornog' weithredu a 'dwyn i fwcwl' yr hyn yr oedd eraill yn amharod i'w wneud.

Y mae hyn oll yn golygu fod gan ddynion hierarchaeth o egwyddorion, a byddai cynnal cymdogaeth dda yn uchel yn yr hierarchaeth honno. Y cymydog da, y cyd-weithiwr parod (y ceffyl rhych), y gweithiwr diwyd (y ceffyl shafft), ynghyd â'r gŵr sy'n mynnu sylw (y ceffyl blan), y ffug arweinydd (y daeacon pren), y gŵr sy'n mynnu ei ffordd ei hun (y ddafad gornog), y rheini sy'n cynhennu â'i gilydd (partners gwŷr mowr) – eu cyswllt oll oedd cynnal cymdogaeth.

ch) Amryw bobl

Cyfeiriwyd eisoes at y modd y dosbarthodd Ashby ac Evans (1944) ffermydd Cymru, a dywedwyd mai 'dosbarthiad sylwebwr' oedd eu heiddo hwy. Hyd 2001 dosberthid holl drigolion Cymru – a gwledydd eraill Prydain – i ddosbarthau cymdeithasol A, B, C, D, E gan y Swyddfa Ystadegau Cenedlaethol yn ôl meini prawf a oedd o bwys iddynt hwy. Dosbarthiad sylwebwr oedd hwnnw hefyd. Dosbarthiad o ffermydd cefn gwlad o fath gwahanol i eiddo Ashby ac Evans a welwyd yn y cyfresi o ymadroddion sy'n cyfeirio at faint ffermydd ('lle bach', 'lle jogel', 'lle mawr'). Cyfateb i'r rheini a wna'r ymadroddion sy'n canlyn ac sy'n cyfeirio at y categorïau o bobl (yn hytrach nag unigolion) a adwaenid ac a ddynodid yn llafar y trigolion gynt.

Gwahaniaethid rhwng y 'gwŷr mowr' neu'r 'gwŷr byddigion' neu'r 'bluebloods' ar y naill law a 'phobol gyffredin' ar y llall. Ac ymhlith y 'bobol gyffredin' fe wahaniaethid rhwng 'ffermwyr' a 'phobol tai bach', sef y rhai di-dir. Yn achlysurol clywid hyd yn ddiweddar yr ymadrodd 'tŷ bach' am dŷ heb dir; pan soniodd nifer o'm cydnabyddion am ffermwr cefnog a oedd newydd ymddeol yn symud i dŷ unllawr sylweddol iawn, meddai un amdano, 'Ma' fe wedi gadel y Wern, ma' fe'n byw mewn tŷ bach nawr, wel, 'dyw e ddim yn fach 'fyd, ond 's dim tir 'dag e.'

Clywais yr ymadroddion 'pobol tai bach' a 'gwŷr tai bach' droeon am y rhai di-dir, ond ni chlywais ymadrodd arall a arferid gynt, sef 'pobol fach'. Meddai brodor o sir Benfro yn 1910 wrth esbonio 'glosced': 'Large tracts of furze are set on fire in March and the charred stumps are used for firewood by 'y bobol bach' (the poor people) in winter. Farmers readily allow the poor to go on their land to gather glosced.' Gwelir iddo wahaniaethu rhwng 'ffermwyr' a 'phobol fach', sydd yn dwyn i gof *petites gens* trigolion gwlad Belg ar hyn o bryd, ynghyd â *menu peuple* Ffrainc (golyga *menu* 'bach' yn ogystal â 'rhestr'). I'r un perwyl gellir nodi *popolo minuto* tiriogaethau'r Eidal a *klein burgher* (dinesydd bach) yr Almaen. Nid diystyr yw cydnabod bod yr un fath o gategori i'w ganfod yng Nghymru ac yn y gwledydd eraill a nodwyd.

Fe ganlyn ddyfyniad o ddyddiadur a gedwid gan wehydd, un o'r bobol fach, sy'n cyfeirio at etifedd ystad Alltyrodyn yn dyfod i oed yn 1871: 'Heddyw yn ddywarnod o wyl lawen yn y gymdogaeth hon gan holl ddeiliaid Alltyrodyn; daeth yr etifedd i stad Galltrodin i'w oed. Bu Tomos gyda'r holl ddeiladon ereill yn farmers a bobl fach, yn tafarn Newinn yn cael ciniaw, a'r tafarn yn rhydd iddynt prydnhawn i gael yfed ...' Gwahaniaethodd y dyddiadurwr rhwng pobl Alltyrodyn gan gyfeirio at y 'gwŷr mawr', y 'farmers', a'r 'bobol fach'.

Ond cyfeirid hefyd at rai pobl oedd yn 'dipyn o gounty blood', sef disgynyddion i blant 'gwŷr mawr' nad oedd wedi etifeddu ystadau nac ychwaith wedi ymadael â'u broydd genedigol. Mewn rhai ardaloedd ceid nifer o dai a fu gynt yn gartrefi i'r 'tipyn o gounty blood', fel Cwm Berwyn, Pantseiri, Treflyn, Ochrgarreg yng nghyffiniau Tregaron, anheddau'r Herbertiaid o dylwyth yr Hafod un tro, ac roedd eraill cyfatebol yn niferus yng nghyffiniau Llandysul.

Am wŷr eraill fe ddywedid mai 'rhywbeth gwell na'i gily'' oeddynt, neu mewn un rhan o ganolbarth Ceredigion 'rhywbeth gwell na pheido'. Dyma'r gwŷr a oedd yn well eu byd na'r rhelyw, ac fe allai pobl fod yn 'rhywbeth gwell na'i gily'' ac yn 'dipyn o gounty blood' hefyd gan na fyddai'r naill yn cau allan y llall. Pan fûm yn holi yn ystod yr 1950au a'r 1960au, cyfeiriwyd droeon at hen deuluoedd a drigai yng Ngheredigion ar ddechrau'r ugeinfed ganrif gan ddefnyddio'r ymadroddion hyn. Yn eu plith ceid teuluoedd Theophilus Jones, Pengelli Isaf, a Dafisiaid Cwmcoednerth ill dau yng nghyffiniau Rhydlewis, ac roedd yn amlwg na chyfrifid hwynt fel y rhelyw o bobl gyffredin er nad ystyrid hwynt yn 'wŷr mawr' ychwaith. Roeddynt yn berchnogion tiroedd, yn bobl urddasol yn ôl a glywais, ac yn Gymry Cymraeg. Mae papurau eu hystadau ar gadw yn Llyfrgell Genedlaethol Cymru, y cyntaf yng Nghasgliad Pengelli a'r ail yng Nghasgliad Morgan Richardson.

Dengys yr ymadroddion am y mathau o bobl a adwaenid ac a gydnabyddid ar dafod leferydd mai cymunedau o bobl amrywiol oedd cymunedau'r wlad. Cymunedau oeddynt nid am fod pawb yn debyg i'w gilydd (fel yr awgrymir gan ymadrodd fel *working class community*) ond er bod yr aelodau yn aml yn wahanol i'w gilydd. Gan hynny, mae'n werth cofio wrth drafod cymdeithas gynt fod lle i oedi cyn sôn am 'gymunedau plwyfol', er enghraifft, oherwydd unigolion fyddai'n blwyfol neu'r gwrthwyneb.

Priodol yma yw nodi hyn. Crybwyllwyd y prif gategorïau eisoes, sef 'gwŷr mawr' a 'phobol gyffredin', ac fe glywid amdanynt droeon a thro. Ond pan ofynnid pwy oedd 'pawb', nid oedd ateb parod ond peth penbleth. Medrid yn hawdd gyfeirio at 'bawb' fel 'pobol y lle' (dyweder), ond nid oedd yna unrhyw ymadrodd cyfarwydd at hynny. Pwrpas yr ymadroddion oedd gwahaniaethu yn hytrach na chyfannu.

Ymadroddion llafar gwlad yw'r rhai a nodwyd. Dynodant gategorïau o bobl, categorïau oedd yn ystyrlon i aelodau'r gymdeithas. Nid termau technegol mohonynt (ac ofer fyddai ceisio dehongli cymdeithas pentrefi glofaol yn unol â hwynt). Amlygant y gymdeithas o'r tu mewn: dangosant sut yr oedd ei haelodau yn ei hamgyffred hi. Ni ffurfiant ddisgrifiad cyflawn ohoni, a chyfeiriant yn bennaf at y gymdeithas yn ôl ei pherthynas hi â'r tir. Yr oedd y berthynas honno yn dra phwysig ond nid yn hollbwysig. Tra oedd y trigolion yn 'ffermwyr' ac yn 'bobol tai bach', yr oeddynt hefyd naill ai yn 'bobl y capel', yn 'blant y gyfeillach', yn 'wŷr tŷ cwrdd', neu yn 'bobl (neu 'wŷr') y byd'. Yr oeddynt eto yn Ddafisiaid ac yn Domosiaid, yn Jenkinsod, yn Wiliamsod ac ati, sef y tylwythau. Allwedd felly yw'r ymadroddion, nid eitemau mewn disgrifiad terfynol.

Ar gyfer trafod arwyddocâd yr ymadroddion hyn nodwn yn gyntaf mai categorïau o'r ail reng yw 'rhywbeth gwell na'i gily" a 'thipyn o gounty blood', am eu bod yn ddiystyr oni ragdybir categorïau eraill, ac felly fe gyfyngir ein sylw yma i 'wŷr mawr', 'ffermwyr', a 'phobol tai bach'. Crybwyllir dau syniad am eu harwyddocâd o ran strwythur y gymdeithas.

Ynglŷn â'r syniad cyntaf, nodir mai'r tebyg yw yr ymatebir i'r ymadroddion hyn gan fwrw mai rhannau neu garfanau neu ddosbarthau'r gymdeithas ydynt, tair (neu dri) ohonynt, sydd yn eu crynswth yn ffurfio cymdeithas gyflawn. Ymhlyg yn hynny y mae syniad sydd fel petai'n cyffelybu cymdeithas i adeilad; o osod ei feini gyda'i gilydd ffurfir yr adeilad yn gyflawn. Yn yr un modd, rhannau neu unedau'r gymdeithas, ei meini ffigurol hi, a amlygir drwy'r ymadroddion ac o'u cydosod hwynt fe ffurfir y gymdeithas yn gyflawn. Dywedodd Twm o'r Nant rywbeth tebyg:

> Mae pob galwedigaeth ar dwyn
> Wedi'i threfnu a'i sefydlu'n bur fwyn;
> Fel cerrig mewn adail hwy wnân'
> Yn y muriau, rai mawrion a mân . . .

ac aeth yn ei flaen gan gyflwyno cyffelybiaethau eraill i'r un perwyl, fel a grybwyllir eto.

Ond fe ellir amgyffred yr ymadroddion mewn ffordd arall. Nid yw cymdeithas yn ddim oddieithr grŵp o bobl yn ôl eu rhyngberthynas, ac yma nodir ail ffordd o amgyffred y rhyngberthynas honno ac o amgyffred strwythur y gymdeithas. Yr unigolyn fel y cyfryw sy'n ei 'weld' neu'n ei gyfrif neu'n ei ganfod ei hun yn ŵr mawr neu'n ffermwr neu'n ŵr tŷ bach (a chaiff ei ganfod felly gan ei gyd-ddyn), ac o ddydd i ddydd ymhlith ei gyd-ddynion fe 'wêl' yr unigolyn ei hun fel hwn neu arall mewn cyferbyniad â'i gyd-ddynion. Ond pa gyd-ddynion, oherwydd pobl amrywiol ydynt? Fe wêl yr unigolyn ei hun fel gŵr mewn cyferbyniad â gwraig, fel tad neu fam mewn cyferbyniad â phlentyn, fel mab neu ferch mewn cyferbyniad â thad neu fam, fel un o'r Boweniaid mewn cyferbyniad â'r Wiliamsod, fel gŵr tŷ bach mewn cyferbyniad â ffermwr, fel ffermwr mewn cyferbyniad â gŵr tŷ bach ac â gŵr mawr. Ond er mai mewn cyferbyniad â dyn arall y mae un gŵr yn ewythr, dyweder, ac un arall yn nai, eto yr un 'pobol' (sef tylwyth) yw'r ddau ohonynt mewn cyferbyniad â 'phobol' arall. Ac er bod cyswllt maes y cynhaeaf yn gwahaniaethu rhwng gŵr tŷ bach a ffermwr, eto mewn cyswllt gwahanol yr un, sef 'pobol gyffredin', yw'r ddau ohonynt yn hytrach na 'gwŷr mawr'. Trefn hyblyg o gyferbyniadau sydd yma, un sydd yn annatod glwm wrth syniadau a theithi meddwl pobl. Ac am yr ymadroddi a'r cyferbynnu a grybwyllwyd fe ellir yn iawn ddweud iddynt roi rhwydd hynt i bobl lunio ac ail-lunio a thrawslunio'u perthynas â'i gilydd, tra canfyddid eu priodoldeb a'u haddasrwydd.

Gynt fe syniai ymchwilwyr am gymdeithas fel nifer o bobl yn byw yn oddefol yn ôl cyfundrefn neu set o gredoau ac arferion, *hard cake of custom* y bedwaredd ganrif ar bymtheg. Ond yn barhaus, gydol yr amser, cyfansoddiad yw cymdeithas o waith ei haelodau hi, a dengys yr ymadroddion ddefnydd crai a ffrwyth eu gweithgarwch hwy.

d) Cyferbyniadau

I drigolion yr arfordir, 'pobol y wlad' fyddai'r rheini a drigai ryw dair neu bedair milltir (neu fwy) o'r glannau. Iddynt hwy 'gwlad' a 'glan y môr' oedd y cyferbyniad ystyrlon yn hytrach na 'gwlad' a 'thref'. Ond nid hwnnw oedd yr unig gyferbyniad ystyrlon; yn gyffredin roedd nifer o gyferbyniadau oedd oll yn ystyrlon ar yr un pryd.

Ymdriniwn yn gyntaf â 'gwlad'/'glan y môr'. Yn ystod misoedd Awst a Medi gynt fe ddeuai Cymry Cymraeg o'r cylch i fwrw gwyliau ym mhentrefi'r glannau, ac os holai'r pentrefwyr ei gilydd pwy oeddynt, bodlonid ar yr ateb, 'O, pobol y wlad.' Clywid hyn yn gyffredin hyd yr Ail Ryfel Byd.

Y gwladwr yn Ffrainc oedd y *paysan*, gŵr y *pays*, y wlad,

y rhanbarth; o'r gair hwnnw y daw *peasant* y Saesneg. Nid gair brodorion amdanynt hwy eu hunain ydyw; 'pobl y pau' a gyfatebai yn y Gymraeg, ond yn hytrach na hynny enwau ac ymadroddion lleol oedd ar lafar gwlad – megis 'Scadan Aber-porth' a llawer eraill – sy'n cysylltu â'r hyn sy'n dilyn.

Yn Sbaen gwahaniaethid rhwng y *campesino*, gŵr y *campo*, y wlad, a'r *burgués*, gŵr y dref, yn hytrach na rhwng trigolion 'gwlad' a 'glan y môr'. Yn Llandudoch, nid gŵr y dref fel y cyfryw oedd y 'bwrgi' (*burgess*, *burgher* y Saesneg) eithr cyfaill, a chlywid hynny ar lafar hyd yr 1950au o leiaf.

Crybwyllwn ninnau hyn: mewn cyswllt gwahanol i'r uchod, 'ce(f)en gwlad' a'r 'dre' oedd pegynau'r cyferbynnu gan drigolion y glannau fel gan bawb arall, a golygai 'cefn gwlad' bellter dulliau a syniadau yn ogystal â phellter ffordd. Pan alltudiwyd myfyrwyr o'r hen brifysgolion fe'u 'hanfonwyd i'r wlad', *rustication*, ac mae awgrym o'r un syniad ynghlwm wrth 'gefn gwlad'. Fe'i defnyddid ar un ystyriaeth wrth sôn am ardaloedd oedd yn agos i'r dref, a dywedid am leoedd anghysbell a diarffordd eu bod 'ym mherfeddion gwlad'. Ond mae nodi'r cyferbyniad rhwng cysylltiadau 'cefn gwlad' ar y naill law a'r 'dre' ar y llall yn or-syml am fod cyferbynnu hefyd o fewn 'y wlad', yn arbennig rhwng dulliau pobl gyffredin a rhai trigolion y plastai. Y ffurf Gymraeg a glywais gan hen ddwylo am *genteel* y Saesneg oedd 'sychsyber'; cysylltid hynny â gwragedd y plastai yn hytrach na bywyd trefol, a'r hyn a ddywedid am dŷ annedd difrycheulyd oedd ei fod 'fel plasty bach', nid fel dim yn y dref.

Yn ail, ymdriniwn â'r ymadroddion 'pobol y lle' neu 'bobol y fan a'r fan'/'dynion dŵad'. Pan fûm yn holi yn fy mhentref genedigol yn yr 1940au, dywedwyd wrthyf gan lawer, 'Mae pobol Aber-porth i gyd yn perthyn i' gily' os ei di'n ôl digon pell.' Pe cyfeiriwn innau at Gymry Cymraeg, mewnfudwyr a oedd wedi byw yn y pentref am lawer blwyddyn ond heb fod yn perthyn i neb o'r trigolion gwreiddiol, fel cymdogion i mi, fe'm hatebid, 'O, nid pobol Aber-porth ydyn nhw.' Hynny yw, nid oedd trigo yno yn gymhwyster digonol at fod yn un o 'bobol y lle' neu yn un o 'blant y tade' yn ôl ymadrodd a glywais yng nghanolbarth y sir.

Yn ôl aelodau o hen deuluoedd Aber-porth, pobl a anwyd cyn diwedd y bedwaredd ganrif ar bymtheg, ceid tair set neu dri math o bobl yn y pentref, sef y Lacsiaid, yr Hengochion, a'r Cobleriaid, ac fe ddywedid am hwn a hwn neu hon a hon, 'Un o'r Lacsiaid (neu'r Hengochion neu'r Cobleriaid) yw e (neu hi).' Mae'r enwau yn go hynod ac ni fedraf gynnig esboniad arnynt nac ymhelaethu chwaith. Ond rwy'n go sicr o ddau beth. Wyddom ni ddim beth wyddom ni ddim am fywyd cefn gwlad gynt. Ac yn ail, rwy'n sicr bod tair set, neu dri math, o bobl yn Aber-porth gynt yn golygu pedair, sef y Lacsiaid, yr Hengochion, y Cobleriaid, ac yn ogystal y pentrefwyr hynny nad oeddynt yn perthyn i'r drefn; pobl nad oeddynt yn 'bobol Aber-porth' yn ôl y meini prawf lleol.

Yn drydydd, ymdriniwn â'r 'gweithe' a geid y tu hwnt i'r wlad. Dau brif gategori y 'gweithe' oedd y 'gwaith glo' a'r 'gwaith tân', hynny yw tân ffwrneisi'r gweithfeydd. O bryd i'w gilydd fe welid 'golau Merthyr' a 'golau Dowlais' (sef golau eu ffwrneisi) cyn belled i ffwrdd â Cross Inn, rhyw bedair milltir o Lanrhystud a glan bae Ceredigion.[12] Hyd yr Ail Ryfel Byd parhaodd ambell ŵr i weithio 'tan ddaear' yn sir Gaerfyrddin gan gadw ei wraig a'i blant a'i gartref yng ngodre Ceredigion. Ond i drigolion 'gweithe' sir Gaerfyrddin roedd mynd i draethau bae Ceredigion yn 'fynd i'r wlad', oherwydd yn eu tyb hwy 'y wlad' oedd y tir y tu draw i Gaerfyrddin ac afon Tywi.

Dengys hyn fod i'r ymadroddion hyn ddwy swyddogaeth: dosbarthant bobl i wahanol gategorïau (pobl y wlad/pobl glan y môr/pobl y fan a'r fan/dynion dŵad) yn ôl meini prawf a

12 Soniodd y diweddar Ddr E. D. Jones, cyn-lyfrgellydd Llyfrgell Genedlaethol Cymru, iddo weld 'golau Merthyr/Dowlais' o'r pant yn Llangeitho.

gyfrifai yn lleol, ac amlygant sut yr oedd pobl yn amgyffred a rhoi trefn feddyliol ar eu hamgylchedd, hynny yw amlygent eu teithi meddwl.

Yn aml, ni fyddai gan drigolion rhyw ardal neu bentref arbennig enw arnynt hwy eu hunain, ond byddai ganddynt enw ar drigolion ardaloedd eraill. Yng nghyffiniau Synod Inn rhed y 'ffordd drympeg' rhwng y llethrau sy'n disgyn tua'r môr a'r rheini sy'n codi i'r 'cefen deuddwr' rhwng y môr ac afon Teifi. I'r rhai sy'n trigo islaw'r ffordd 'pobol y bance' yw'r rhai a drig uwchlaw iddi, ond os gofynnir iddynt hwy 'Pwy 'ych chi, 'te?' fe atebir 'O, pobol y lle'. Sail synio fel hynny yw ymwybyddiaeth o'ch bro eich hun mewn cyferbyniad â broydd eraill.

I'r un perwyl nodwn hyn. Enw cyfarwydd yng nghanol-barth Ceredigion yw Mynydd Bach, sef y tir uchel rhwng afon Teifi a'r môr, rhwng Tregaron ac Aberystwyth. I drigolion gwaelod y llethrau 'pobol y tope' oedd yn trigo yn uwch i fyny ar y Mynydd Bach – ond mae'n debyg mai 'Mynydd Bach' ydoedd mewn cyferbyniad â'r tir uchel a elwir y 'mynydd mawr', sef y 'mynydde' sy'n ymestyn o gyffiniau Tregaron tuag at Abergwesyn, lle ceid nifer o ffermydd gynt gan gynnwys rhai o hafotai Ystrad Fflur un tro, megis Hafod yr Abad. Meddai un o feirdd y Mynydd Bach, B. T. Hopkins, am Cassie Davies a oedd yn enedigol o'r tir y tu draw i afon Teifi: 'Mynnodd merch y mynydd mawr / Loywaf yrfa lafurfawr.'

Ac ar ôl iddo fwrw Nadolig 1946 yn ysbyty Aberystwyth, meddai Isgarn (Richard Davies, 1887-1947), a fu'n fugail gydol ei oes ar y mynydd:

> O bob Nadolig aml a fu
> I fugail-fardd y mynydd mawr
> Hwn yw'r Nadolig mwyaf du,
> 'Waeth im gyfaddef hynny'n awr.

I'r un perwyl, wrth sôn am gymdogaethau'r Mynydd Bach, cyfeiriodd Evan Jones, cyfaill B. T. Hopkins ac Isgarn, at y menywod a arferai gerdded i'r tir uchel y tu hwnt i afon Teifi yn 'mynd i Fynydd Mawr Tregaron a Llanddewibrefi'. Ac ar y Mynydd Mawr, y 'Mynydd Mawr rhwng Tregaron a Llanwrtyd', y codwyd capel Soar y Mynydd yn ôl un oedd yn llwyr gyfarwydd â'r cylch ac â'r llafar, sef y Parch. John Evans (1830-1917), Abermeurig.

Y mynydd oedd cynefin Isgarn, a llechweddau Elan ac Irfon mor gyfarwydd iddo â llethrau Rheidol ac Ystwyth. Rhwystr i drafnidiaeth yw'r mynydd heddiw, *green desert* Harri Webb, ond cyn dyfodiad ceir ceid tramwyo cyson drosto gan fugeiliaid a phorthmyn ac amryw bobl eraill. Ymhell y tu draw iddo mae tref Kington, a gerllaw'r dref honno mae plasty Hergest a roes ei enw i'r Llyfr Coch sy'n ffynhonnell mor bwysig i'n llenyddiaeth. Agoriad llygaid i mi oedd dod ar draws gŵr, 84 oed yn 1960, yng nghyffiniau Pontarfynach, a fwriodd flynyddoedd lawer yn porthmona. Roedd y tir y tu draw i'r mynydd mor gyfarwydd iddo â glan môr bae Ceredigion, a'i wraig o Feulah ym Mrycheiniog, a thra bod Kington yn ddieithr i drwch y Cymry Cymraeg heddiw soniai ef yn gwbl ddidaro am gerdded ar draws y mynydd i 'G'intun'. Deellais wedyn fod un o brif ffyrdd porthmyn gogledd Ceredigion yn arwain i'r Bontnewydd ar Wy, i Ddiserth, ac ymlaen heibio i Wern Arglwydd i Geintun a Llwydlo.

Syndod pellach oedd sylweddoli nad 'pobol y wlad' oedd trigolion yr ucheldiraeu hyn eithr 'pobl y mynydde' (yn hytrach na 'phobl y mynydd'). 'Pobl y wlad' oedd yr enw ar drigolion y tir is o gylch ac yng nghyffiniau Tregaron. Y tiroedd uchel hyn a'u cyffiniau oedd y 'mynydde gwlân'; iddynt hwy y cerddai menywod yn flynyddol o'r tir sy'n nes at y glannau er mwyn casglu'r gwlân a gollid gan y defaid wrth grwydro'r moelydd. Tua 1960 adwaenwn wraig yng nghyffiniau Llandysul y bu ei mam i'r 'mynydde gwlân' i wlana. Trigai 'pobl y mynydde' ar 'ffermydd mynydd', nid 'ffermydd gwlad'; cadwent 'ddefaid mynydd' nid 'defaid gwlad', a 'bechgyn y mynydde' oedd y rheini a fugeiliai ar y mynydd-dir. Ymddengys y synnid am y tir uchel mewn dwy ffordd: yn ei gyfanrwydd, fel un peth, gyda'i briod enw Elenydd, ac fel lluosogrwydd o rannau. 'Gwlad' a 'glan y môr' oedd y categorïau naturiol ar hyd yr arfordir; 'gwlad' a 'mynydd' oedd y categorïau naturiol yn y canolbarth.

I gloi ailadroddaf hyn: mae'r ymadroddion a grybwyllwyd yn dosbarthu pobl yn hollol resymegol yn ôl y meini prawf a gyfrifai yn lleol – yn sgil hynny amlygant deithi meddwl y rhai sy'n eu harfer, a'r modd y canfyddid pethau gynt. Os cywir hynny, yna mae meddiannu ymadroddion yn golygu mwy na dysgu enwau lliwgar; mae'n cyfrannu at feddiannu ffordd o amgyffred y byd oddi amgylch.

dd) Ers hiroedd

Tua 1832 fe ganodd Rees Jones, Pwll-ffein (Talgarreg), 'Brophwydoliaeth y Baledwr' gan chwennych 'Reform' a chan ragweld y gwelliannau a ddeuai yn sgil hynny:

> Fe gyfyd hur y labrer cynn bo'n hir, cynn bo'n hir,
> Chwanegir gwaith i lawer, cynn bo'n hir,
> Daw'r teiau bach yn llawnion,
> O fwyd ac arian ddigon,
> Ni welir llwmder creulon,
> Rhwng bryniau Ceredigion, cynn bo'n hir.

Gwelir yn y pennill hwn y cyfeiriad cyntaf imi daro arno at 'deiau bach', sef tai y labrwyr di-dir. Yn yr un gân sonia Rees Jones yn ddigamsyniol hefyd am 'wŷr mawr':

> Ni feiddia un llywodraeth, cynn bo'n hir,
> Roi Trethi ar wybodaeth, cynn bo'n hir,
> Er cymmaint yw gwrthnebrwydd
> Gwŷr mawr; cânt gyflawn sicrwydd
> Os bydd yn angenrheidrwydd,
> Mai trech yw GWLAD nag Arglwydd, cynn bo'n hir.

Prin yw'r cyfeiriadau at dŷ neu dai neu deiau bach yn ein llenyddiaeth, ond nid felly at 'wŷr mawr'.

Meddai Howel Harris wrth iddo gofnodi anerchiad yn Aberteifi ar 26 Chwefror 1741 i dyrfa oedd yn cynnwys boneddigion: 'To the great men most cutting and dreadful. Some of the Gents laughed, some went away and came again and were serious . . .' Ymddengys mai trosiad o'r Gymraeg oedd *great men* Howel Harris, er bod *great men* yn ymadrodd yn y Saesneg hefyd. (Ar achlysur arall ym Mhont-faen yng ngogledd sir Benfro ar 23 Mai 1770, meddai'r diwygiwr: 'I was much here for ye old Britons [sef y Cymry] not to swallow ye English Pride and Language and despise their own. That God is a Welshman and can talk Welsh and has said to many in Welsh "Thy sins are forgiven thee".') Gwelir yr un ymadrodd yng nghanu'r Ficer Prichard ganrif a mwy cyn dyddiau Howel Harris. Dyma a ddywedodd ef am ryw dywysog:

> Ac fe wnaeth i blant gwŷr mawrion,
> Dendio yn dyner ar y tlodion;
> A'u gwas'naethu â'r fath waitan
> A'r fath win a yfa'i hunan.

Gwelir yr ymadrodd 'gŵr mawr' yng ngeiriadur William Salesbury (1547) hefyd. Prin y byddid wedi ei gynnwys mewn geiriadur oni bai ei fod eisoes wedi ennill ei blwyf, ac felly mae'n annhebyg ei fod yn newydd y pryd hwnnw. A chan mai 'gwŷr mân' oedd ymadrodd Guto'r Glyn (a fu farw tua 1493) am y 'cyffredin', tebyg fod 'gwŷr mawr' yn bod mewn cyferbyniad â hwy. Ymddengys felly fod 'gwŷr mawr' ar lafar o'r Oesau Canol hyd yr ugeinfed ganrif. Mae arwyddocâd hynny'n ddeublyg: amlyga hirhoedledd pwysigrwydd perchenogaeth tir, a thrylwyredd y newid a welwyd yn gynnar yn yr ugeinfed ganrif.

Dywedwyd eisoes mai yn y Saesneg y gwelir enghreifftiau cynnar o rai ymadroddion sydd yn y Gymraeg hefyd. Pan fûm yn holi yn ystod yr 1950au a'r 1960au am y 'diwylliant blaenorol' (chwedl George Ewart Evans), dywedwyd wrthyf yn bur gyffredin fod hwn a hwn a hon a hon wedi 'dachre byd' yn y fan a'r fan. Ystyr 'dachre byd' oedd 'cychwyn bywyd priodasol yn eich tŷ eich hunain': 'Aberdulais, 'na le wnath Jack Alun ddachre byd.' Roedd yr ymadrodd yn dra chyffredin ymhlith y rhai y bûm yn ymgynghori â hwynt, pobl 60 oed a throsodd. Tybiais i gychwyn mai ymadrodd 'pobl gyffredin' ydoedd ond sylwais wedyn ar eiriau Syr John Wynn (1533-1627), o Blas Gwydir ger Llanrwst, yn *The History of the Gwydir Family.* Meddai am berthynas iddo, 'At Creige he begane the worlde with his wief' (argraffiad 1927, t. 51). Dengys ei eiriau hynafiaeth yr ymadrodd. Roedd *to begin his world* ar lafar yn y Saesneg yn ystod oes Syr John Wynn, ac felly y cyfeirid, er enghraifft, at grefftwr yn cychwyn ar ei waith ar ddiwedd ei brentisiaeth. Mae'n werth ychwanegu mai ymadrodd a glywir yn ne Cymru yw 'dechrau byd' y dwthwn hwn; 'dechrau byw' a glywir yn y gogledd.

Ond pen bonedd oedd Syr John Wynn ei hun, a gŵr tra balch o'i dras: 'Yet a great temporal blessinge it is, and a great harts ease to a man to finde that he is well dissended, and a greater greef yt is for upstarts to look back unto their dissents beinge base in such sorte . . .' Ymadrodd oedd 'dechrau byd' a rennid gan wŷr mawr a phobl gyffredin, ac nid dyna'r unig un. Dywedwyd wrthyf droeon yn fy nghartref am ofalu galw ar hwn a hwn ped elwn i'r fan a'r fan, oherwydd 'dy bobol di 'yn nhw' (sef perthnasau). Dilyn oeddwn yn rhigol Dafydd Nanmor. Meddai ef am Rhys ap Meredudd, Arglwydd y Tywyn, 500 mlynedd a mwy yn ôl:

> Llys Dywyn, Iarlles Deau,
> Llys yw hon yn ein lleshau.
> Pwy yw blaenawr pobl Einon?
> Pwy ond Rhys pennadur hon.

Ac ymlaen ag ef i olrhain tras Rhys o Einon ei gyndad, ac i amlinellu ei 'bobl'. Pa sawl ymadrodd arall sydd yn awr ar lafar pobl gyffredin a oedd yn eiddo i bawb, beth bynnag eu statws? Os ymadroddion gwerin ydynt, gwerin wahanol oedd hi un tro.

§

LLYFRYDDIAETH

Ashby, A. W. ac Evans, I. L., *The Agriculture of Wales and Monmouthshire* (Caerdydd, 1944).

Davies, W. (Gwallter Mechain), A *General View of the Agriculture and Domestic Economy of North Wales* (Llundain, 1813).

Evans, G. E., *Where Beards Wag All. The Relevance of the Oral Tradition* (Llundain, 1970).

Evans, J., *Hanes Methodistiaeth Rhan Ddeheuol Sir Aberteifi* (Dolgellau, 1904).

Jones, D. (Isfoel), *Hen Ŷd y Wlad* (Llandysul, 1966).

Jones, E., *Cymdogaeth Soar-y-Mynydd,* Cyfres Cynefin I (Abertawe, 1979).

Jones, J. T. (gol.), *Ar Fanc Siôn Cwilt: (ysgrifau gan Sarnicol, Thomas Jacob Thomas)* (Llandysul, 1972).

Jones, Rees, *Crwth Dyffryn Clettwr* (Caerfyrddin, 1848).

Morris, W. M., *A Glossary of the Demetian Dialect* (Tonypandy, 1910).

Owen, Jeremy, *Golwg ar y Beiau* (Caerdydd, 1950).

Parry, T., *Oxford Book of Welsh Verse* (Rhydychen, 1962).

Payne, F. G., *Cwysau o Foliant Cyson* (Llandysul, 1980).

Diolch i Dr David Jenkins, Amgueddfa Genedlaethol y Glannau, un arall o ddisgynyddion y John Rees rhagddywededig, am fy hysbysu am helynt y gŵr hwnnw.

Ysgrif 2
Yr Holl Werin Fawr a Mân

Dyfyniad o waith Pantycelyn, ac un o'i fynych gyfeiriadau at 'werin', yw'r geiriau sy'n deitl i'r ysgrif hon. Bu 'gwerin' yn air allweddol a chyfarwydd dros y canrifoedd, ond prin fu'r ymdrechion i ystyried ei union ystyr: anelwn ninnau at hynny. Fel llawer adnod, mae'n ddigon o destun.

Bum can mlynedd yn ôl, un o gartrefi enwog de-orllewin Cymru oedd y Tywyn ym mhlwyf y Ferwig yng ngodre Ceredigion. Fe saif tŷ fferm y Tywyn heddiw ryw hanner milltir o enau afon Teifi. Fe'i hadnewyddwyd wedi'r Ail Ryfel Byd; hen dŷ fferm oedd yno cyn hynny. Ond hyd yn ddiweddar os nad hyd heddiw, pan ddaw tymor aredig heibio, fe droir i fyny gerrig cyffiniau'r plasty gynt. Y tŷ hwn oedd cartref arglwyddi'r Tywyn a'u bardd teulu, Dafydd Nanmor; canodd ef i dair cenhedlaeth ohonynt, Rhys ap Maredudd, Thomas ap Rhys ap Maredudd, a Rhys ap Rhydderch ap Rhys ap Maredudd. Fe'u claddwyd hwynt yn eglwys y Ferwig, ond yng nghanu'r bardd a fu dan eu nawdd y'u coffeir.

Canmol bonedd a wna Dafydd Nanmor, a cheir pwyslais deublyg yn ei farddoniaeth ar y cwlwm hwnnw o rinweddau a adwaenir fel perchentyaeth ac ar y tras a'r gwaedoliaeth sy'n llwyr wahanu rhwng y gwŷr o dras ar y naill law a'r di-dras cyffredin ar y llall. Cynnyrch ach a llinach yw bonedd Rhys ap Rhydderch ap Rhys ap Maredudd, fel y nodir yn y llinellau enwog hyn a ganodd Dafydd Nanmor iddo:

> Tyfu'r wyd fel twf yr on
> O fagad pendefigion.
> Ni thyf, mal gwenith hafaidd
> Brig ar ŷd lle ni bo'r gwraidd.
> A dyfo o bendefig
> A dyf o'i wraidd hyd ei frig.
> Da yw'r haf pan rodio'r hydd,
> I'r gwenith ac i'r gwinwydd;
> Da i ŵr o ryw ei daid
> Ei wneuthur o benaethiaid.

Am y taid dywedodd Dafydd Nanmor:

> Gorau perchen . . .
> Tŷ o Adda hyd heddiw.

Ac yn ei ganu i genedlaethau'r Tywyn fe amlygir anhepgorion perchentywr o'r iawn ryw – y gallu i roi arweiniad, i ymgymryd â dyletswydd a chyfrifoldeb, i estyn lletygarwch, yn ogystal â haelioni a cheinder bywyd gwâr. Ni welir gwell cyfrif o'r rhinweddau hyn nag yn hynny a ganodd Dafydd Nanmor i 'Syr Dafydd ap Tomas, offeiriad o'r Faenor'. Heb fod nepell o'r Tywyn mae Maenordeifi, ac os honno yw'r faenor lle trigai Syr Dafydd ap Tomas roedd geiriau Dafydd Nanmor amdani yn gwbl addas. Dywed fod cartref Syr Dafydd 'gerllaw teg afon'; fe saif tŷ'r Faenor ryw filltir neu ddwy o eglwys Maenordeifi ar fron sy'n goleddfu i waelod y dyffryn, gan wynebu ar draws ei ddolydd tuag at Landygwydd, lle roedd un o blastai esgob Dewi gynt a chartref gŵr arall y canodd Dafydd Nanmor iddo, sef Rhys ap Llywelyn:

> Llety a gefais ger llaw teg afon,
> Llawn o ddaioni a llawen ddynion;

Llyma un adail lle mae newidion,
Llys rydd, a'm lle sydd yn y wenllys hon.

Gorau llys i wŷr gerllaw Is Aeron,
A gorau llywiawdr hyd at Gaerllion;
Gorau yw tario gyda'r gŵr tirion
Cynhaeaf, gaeaf, gwanwyn, haf yn hon.

Agored yw tŷ i gardoteion,
Ysbyty i wlad, a roes bwyd tlodion;
Y mae is ei do mwy o westeion
Na dau rif y bobl yn hendref Bablon.

Ei ben doeth a gâr bendith y gwirion,
A theg yw iddo fendith y gweddwon . . .

Gŵr bonheddig oedd y 'pen doeth' hwnnw, Syr Dafydd ap Tomas, aelod o deulu plas y Wallog a saif rhwng Aberystwyth a'r Borth, ac os mynegi delfryd a wnaeth Dafydd Nanmor yn hytrach nag adrodd ffeithiau manwl gywir, delfryd oesol ydoedd. Canai beirdd gwlad y de-orllewin i'r un perwyl bedair canrif yn ddiweddarach.

Cyfeirir at 'werin' ddwywaith yn yr hyn a ganodd Dafydd Nanmor i arglwyddi'r Tywyn, unwaith mewn cywydd i Rhys ap Maredudd, ac yna yn y cywydd i ŵyr y gŵr hwnnw, sef Rhys ap Rhydderch ap Rhys ap Maredudd. Yn yr ail gân hon fe ddywed Dafydd Nanmor wrth gyfeirio at nerth braich a grym ei gwrthrych:

Ni'th roes gŵr na thrais gwerin
Erioed i lawr ar dy lin.

Nid yw union arwyddocâd 'gwerin' yn amlwg yn y geiriau hyn; ni raid iddo olygu dim ond 'llu' neu 'liaws'. Fe nododd Dr Thomas Parry flynyddoedd yn ôl 'nad oedd gwerin gynt yn golygu ond llu, tyrfa', a thebyg fod hynny'n gywir. Nid rhyfedd hynny chwaith gan mai ystyr gwreiddiol 'gwerin' oedd 'pobl'.

Eto, geiriau amhendant yw 'llu' a 'thyrfa' fel ei gilydd ac mae lle i ystyried ymhellach.

Gwelir yr ail gyfeiriad at 'werin' sydd yng ngwaith Dafydd Nanmor yn ei gywydd 'I Rhys (ap Maredudd) o'r Tywyn'. Yn hwnnw fe welir cyfres o gyferbyniadau rhwng bonedd a gwerin, ac yng ngwaith y bardd yn gyffredinol yr un yw'r cyferbyniad rhwng bonedd a gwerin â'r cyferbyniadau a geir rhwng yr eryr a'r adar mân, rhwng yr eogiaid a'r ysgadan neu'r 'gwynniaid mân'[1], rhwng y dderwen ar y naill law a'r eithin a'r dreingoed ar y llall. Geiriau Dafydd Nanmor yw'r rhain:

> Eithin yw gwerin . . .
> A dreingoed

geiriau diystyr braidd oni bai fod 'gwerin' yn golygu rhywbeth mwy pendant na 'llu' (byddent yn gwbl ddiystyr pe bai'r llu hwnnw'n cynnwys bonedd). Yn hytrach, y 'koydydd derw cedyrn' yw bonedd y Tywyn:

> Yn y tir hwn ar lan traeth
> Y mae gorau magwriaeth,
> Milgi, gossoc[2], hebogwr,
> March, ac ych, a merch, a gŵr,
> Ieirll y sir vu o'r llys honn
> A dugiaid Keredigionn.
> Pann fu'r wlad[3] val ysgadan,
> Ac nad mwy na'r gwynniaid mân,
> O'r rhain[4] gwŷr hirion a gaid,
> Ar agwedd yr eogiaid.
> Eryr a'i dŷ ar warr dâr,
> Ofn ydiw i vân adar.

---

1 sef *whiting* dŵr hallt yr oes sydd ohoni neu fân bysgod dŵr croyw
2 gossoc = *goshawk*
3 y wlad = y lliaws
4 y rhain = teulu'r Tywyn

Ac o'r un gwŷr a enwant
Ef a wna gŵr ofn i gant.
Eithin yw gwerin, a gwŷr,
A dreingoed ond yr ungwr.[5]
A'r rain, keirw a arwain kyrn,
Ydiw'r koedydd derw kedyrn.

Wrth wraidd y cyferbynnu a geir yn yr hyn a ddyfynnwyd o ganu Dafydd Nanmor y mae'r syniad o gadwyn sy'n cydio ynghyd, dolen wrth ddolen, bob peth byw o'r Duwdod oddi fry, yr angylion, dynion, a phob creadur arall yn ei dro hyd at y distadlaf oll, ac yn y cyswllt hwnnw y bonedd sy'n cydio'r hyn sydd ddwyfol wrth y lliaws islaw, ac sydd felly'n gyfrwng i gyflwyno i eraill y rhinweddau sy'n deillio oddi fry. Dyma, fel y gwyddys, y syniadaeth sy'n allweddol i ddehongliad adnabyddus Saunders Lewis ac eraill o deithi meddwl yr oes, gyda'i phwyslais ar berchentyaeth ac felly ar y tŷ, sydd yn ei dro yn rhagdybio'r cyfoeth sy'n ofynnol er mwyn bod yn berchentywr addas, yn abl i gyflawni swydd y gŵr hwnnw, yr ungwr.

O ystyried y dyfyniadau a ganlyn gyda'i gilydd, gwelir Dafydd Nanmor yn mynegi delfryd y perchentywr ynghyd â'r hyn oedd ymhlyg yn hynny:

Megis ysbytai Ieuan
Yw ei dai o fwyd i wan.
I'r tai ynghwr y Tywyn
Ef a ddaw sy fyw o ddyn.
Pair rannu, er nas prynas,
Bwyd i'r byd o'i bedwar ban.

O bai'r ynys val bra(e) nar,
Heb ronyn ŷd, heb rwnn âr,

5 ungwr = gŵr arbennig

Kwrt Rys, mae uwch kwrr y traeth
Vara'n hwn i vrenhiniaeth.
Adnabydded gyffredin,
Bei doe Basc, a'r byd heb win,
O bibau Rhys i bob rhai
Y caem win a'n kymunai.

Yn ôl cyfraith yr Oesau Canol yr oedd statws cyfreithiol ynghlwm wrth dras, ond prin y medrai bonedd digyfoeth gynnal perchentyaeth helaeth heb sôn am ymddwyn fel ag i haeddu clod megis a welir yng nghanu Dafydd Nanmor i arglwyddi'r Tywyn. Yn wir, go brin yr oedd lle o gwbl i'r di-dras cyfoethog yn syniadaeth y byd a oedd ohoni. Fe gafwyd y cyfoethogion newyddion hynny yn y cyfnod oedd wrth law, sef cyfnod y Tuduriaid, er mawr ofid i'r rhai a lynai wrth yr hen syniadau am y gwerth a oedd, fe dybid, yn gynhenid mewn tras ac uchel achau. Fe gwynid (fel mewn llawer oes):

nid gwaeth o bydd gyvoeth Mawrth
tauog na mab marchog Mawrth
wrth i bwrs yr aeth i barch
tynnu a wnair tonnen aurych
tanner uwchlaw sgweier gwych

– y cyfan 'fal peintio'r frân' yn nhyb Siôn Tudur.

Ac er i'r rhai di-dras ymgyfoethogi yn oes y Tuduriaid, ni fernid bod uchel achau'n ddiangen. Yn hytrach, dyrchafwyd yr ariannog 'cyffredin' yn fonedd, megis trwy briodas a thrwy achresi ffug neu amheus, ac yn gyfatebol fe anwybyddwyd y bonedd digyfoeth. Ni chollodd gwaedoliaeth ei hapêl na'i gafael, na chwaith ei defnyddio (ynghyd â chadwyn bod) i gyfiawnhau ac esbonio paham yr oedd bonedd yn freiniol a rhai cyffredin fel arall. Cydnaws hefyd â'r un syniadau oedd rhoi cyfrif o bobl yn ôl eu graddau, fel y gwneid o'r Oesau Canol hyd y bedwaredd ganrif ar bymtheg; ni ellir gwell enghraifft o gyfnod y Tuduriaid o glymu gradd wrth dras nag englyn Tudur Aled, 'Bonedd':

Mae'n wir y gwelir argoelyn – difai
Wrth dyfiad y brigyn;
A hysbys y dengys dyn
O ba radd y bo'i wreiddyn.

Ac yn y ddeunawfed ganrif, mewn marwnad i Thomas Lloyd, yswain o Gwmglöyn yn sir Benfro, yr hwn oedd gyda'r olaf o'i fath i groesawu beirdd y rhanbarth i'w gartref, fe soniodd Ioan Siencyn o Gwm-du am fyned o'r

Trafaelwyr . . . o bob graddau,
I Gwmglöyn, lle caent eu croeso.

Yn y ganrif olynol fe ganodd Rees Jones, Pwll-ffein:

Roedd Iesu'n caru'n wastad
Y pur a'r glân ei rodiad;
Pob rhyw, a gradd, gaent ganddo barch,
F'ai'n gweld ei arch yn ddifrad.

Gwelir yma un o'i aml gyfeiriadau at 'radd' ei wrthrychau. Ac yn ei 'd(d)ifyr gân', 'Fy nhad-cu', mae'n amlwg mai un o briodoleddau gradd arbennig oedd 'bon'ddigrwydd' i Rees Jones. Yn llinellau John Howell o Lanymddyfri hefyd fe welir mai tebyg yw 'gradd' y Cymro i *station* y Sais:

Y chwannocaf i gael breiniau
Yw'r ysgawnaf ei feddyliau,
Ni fyn hwnnw lai na blysio
Gradd nad yw hi'n addas iddo.

Ni welir yn y cyferbynnu o fonedd a gwerin, nac yn y syniadau am gadwyn bod ac am raddau sydd ynghlwm wrth hynny, unrhyw awgrym o ganu clod i werin: israddol yw hi o'i chymharu â bonedd. Gan hynny, mae'n hynod clywed bardd o uchelwr yn honni amdano ef ei hun ac eraill, 'Gwerin ŷm.' Dafydd Llwyd o Fathafarn ym mhlwyf Llanwrin yn nyffryn

Dyfi oedd y prydydd hwnnw, cyfoeswr i Ddafydd Nanmor, a gŵr a ganodd gywyddau i'w gyd-fonedd ledled Cymru a thu hwnt. Canodd i Watcyn Fychan o blas Hergest, sydd o hyd yn dŷ annedd gerllaw Clawdd Offa; canodd hefyd i William Herbert (Iarll Penfro) o Gastell Rhaglan yng Ngwent, canodd i William Devereux (yr Arglwydd Ferrers), yr hwn oedd frawd-yng-nghyfraith i William Herbert, canodd i Ddafydd ap Ieuan ap Einion, gwarchodwr Castell Harlech, ac yn y De canodd i Gruffudd ap Nicolas o Ddinefwr, ac eto i'w fab Thomas ap Gruffudd ap Nicolas, a hefyd i'w ŵyr Syr Rhys ap Thomas. At hynny, canodd i Syr William Gruffydd o'r Penrhyn yng Ngwynedd, i Syr Gruffydd Fychan o Froniarth a Threlydan ym Mhowys, ynghyd â Hywel ap Owain o Lanbryn-mair. Wrth ddatgan 'Gwerin ŷm', yn sicr ddigon nid addef yr oedd Dafydd Llwyd mai 'eithin' a 'dreingoed' Dafydd Nanmor oedd ef a'i fath, nac un o'r 'adar mân' na'r 'gwynniaid mân' chwaith.

Mae'n amlwg fod 'gwerin' gynt yn golygu mwy nag un peth ac nad syniad unffurf mohono. Felly, os 'llu' neu 'dyrfa' oedd 'gwerin', mae'n gymwys i ninnau ystyried pa fath o luoedd neu o dyrfaoedd a adwaenid fel 'gwerin'. O wneud hynny fe welir fod sawl math o lu a gydnabyddid yn 'werin'; yma fe gyfyngir ein sylw i dri ohonynt. Yn gyntaf roedd 'gwerin' yn golygu pobl 'gyffredin', hynny yw y di-dras yn gyferbyniol i fonedd, fel y nodwyd eisoes; yn ail ystyrid llu neu dyrfa o ddilynwyr rhyw berson, rhyw unigolyn, yn werin bersonol y gŵr hwnnw; ac yn drydydd, pan sonnid am 'werin', fe olygid tyrfa amhenodol a gynhwysai fonedd a phobl gyffredin yn ddiwahân. Ymhelaethwn ymhellach ar y werin oedd yn gyferbyniol i fonedd, ond mewn cyfnod diweddarach.

§

Prin yr anghofiwyd yr ymadrodd a luniodd Crwys gan y neb a'i clywodd, 'hen werin y graith':

'R wy'n caru ei gwerin ddirodres o'r bron,
Hen fonedd y bwthyn to cawn,
Nid cyfoeth y ddaear a rannwyd i hon
Ond golud o ddysg ac o ddawn;
'Does efail na melin
Nac aelwyd gyffredin
Lle nad yw athrylith ar goll yn ei gwaith,
Duw gadwo fy ngwerin, hen werin y graith.

A gŵyr pawb a fynychodd eisteddfodau'r plant mai 'gwerinaidd lu' oedd hyd yn oed y blodau ym morder bach Crwys:

Blodau syml pobol dlawd
Oeddynt, bron bob un,
A'r llysiau gwyrthiol berchid am
Eu lles yn fwy na'u llun.

Aeth yn ei flaen i'w rhestru – y lili fach, y lafant pêr, ac ati:

Dyna nhw'r gwerinaidd lu,
Heb un yn gwadu'i ach,
A gwelais wenyn gerddi'r plas
Ym mlodau'r border bach.

Gŵr o Gwm Tawe oedd Crwys, gŵr â'r dawn a'r crebwyll i adnabod a synhwyro'r hyn oedd eisoes ym meddyliau ei gyd-ddynion, ac i'w fynegi ar goedd.

Un gwahanol iawn iddo ar ryw ystyriaeth oedd un arall a ganodd i werin, sef ei gyfoeswr T. E. Nicholas, gweinidog y Glais yng Nghwm Tawe: anelai ef at newid syniadau pobl yn hytrach na'u datgan. Meddai yn *Cerddi Gwerin* (1912):

Anadlaf chwyldroad i mewn
I galon dyn ym mhob man;
Cenad gwrthryfel yn erbyn trais
Yw cân fy mron yn ei rhan.

Plentyn y werin wyf fi,
Yn canu ei hing a'i loes;
Yn canu gobaith i lawer tlawd
Riddfana o dan ei groes.

Eto, er mor wahanol oedd Crwys a Niclas y Glais, gwelir mai yr union un oedd eu 'gwerin', sef 'gwerin' mewn cyferbyniad â 'gŵr mawr' neu 'fonedd'. Bonedd 'y bwthyn to cawn' oedd gwerin Crwys, sy'n ystyrlon yn gyferbyniol i fonedd y plasty, ac roedd 'gwerinaidd lu' y border bach i'w gyferbynnu â gerddi'r plas. Felly hefyd yn *Cerddi Gwerin* Niclas, 'gwerin' yw hi yn gyferbyniol i'r 'mawrion mewn palasau' sy'n elwa arni:

Fe welid gwerin Cymru
Flynyddau maith yn ôl
Yn plygu dan y corwynt mawr
Ar fynydd ac ar ddôl;
Y mawrion mewn palasau
Yn byw ar drais a brad,
A gweithwyr gonest yn eu chwys
Heb gartref yn y wlad.

Ac yn yr un gyfrol eto cyferbynnir 'byd y mawrion' â 'bywyd y werin':

Hir y bu hanes, a helynt, a byd y mawrion,
Yn ddefnydd rhamantau swynol i fil o awduron.
Y palas hardd, y llynnau, y gerddi hudolus,
Y coedydd preiff, a'r blodau amryliw, persawrus;
Tras a Gwaedoliaeth, Golud y byd, a theitlau,
Fu'n sylfaen gadarn i deml yr holl ramantau.
Ond cerddaf heno i ganol bywyd y Werin
I weled delfrydau yno fel gwanaidd egin . . .

Hawdd i'w darlunio ysblander palas y brenin
Heb gofio hawliau anniflan bythynnod Gwerin.

Gwerin a ddioddefodd oedd hi, ac i Niclas ynddi hi yr oedd rhinwedd, ac ohoni hi yr oedd ymwared i ddod i gymdeithas, fel yr oedd ymwared i ddod o'r proletariat yn syniadaeth Karl Marx. Fe drowyd daliadau Dafydd Nanmor a'i gyfoedion wyneb i waered!

Ni chyfrannodd neb yn fwy at ailddiffinio 'gwerin' na Syr O. M. Edwards: gwerin sy'n gyferbyniol i fonedd yw hi iddo yntau hefyd. Yn 1922 fe gyhoeddwyd y bedwaredd gyfrol yng Nghyfres Gwerin Cymru, sef *Er Mwyn Cymru*. Casgliad ydyw o ysgrifau a ysgrifennodd O. M. Edwards yn 1905. Yn 'Y Nodyn Lleddf' cyferbynnodd O. M. Edwards Iwerddon a Chymru. Pan fu ef yn Iwerddon, meddai, mewn cwmni ffraeth o lenorion yn bennaf, amlwg oedd 'mai â dosbarth cydmarol gyfoethog y cydymdeimlent; edrychent ar y werin fel dosbarth anwybodus, ofergoelus, dilenyddiaeth . . . Mewn cwmni Cymreig o lenorion, beth bynnag arall fuasai yno neu ar ôl, cymerid un peth yn ganiataol, – sef fod Gwerin Cymru yn ffyddlon i draddodiadau gorau ein hanes, ac yn nerth i'n gwlad'.

Aeth yn ei flaen i ddweud dau beth. Yn gyntaf: 'Yn unigedd fy myfyrdod byddaf yn llawenhau wrth feddwl am werin Cymru, ac yn diolch i Dduw am dani . . . Teimlaf yn fwyfwy bob dydd mai cenedl iach yw ein gwerin ni.' Ac yn ail: 'Ac yna daw cwmwl dros fy llawenydd. Ple mae ein huchelwyr, drwy gydol ein hanes, – yn esgobion a phendefigion, yn gyfoethogion, a thirfeddianwyr? Maent bron bob un yn elynol, yn wrthnysig, neu'n fradwrus.'

Traethodd ymhellach trwy sôn am nofel Syr Walter Scott, *Heart of Midlothian*. Ynddi fe anfonodd Scott Jennie Deans i Lundain, 'i ddadleu am fywyd ei chwaer syrthiedig'. Aeth at Ddug Argyll – 'yr enw enwocaf o bob enw i feddwl Ysgotaidd.' Ni feddyliodd fod unrhyw anhawster iddi hi, eneth wledig, ymddwyn yn briodol yng ngŵydd y dug: 'Onid oedd yn gyd-wladwr iddi, y Mac Callum More?' Ac fe ofyn O. M. Edwards, pe ysgrifennai Cymro nofel debyg, pwy a gyfatebai i

Ddug Argyll yng Nghymru? Neb yw'r ateb, a hynny am fod yr uchelwyr 'wedi ymneilltuo mor bell oddiwrth y genedl, mewn teimlad a gofal'. Gwerin yw hi mewn cyferbyniad â'r 'gwŷr mawr', y rheini nad ydynt yn werin, y syniad am werin sy'n hollol gyfarwydd i ninnau hefyd.

Fe ddengys cyferbyniadau Dafydd Nanmor nad rhywbeth newydd oedd synio am werin yn gyferbyniol i 'wŷr mawr', er bod newid yn amgylchedd meddyliol y cyferbyniadau hynny rhwng dyddiau Dafydd Nanmor a'r ugeinfed ganrif. Newyddbeth y cyfnod diweddar yw canfod rhinwedd mewn gwerin a chanu ei chlodydd hi, ac ni ddigwyddodd hynny, am a wn i, hyd ddiwedd y ddeunawfed ganrif a dechrau'r bedwaredd ganrif ar bymtheg. Dros y canrifoedd, pryd bynnag y cyferbynnid bonedd a gwerin, y bonedd oedd yn deilwng o fraint a pharch, ac israddol oedd y werin, 'eithin' a 'dreingoed' Dafydd Nanmor.

Eglura geiriadur 1592 (neu cyn hynny) sydd ar gadw yn Llyfrgell Coleg Iesu, Rhydychen, mai '*Popellus, mob, rabble*' yw 'gwerin', a thebyg i hynny yw esboniad Dr John Davies yn 1632 yn ei eiriadur yntau: 'gwerin, *viri, virorum multitudo, plebs*.' Yr un yw arwyddocâd y diwygio yma ar Feibl Dr William Morgan (1588) sydd i'w weld ym Meibl 1620. Cyfieithodd yr esgob Jeremeia 14:3 fel hyn: 'A'u boneddigion a hebryngasant eu gwerin am ddwfr', eithr yn ôl fersiwn 1620 fe hebryngwyd 'eu rhai bychain i'r dwfr'.

I'r un perwyl wele Maurice Kyffin yn nodi mai pobl i fod yn ddibris ohonynt oedd gwerin. Dyma ran o'i ragymadrodd i'w lyfr, *Deffyniad Ffydd Eglwys Loegr* (1594):

> Dymma i ti ar les d'enaid, yn hyn o lyfr, sylwedd a chrynodeb y Ffydd wir Gatholic; i'th hyfforddi a'th berffeithio yn llwybr gwasanaeth Duw, ac iechydwriaeth dyn. Wrth ddarllen hwn y cei di wybod hanes, a deall gwirionedd y grefydd Gristnogawl, a

> chyda hynny ddanghosiad amhuredd crediniaeth Pab Rhufain. Rhoed y Goruchaf Dduw i ti ochel y drwg, a cha[n]lyn y da.
>
> Mi a dybiais yn oref adel heibio'r hen eiriau Cymreig yr rhai ydynt wedi tyfu allan o gydnabod a chyd-arfer y cyffredin, ag a ddewisais y geiriau howssaf, rhwyddaf, a sathredicca' gallwn i wneythyr ffordd yr ymadrodd yn rhydd ac yn ddirwystrus i'r sawl ni wyddant ond y Gymraeg arferedig . . . Er maint fu fy ngofal . . . etto, mi a wna gyfri gael fy marnu a beio arnaf gan ryw fath ar goeg ddynion, y rhai a graffant ar ambell air, ymma ac accw, ag a ddwedant yn y fan, wele, geiriau Seisnigaidd a geiriau Lladin(g)aidd yw rhain, yn dwyno'r Gymraec: f'atteb i'r rheini ydyw'r ddihareb *Ni Wyr, ni Welodd, ni Ddysc.* Druain gwerin, ychydig a wyddant, llai a welsant, ag nid gwiw sôn am ddyscu iddynt. Myfi a faddeua i'r rhai hyn eu hanwybodaeth a'u ffolineb, ag adawaf i eraill chwerthin am eu pennau.

Onid yw hyn oll yn anodd ei gysoni â 'Gwerin ŷm' Dafydd Llwyd o Fathafarn?

Fe ellir ychwanegu nad oes prinder enghreifftiau o wahanu rhwng bonedd a gwerin rhwng dyddiau Maurice Kyffin a'r oes sydd ohoni.

> Y bonedd o'u llwybrau, sy'n rhoddi drwg siamplau,
> I'r gwerin yn olau . . .

meddai Edward Morris yn yr ail ganrif ar bymtheg, ac yn 1760, 'Gwerin, pobl gyffredin, *the common people*' oedd geiriau Thomas Jones. Ac yn ddieithriad bron y 'werinos' oedd y bobl gyffredin i Theophilus Evans o Benywenallt, gŵr a hanai ei hun o dras bonheddig.

§

Byrdwn yr hyn a gyflwynwyd uchod yw fod 'gwerin' yn gyferbyniol i 'fonedd' ac felly nid yw'r gyfystyr â 'phawb'. Dywedwyd hefyd fod 'gwerin' mewn cyswllt arall yn golygu 'bonedd a chyffredin ynghyd', un set o bobl, 'pawb'. Nodwyd yn ogystal ei fod yn golygu dilynwyr neu bleidwyr rhyw berson, gwerin bersonol y person hwnnw. Yma fe sylwn ar y werin bersonol hon cyn mynd yn ein blaenau i sôn am 'werin' sy'n golygu 'cyffredin a bonedd ynghyd'.

Dyfynnwyd cyn hyn hanner llinell o eiddo Dafydd Llwyd o Fathafarn; rhan ydyw o gywydd a ganodd ef i Syr Rhys ap Thomas, perchen cestyll Dinefwr, Abermarlais, Caeriw, y Castell Newydd yn Emlyn, a sawl adeilad arall. Dyma'r llinell yn gyflawn ynghyd â'r un sy'n canlyn:

> Gwerin ŷm; chwithau'n gŵr nod,
> Amhybyr,[6] pe baem hebod.

'Gwerin' gŵr oedd ei bleidwyr, ei gefnogwyr, p'un a oeddynt yn wŷr arfog ai peidio, ac roedd y gŵr a bleidient hwythau yn 'ŵr nod' iddynt. Fe ellir dadlau ynglŷn ag union arwyddocâd 'gŵr nod' ond prin yr amheuir mai 'gŵr o fri' a olygai, un a oedd yn freiniol rhagor y rhai a'i cydnabyddai felly, y gŵr y 'canolent' arno, boed frenin neu arglwydd neu uchelwr neu sant. Ymhen y rhawg, daeth 'gwŷr nod' yn gyfystyr â 'bonedd', hynny yw yn gyferbyniol i 'bobl gyffredin'. Gan hynny fe allai Dafydd Llwyd neu eraill o'i gyd-fonedd fod yn aelod o werin arglwydd tra hefyd yn ŵr nod, yn 'ganol' ei werin ei hun. Yn gyfatebol i hynny fe sonia Dafydd Nanmor am 'dir nod' perchennog tiroedd; mewn cywydd i un o berthnasau arglwyddi'r Tywyn, James Bowen, Pentre Ifan, cyfeiria'r bardd at ran bwysicaf, neu 'ganol' treftadaeth James Bowen fel ei 'dir nod', cnewyllyn ei diroedd.

O'r Oesau Canol hyd y bedwaredd ganrif ar bymtheg mae yna fynych gyfeiriadau at werin bersonol; trefn oedd hi o

---

6 amhybyr = egwan

noddwyr a gwŷr dan nawdd, trefn a fu'n sail i ryngberthynas pobl hyd yr ugeinfed ganrif. Mewn marwnad i William Herbert, Iarll Penfro (a fu farw yn 1496), dywed Dafydd Llwyd:

> Bu oer i bawb o'i werin,
> Bwrw Herbert draw . . .

ac am bleidwyr y brenin Edward:

> Gwŷr Harri ddig hir ei ddart,
> Gwŷr anwadal, gwerin Edwart . . .

Fe ŵyr y cyfarwydd fod canu Dafydd Llwyd wedi ei fritho gan greaduriaid brud a phroffwydoliaeth ynghyd â chreaduriaid herodraeth megis eirth, llewod, bleiddiaid, teirw ac eryrod. Eto mae'n annisgwyl dod ar draws y 'Dolffin a'i werin', nid pleidwyr pysgodyn proffwydol rhaid addef, ond canlynwyr y *Dauphin*, etifedd coron Ffrainc. Ac fe glywir am 'Werin llu Ffaraw' gan Lewis Môn, gŵr o genhedlaeth ddiweddarach na Dafydd Llwyd, tra mewn englyn i aelod o deulu Stradling o Fro Morgannwg fe ddywedodd Rhys Brydydd am gyndad Syr Rhys ap Thomas (a fwriodd ran o'i oes ym Mwrgwyn):

> Rhys Gryg ap Tewdwr[7] ni roes grin ar ŵr
> A'r iarll hir o Fyrgwin
> Deg a eurwyd eu gwerin
> Dryllio'ch gwaith a darllaw'ch gwin.

'Gwerin' oedd y rheini dan nawdd Llawddog Sant hefyd, yn nirnadaeth Lewis Glyn Cothi:

> Gwnaeth Llawddog eurog yn gall
> Wrth ei werin wyrth arall;
> Gyrrodd ef, o'r gwraidd afiach,
> Gleifion wŷr o glwyfau'n iach.

7 sef Syr Rhys

Cyn hir, wedi diwedd oes Lewis Glyn Cothi, fe welwyd poblogeiddio'r cwndidau, sef y caneuon hynny a genid gan y breiniol a'r dysgedig i hyfforddi'r annysgedig yng nghredo'r ffydd Gristnogol. I wneud hynny'n llwyddiannus byddai'n rhaid i'r cwndidwyr arfer geiriau mewn ffordd a fyddai'n gyfarwydd i'r lliaws yn hytrach nag i ddysgedigion; gwelir un o'r enwocaf o'r cwndidwyr, Llewelyn Deio Powel o'r Rhigos (tua chanol yr unfed ganrif ar bymtheg) yn sôn am 'Ra(h)ab a'i gwerin'.

Dilyn llwybr y cwndidwyr a wnaeth Rhys Prichard yntau, ac oherwydd hynny mae angen rhoi sylw arbennig i'w eiriau ef. Pan gyfansoddai benillion i'w hadrodd ar bregeth, dilynai'r hen arfer o ganu er mwyn addysgu'r di-ddysg yng ngofynion a dysgeidiaeth yr Eglwys. Yn ddyrïau a charolau ynghyd â chwndidau, roedd yna lenyddiaeth helaeth i'r diben hwnnw, ac er mwyn hwyluso'r dysgu defnyddiai Rhys Prichard, fel eraill, eiriau ac idiomau y rhai y cyfeiriai ei benillion atynt. Fe allai fod wedi adleisio droeon eiriau Maurice Kyffin, 'mi . . . a ddewisais y geiriau hawsaf, rhwyddaf a sathredicca . . .'; fe arferai eiriau yn y ffordd y byddai ei wrandawyr yn eu harfer a'u deall. Ar ystyriaeth arbennig felly, gellir ailadrodd am eiriau ac idiomau Rhys Prichard y dywediad 'Figures of speech are figures of thought', oherwydd fe rydd y penillion a ganodd ef arweiniad nid i eirfa'r lliaws yn unig ond i'w crebwyll hefyd. Fel canlyniad, ceir yn *Canwyll y Cymry* gyflwyniad i syniadau a chysyniadau a theithi meddwl ei gyfoedion cyffredin, yn ogystal â chofnod o'u geirfa. Am ryw dywysog anhysbys fe ddywed Rhys Prichard:

> Iago glodfawr, brenin Drafiaid,
> Pen tywysog y Venediaid
> A wnaeth wledd i bawb o'i werin,
> Bendefigion a chyffredin.

Fe welir mai gwerin bersonol yw hi, gwerin 'Iago glodfawr'. Gwelir hefyd nad yw 'gwerin' yn gyfystyr â 'chyffredin';

mae'n cynnwys bonedd yn ogystal â gwrêng. Ac wrth fynd heibio, beth yn union oedd arwyddocâd gwreiddiol y gair 'gwerinlywodraeth', a gofnodir yn 1632 gryn amser cyn dechrau canu clodydd gwerin, onid llywodraeth gan werin y brenin yn hytrach na chan ei gŵr nod hi, y brenin ei hun?

Er bod 'bonedd' yn gyferbyniol i 'gyffredin' ac mewn sawl cyswllt i 'werin' hefyd yn yr eirfa a grybwyllwyd eisoes, os wyf wedi deall y pennill a ganlyn yn iawn fe allai fod gan ŵr cyffredin ei 'werin' neu ei ganlynwyr hefyd, fel penteulu ei 'dylwyth' (sef trigolion ei dŷ), neu efallai ffermwr ei fedel. Rhan yw'r pennill o garol Mai a ganwyd yn 1645:

> boneddigion a chyffredin
> gwyr gwragedd merched bechgin
> ach gwbwl oll o'ch gwerin
> sydd yn ych dichlin[8] tai
> kodwch a ffrysyrwch
> gwiw ddeiliaid a gweddiwch
> a hyn ar fore tyner tawel teg o fai . . .

Mae'r cyfeiriad amlwg diweddaraf at werin bersonol y trewais arno i'w weld yn *Blodau Dyfed* (1824), mewn cân o waith un Evan Powell. Fe ganwyd y gân pan oedd George Rice, yswain o blas Dinefwr, yn ymgeisydd mewn etholiad seneddol yn sir Gaerfyrddin (fe safodd rhyw George Rice o Ddinefwr fel ymgeisydd mewn llawer lecsiwn rhwng 1754 ac 1820). Fe'i cefnogwyd gan yr yswain Gwynne o blas Glanbrân, ger Llanymddyfri, a disgwylid i hwnnw arwain ei ddilynwyr i Gaerfyrddin i bleidleisio. 'O Lanbran, fe ddaw'r Gwynn ar ei ganfed, / A'i werin i waered yn wych', meddai Evan Powell.[9]

---

8 Ystyr 'dichlyn' yw cymen, cain; ar lafar gwlad hyd heddiw 'dichlyn' pethau yw gwahanu rhyngddynt yn ôl eu gwerth.

9 Roedd yna fardd gwlad o saer coed o Lanfrynach yn sir Frycheiniog o'r enw Evan Powell, a fu farw yn 1785, ond ni wn i sicrwydd ai ef oedd awdur y gân dan sylw.

Mae'n bosibl mai'r un oedd byrdwn Dafydd Dafis Castell Hywel (1745-1827) pan ganodd yn *Telyn Dewi* (1824) am 'Y ddwy ffurf lywodraeth', sef eiddo Prydain a Ffrainc. Clodforodd y drefn ym Mhrydain oherwydd

Brenin a gwerin sy' gaeth – yn gydwedd
Dan gadwyn llywodraeth,
I bawb hon heb wahaniaeth,
Rhanna'n ôl yr hyn wnaeth.

'Gwerin' yw pawb ac eithrio'r brenin, fel gwerin yr 'Iago glodfawr' y canodd Rhys Prichard amdano.

§

'Gwerin ŷm, chwithau'n gŵr nod' ys dywedodd Dafydd Llwyd, gan addef ei hun yn un o werin Syr Rhys ap Thomas. Ond mewn cywydd dychan i delynor a gollodd ei geffyl meddai:

Haws i werin . . .
Holl Gymru dalu gwerth dug,
Na thalu . . .
. . . werth ei farch fo.

Yma, 'gwerin' yw pawb. Dyna hefyd a olygai un o gyndeidiau teulu Gogerddan, Ieuan ap Rhydderch o Barc Rhydderch ger Llangeitho, pan ganodd i Ddewi Sant a'i dŷ:

Cystal o'm hardal i mi
Fyned dwywaith at Dewi,
A phed elwn, cystlwn cain,
O rif unwaith i Rufain.
Myned deirgwaith eurwaith yw,
A'm henaid hyd ym Mynyw,
Y mae'n gystal â myned
I fedd Crist unwaith, fudd cred.

Bedd Crist Cymru ddidrist cain,
A'i rhyfedd deml, a'i Rhufain.
Dewi a bair, gywir gred,
I werin Gymru wared.
Dewi ddyfrwr yw'n diwyd,
Dafydd ben sant y byd.

Yr un yw byrdwn *Gwasanaeth Meir* (o'r bedwaredd ganrif ar ddeg) lle erfynnir 'Gwaret dy bobloedd, gwerin dy wlatoedd', ac yn un o'r caneuon rhydd cynnar ceir sôn am 'Bonedd a chyffredin / pob nasiwn o werin' (sef pob math o bobl). Fe fyddai poblogaeth ardal yn 'werin' yr ardal honno; am y rhan honno o Went a adwaenid fel Erging meddai Lewis Glyn Cothi:

Ergin sy'n gwneuthur penaduriaid,
Ergin, ei gwerin sy gywiriaid . . .

a chyfeiriodd eto at Rhys Owbre fel 'Baner Brycheiniog werin'. *Universitas*, pawb, fyddai holl drigolion tref i Ladinwyr yr Oesau Canol; 'gwerin' oedd pawb o drigolion tref i Lewis Glyn Cothi:

Gorau un dref ei gwerin,
Gorau un gaer gron ei gwin.

Ac mewn awdl ddychan i wŷr Caerlleon ar Ddyfrdwy fe ddywed hefyd:

Trev yw Caerlleon mewn tir aviach . . .
Trev ddwys, yn cynnwys gwerin coniach[10].

'Gwerin' fyddai trigolion abaty gynt, ond ceir peth amwysedd yn 'Awdl Foliant [Lewis Glyn Cothi] i Mr Morgan ab Owain ab Einion, Prior Caerfyrddin':

10 coniach = balch

Meistr gwin, meistr y werin wâr,
Yng nglan Tywi yw'r prior,
Meistr Morgan, meistr i gannwr,
Meistr y llen, meistr llu o wŷr.

Tybed ai 'gwerin' oedd holl drigolion y Priordy, neu ynteu gwerin y prior, eu meistr, oedd y rhelyw ohonynt?

'Gwerin' fyddai criw llong, a set o ddarnau gwyddbwyll, sef 'gwerin y gwyddbwyll'. 'Gwerin' fyddai byddin hefyd; fe welir hynny yng nghanu Dafydd Llwyd yn y bymthegfed ganrif, a 'gwerin' a anfonwyd o Brydain i frwydro yn Sbaen ar gychwyn y bedwaredd ganrif ar bymtheg yn ôl John Howell o Lanymddyfri mewn cân o'i eiddo yn *Blodau Dyfed*. 'Gwerin' fyddai set gyflawn o bobl; ar ôl i'r un John Howell ymweld ag Iwerddon yn 1814 fe gollfarnodd y Gwyddelod am eu hymlyniad wrth arferion Eglwys Rufain:

Y bobl gyffredin, ymgrymant yn werin,
I lawr ar eu deulin, a'u delwau gerbron;
Ar Fair yr erfyniant, ar Seintiau ymbiliant,
Maddeuant a geisiant yn gysson.

Yn yr enghreifftiau hyn, lliaws, tyrfa, set gyflawn o bobl yw 'gwerin', heb fod yn gyfystyr â 'phobl gyffredin' (er mai'r 'cyffredin' sy'n un set o bobl yn yr enghraifft olaf uchod), tra yn yr enghreifftiau a gyflwynwyd cyn yr ymdriniaeth â gwerin bersonol, yr oedd 'gwerin' yn gyferbyniol i 'fonedd'. 'Pawb' neu 'liaws' oedd 'gwerin' emynwyr Sir Gâr, a dyna a olygai Dafydd Lewis, Llanllawddog (?) pan ganodd,

Fy nghlomen ydyw Seion fry
Heb Grychni na Brycheuyn,
Sy degwch bro llawenydd Gwlad,
Dymuniad yr holl werin.

Llafar yr un rhan o Gymru oedd treftadaeth iaith Williams Pantycelyn, ac ar sawl ystyriaeth olynydd ydoedd ef i Rhys

Prichard. Ym marn Williams, Prichard oedd y 'prydydd penna'i gyd', ac fel Prichard fe ganodd Pantycelyn hefyd ar gyfer y lliaws di-ddysg a'i clywai ac a'i darllenai, a hynny yn eu hiaith bob dydd (sathredig yn aml). Nodwyd eisoes fod 'gwerin' yn air cyffredin ganddo, a go brin fod yna emyn enwocach na 'Cudd fy meiau rhag y werin, / Cudd hwy rhag cyfiawnder nef'.

Cyn dyfynnu o'i farwnad i Daniel Rowland, nodwn fod Williams o bryd i'w gilydd yn dilyn hen arfer o gyfeirio at bawb trwy gyferbynnu dau hanner – cyfoethog/tlawd, gwyllt/gwâr – fel yn y llinellau hyn o'i farwnad i Lywelyn Dafydd o blwyf Llywel (1783):

Gwelwch dyrfa lân garuaidd
  Yn myn'd i Eppynt ag e i'r lan,
Ac yn dwyn yr elor bwysig
  'N ôl eu gallu, gryf a gwan.

Yn ei farwnad i Daniel Rowland dywed Williams:

Ai rhaid marw gŵr wnâi dyrfa
  Oerllyd, drom, yn llawn o dân,
Werin fyddar, fud, ddifywyd,
  Oll i seinio nefol gân?
Marw un wnâi i Satan gwympo
  Lawr yn swrth o entrych nef;
Ond er hyn, a llawer rhagor,
  Angau oedd ei farw ef.
Yn Llangeitho fe ddechreuodd
  Waeddi distryw'r anwir fyd,
Miloedd ffodd o'r de a'r gogledd
  Yn un dyrfa yno yn nghyd;
Arswyd, syndod, dychryn ddaliodd
  Yr holl werin fawr a mân,
Nid oedd gwedd wynebpryd un-gŵr
  Fel y gwelwyd ef o'r blaen.
Daeth y sŵn dros fryniau Dewi

Megys fflam yn llosgi llin,
Nes dadseinio creigydd Tywi
A hen gapel Ystrad-ffin;
Lle daeth siroedd yn finteioedd
Werin o aneirif ri',
Wrth gref adsain udgorn gloew
Cenadwri'r nefoedd fry.

Yn ystod oes y diwygwyr fe fwrid mai'r 'gwŷr mawr' oedd arweinwyr naturiol y lliaws; gan hynny, nid rhyfedd fod y diwygwyr, yn enwedig Howel Harris efallai, yn chwennych ennill yr 'arweinwyr naturiol' er mwyn cyrraedd y rhelyw. Felly fe gyfeiriodd y diwygwyr eu hymdrechion at fonedd a chyffredin, at bawb, sef gwerin Pantycelyn.

Ceir yr un 'werin' ym marwnad Jacob Jones i Bantycelyn yntau:

Nid am system Isaac Newton,
Pliney na Petolomy
Mae e'n sôn uwchben y werin
Ond am fynydd Calfari.

Prin iawn wedi hyn yw'r cyfeiriadau at 'werin' sy'n golygu 'pawb' na chwaith 'werin' rhyw ŵr nod; nid erys ond 'gwerin' sy'n gyferbyniol i 'wŷr mawr' ac roedd y werin honno i'w gwisgo â nodweddion newydd yn ystod y bedwaredd ganrif ar bymtheg, ac yng ngwaith Syr O. M. Edwards a'i gyfoedion wedyn. Yn wahanol i hynny perthyn 'gwerin' Pantycelyn i'r un cyfanfyd ystyr; yr un clymbeth o syniadau sydd i'w ganfod, fel y nodwyd, yng ngwaith Twm o'r Nant, y tynnodd Saunders Lewis sylw ato yn ystod yr 1950au, gyda'i droadau ymadrodd am glymu amrywiol aelodau yn un cyfanbeth digyfnewid:

Mae pob galwedigaeth ar dwyn
Wedi'i threfnu a'i sefydlu'n bur fwyn;
Fel cerrig mewn adfail hwy wnân'
Yn y muriau, rai mawrion a mân,

Pob un yn lân a geidw le,
I glod a thriniaeth gwlad a thre' . . .

Mae'r deyrnas mewn urddas a nerth,
Gwedi'i rhoi fel un corff lanw certh.

Gan hynny 'rwy'n deisyf ar bob dyn
Nac ymffrostied yn ei alwad ei hun;
Ni ellir fyw'n ddifyr ddi-wall
Mewn llwyddiant y naill heb y llall.
Ow! barna'n gall, pwy bynnag wyd,
Fod rhaid i'r adar mân gael bwyd.
Mae pob sefyllfa a'i gyrfa'n gaeth
I ogoneddu'r hwn a'i gwnaeth.

§

Cyn troi at ddiweddglo, mae'n briodol sylwi mai'r un yw categorïau ffurfiol 'gwerin' y Gymraeg ag eiddo *people* a *folk* y Saesneg. Roedd *people* a *folk* fel ei gilydd yn golygu:

a) pawb

b) 'the ordinary people, the common folk' yn gyferbyniol i fonedd, ac

c) 'an aggregation of people in relation to a superior, e.g. God, a king or priest . . . a body of retainers . . . servants . . . soldiers, men (in relation to their officers)', ys dywed geiriadur Rhydychen, hynny yw, gwerin bersonol y Gymraeg.

I'r cyfryw berwyl fe ddyry'r un ffynhonnell o 1581 yr enghraifft hon: 'The master of the house . . . ought . . . to shewe himselfe more severe towards his own folke than towards others.'

Felly hefyd yn y Ffrangeg; mae *peuple* yn golygu 'pawb' a hefyd 'dim pawb', sef y cyffredin, fel yn yr ymadroddion *le bas peuple*, *le petit peuple*. Ac yn y Ffrangeg eto mae *gens* yn golygu ar y naill law 'pobl', *folk*, 'yr holl bobl', ac ar y llall 'y cyffredin', *le gens du peuple*. Ond yn ogystal, *le gens du maison* yw *folke* dyfyniad 1581 uchod, gwerin bersonol y Gymraeg ('... gwbl oll o'ch gwerin / sydd yn ych dichlin tai'). Yr un syniad a welir eto yn yr Eidaleg a'r Sbaeneg: mae *popolo* yn golygu: a) pawb, b) y cyffredin, ac mae *pueblo*, hynny yw 'pobl', yn golygu 'pawb' mewn ambell gyswllt, ond mewn cyswllt arall y *plebe*, y cyffredin ydyw yn gyferbyniol i'r *señoritos*.

Ymddengys fod syniadaeth Cymru gynt yn nes at eiddo cyfandir Ewrop, cyn pellhau yn ddiweddarach.

§

Hyd y ddeunawfed ganrif o leiaf roedd llawer o'r dulliau a gysylltir â'r oesoedd gynt eto'n aros. Er enghraifft, ni lwyr ddiflannodd yr 'ap' o gofrestri plwyfi deau Ceredigion hyd tua chanol y ganrif honno (Thomas ap Thomas, plwyf Blaen-porth, 1722; John ap John, plwyf Aber-porth, 1728; a John ap John, plwyf Llangeler yn Sir Gâr, 1770). A hyd yr 1780au gwelid cyfuniadau o enwau bedydd yn y cofrestri er heb yr 'ap', fel y rhain o gofrestr plwyf Llanllwchaearn (Ceinewydd): John Evans John Evan (1765); Harry Evan David Evan (1773); ac Evan David Thomas Harry (1785).

Fe fu newid pellach a helaethach ar fyd meddyliol a materol pobl lawer wedyn; fe ddaeth ymgyfoethogi i ran rhai, a gwelwyd cydio'r Gymru oedd ohoni yn gyflawnach wrth weddill Prydain. Yn ddi-os fe welodd y rhai oedd mewn cyfathrach agos â'r byd mawr, yn sgil daearyddiaeth neu drwy gyfrwng swydd ac addysg a pherthynas, y newid ymhell o flaen eraill. Ac yng Ngheredigion hyd yn oed at ganol y bedwaredd ganrif ar bymtheg clywid beirdd gwlad yn canmol y 'gwŷr mawr' am resymau oedd yn ddigyfnewid ers canrifoedd.

Dyma ran o gân yr Undodwr annibynnol ei farn, Rees Jones Pwll-ffein, a oedd yn aml yn hynod feirniadol o'r 'gwŷr mawr', ar farw John Lloyd, yswain Alltyrodyn, y gŵr a gododd y plasty helaeth, hardd sy'n sefyll heddiw:

I dlawd, hylaw frawd, hael ei fron – ydoedd
Teimladwy o galon;
Ganwaith gwnaeth lef oer gŵynion
Ar rwydd hynt i gyrraedd hon.

Ac eto:

Urddas oedd ganddo arddel – adnabod
Wynebau rhai isel,
Methodd hud, golud digel
Na'i achau'i droi'n drwyn uchel.

Ni wn a oedd Rees Jones yn gyfarwydd â chân Dafydd Nanmor i Syr Dafydd ap Tomas, ond yr un yw ei fyrdwn ag eiddo'r llinellau a ganwyd i'r 'offeiriad o'r Faenor':

Ei ben doeth a gâr bendith y gwirion,
A theg i'w iddo fendith y gweddwon . . .

Mewn cân arall gofyn, bron hawlia Rees Jones dir gan David Thomas, perchen ystad nid anenwog Plas Llanfair, ger Llandysul, ar gyfer mynwent i gapel yr Undodiaid ym Mhantydefaid. Collodd David Thomas ei frawd, y Parch. Thomas Thomas, a chladdwyd ef tan fwrdd y cymun yn y capel hwnnw yn 1818. Yna collodd Rees Jones fab tua dwy flwydd oed; bron yn union ar ôl hynny canodd y penillion a ganlyn:

Mae capel Pantdefaid, gann feirwon yn llawn;
'Does le ynddo mwyach i un dyn yn iawn;
Cymmwynas ddymunaf, nid ydyw mawr e',
Sef tir i wneud monwent o amgylch y lle.

'Does neb all gyflawni 'nymuniad i mi;
Na neb all ei ommedd trwy'r byd ond tydi:
Clyw lef dy gydwybod, nid distaw ei llais;
Mae arnat ddyledswydd i atteb fy nghais.

Aeth iddo yn gyntaf Frawd hawddgar i ti,
Ac hefyd yn dd'weddaf Fab anwyl i mi;
Ac ynddo gorweddant, trwm hunant yng nghyd,
Nes egyr y beddau, yn niwedd y byd.

Ymhen y rhawg cafwyd y tir ac agorwyd y fynwent. Ond daeth tro ar fyd. Disgynyddion teulu John Lloyd yn Alltyrodyn a theulu David Thomas ym Mhlas Llanfair (cawsant arfbais yn 1874) oedd gyda'r blaenaf yn troi deiliaid allan o'u ffermydd ar ôl etholiad 1868. Ond hyd yr ugeinfed ganrif roedd dwy agwedd tuag at fonedd, nid un; agwedd feirniadol os nad collfeirniadol ar y naill law, ac un werthfawrogol ar y llall. Ystyrier yr hyn a ddigwyddodd yn ardal Llandysul. Gwrthun oedd Arthur Lloyd Davies, yswain Alltyrodyn; ef a drodd gynulleidfa Llwynrhydowen o'r capel yn 1876. Cyflwynodd ei etifeddes allweddi'r capel yn ôl i'r gynulleidfa; pan ddaeth ar ymweliad â Llandysul tynnwyd y ceffylau o'i cherbyd ac aeth trigolion y cylch ati i dynnu'r cerbyd eu hunain. Er ymdrechion Gwilym Marles ac Evan Pan Jones, roedd llawer na ddymunent gael gwared â'r 'gwŷr mawr' ond yn hytrach eu cael yn ôl fel y tybid yr oeddynt gynt, 'Yn dal o hen waedoliaeth' ys dywedwyd un tro. Fe dderbynnid hierarchaeth a graddfeydd, ond graddfeydd ynghyd â pherchentyaeth a chymuned, ac yn hynny o beth roedd iaith yn cyfrif.

Cyfarchai Rees Jones ac Evan Thomas (Bardd Horeb, 1795-1867) ei gilydd ar gân; dyma bennill o gân Evan Thomas pan wahoddwyd y deiliaid i blas newydd y Bronwydd yn 1856:

Arferant agwedd fonedd fwyn
Pan glywant gŵyn y gweiniaid,
A mawr fath gyfarch parch a bri
A dalant i ni'r Deiliaid.

Fe'u clodforir am gynorthwyo'r anghenus, ac am fod yn gyd-aelodau o'r un gymdeithas â'r tlawd, yn un gymuned er o bobl anghydradd, hynny yw, yn yr eirfa oedd yn diflannu, yn un werin. Erbyn heddiw mae'n debyg mai dieithr yw'r syniad o gymuned o bobl sy'n anghydradd, ond nid felly gynt: hynny oedd cyswllt a chyd-destun y drefn o noddwyr a gwŷr dan nawdd a fu'n cyfrif dros hir ganrifoedd, trefn y darfu amdani yn y pen draw. Mae 'gwŷr gwragedd merched bechgin' y garol Mai yn bod pa beth bynnag yw eu syniadau hwynt: nid oes 'gwerin' ond yn rhinwedd y syniadau sydd ym meddiant pobl ac sy'n eu meddiannu. Pan newidiodd cefndir a chyswllt y rheini, fe gollodd 'gwerin' ei hen arwyddocâd ac fe'i gwisgwyd ag un newydd.

§

LLYFRYDDIAETH

Geiriadur Prifysgol Cymru (Caerdydd, 1950-2002).

Howell, J. (gol.), *Blodau Dyfed* (Caerfyrddin, 1824).

Hughes, G., *Rhagymadroddion 1547-1659* (Caerdydd, 1951).

James, L. J. Hopkin-(Hopcyn) ac Evans, T. C. (Cadrawd), *Hen Gwndidau* (Bangor, 1910).

Jones, J. Gwynfor, *Beirdd yr Uchelwyr a'r Gymdeithas yng Nghymru 1536-1640* (Dinbych, 1997).

Jones, Rees, *Crwth Dyffryn Clettwr* (Caerfyrddin, 1848).

Morris, W. M., *A Glossary of the Demetian Dialect* (Tonypandy, 1910).

Parry, T., *The Oxford Book of Welsh Verse* (Rhydychen, 1962).

Rees, B., *Dulliau'r Canu Rhydd 1500-1650* (Caerdydd, 1952).

Rees, Rice (gol.), *Canwyll y Cymry* (Llanymddyfri, 1867).

Roberts, Gomer M. (gol.), *Gweithiau William Williams Pantycelyn* (Caerdydd, 1964).

Thomas, Evan, *Telyn Ifan* (Llanbedr Pont Steffan, 1896).

Ysgrif 3

Ail-lunio Mynydd y Dyffryn[1]

Fe ŵyr trigolion y de-orllewin nad yw 'allt' byth yn golygu 'rhiw' ond mewn enwau lleoedd megis Allt y Foel, Allt y Cafan, Allt y Mynydd, Allt y Bwla, Penrallt, Penallt a Phengallt (gyda'r pwyslais ar y sillaf gyntaf), a'r holl amrywiadau fel Tanrallt, Gwarallt, Penallt yr Hebog, Penallt y Gwin, Penallt y Bie, Penallt yr Esgob, ac ati. Rhiw yw 'llethr' yn y llafar, pob gwerbyn, pob gorifyny a goriwaered, pob 'gwared', ac wrth gwrs mewn llawer enw lle hefyd: Pen-rhiw, Troed-y-rhiw, Rhiwgoch, Rhiwfelen, Rhiwgam, a Rhiwbwys. Coed yw 'allt': Allt Pennar oedd rhyw erw o goed pîn a dyfai ar dir fferm Pennar, heb fod nepell o'm cartref.

Mae hyn oll yn gyfarwydd wrth reswm, ond nid yw mor hysbys fod 'mynydd' gynt yn gallu golygu mwy nag un peth. Mae un ystyr yn gwbl gyffredin ond roedd yna ystyr gwahanol hefyd. Sefydlwyd Prifysgol Cymru yn 1893, a phan ddechreuodd Urdd Graddedigion y Brifysgol gyhoeddi ei chylchgrawn yn gynnar yn yr 1900au, fe gynhwyswyd ynddo sawl rhestr o lafar eiriau'r cyfnod. Mae'n drawiadol cynifer o ystyron oedd i

1 Newidiwyd ffiniau llawer plwyf rhwng 1921 ac 1931. Cyfeirir yma at y plwyfi fel yr oeddynt cyn hynny. Roedd afon Howni yn ffin rhwng plwyfi Aber-porth a Blaen-porth.

lawer gair: roedd 'rofft' yn golygu 'cae bychan' (er bod mapiau'n dangos mai dyna oedd enw llawer cae sylweddol), a hefyd 'gae ar bwys y clos' (er bod mapiau'n dangos eto fod llawer 'ca' rofft' gryn bellter o unrhyw glos). Benthyciad yw 'rofft' o *croft* y Saesneg ac efallai na fu iddo ystyr penodol yn llafar y Gymraeg. Felly hefyd am 'olier', sy'n hanfod o *oriel* y Saesneg: golyga ychwanegiad at gefn neu dalcen tŷ a hefyd *lumber room*, fel ar y ffin rhwng siroedd Caerfyrddin a Phenfro, yn ôl y geirfaoedd a grybwyllwyd.

Ond nid benthyciad o'r Saesneg fel y rhai uchod ydyw 'mynydd'. Dyma ystyr y ffurf lafar 'mwni' yng ngogledd sir Benfro yn ôl yr un geirfaoedd: 'mwni, *fields where farmers work*'; ac yn y de-orllewin eto 'myni, *used for the fields (especially in reference to agricultural operations)*'. Yn ardal Efailwen dywedid fod 'mini' yn golygu *ploughed land*: 'Fe fuas i ar y mini trwy'r dydd', hynny yw, '*I have been in the (ploughed) field all day.*' Mewn geiriadur o lafar eiriau Cwm Gwaun a gyhoeddwyd yn 1910, gwahaniaethir rhwng 'mwni' a 'mini': 'Mini *is a variant, but is not often used in this secondary sense* [sef tir âr]. *Around the Gwaun Valley the tendency is to restrict* mwni *to arable lands, or a field where work is going on, and* mini *to mountain.*' Ac yng ngodre Ceredigion ceir cyfrif am y ffurf 'mini' yn y geirfaoedd y cyfeiriwyd atynt, er heb ei glymu'n bendant wrth dir âr.

Rhyw gan mlynedd cyn cyhoeddi'r defnyddiau hyn bu un cyfrannwr i *Seren Gomer* (1814) yn sôn yn ddireidus am bobl de-orllewin Cymru fel hyn: '. . . nid oes yno na chaeau, na gwastadedd; canys pan elo'r annedwydd drigolion allan o'u tai, nid oes ganddynt le yn y byd i fyned iddo ond i'r mwni. Y maent yn myned i'r mwni â'r gwartheg, i'r mwni i aredig, i'r mwni i hau, ac i'r mwni i fedi.' A dyma a ddywedodd Daniel E. Jones yn *Hanes Plwyfi Llangeler a Phenboyr* (1899) wrth sôn am 'driugain mlynedd yn ôl': 'Ar ôl brecwast rhaid oedd dala [sef gwneud un cyfnod o waith â cheffylau], a bant â'r gweision i'r myny a'r crwt a'r forwyn fach gyda hwy i gathren wrth aredig. Gyda cheffylau y byddid yn aredig, ond byddid yn llyfnu yn fynych gydag ychen.' Mae'r hyn sy'n canlyn i'r un perwyl.

Yn 1977, bron i 30 o flynyddoedd wedi marw'r awdur, cyhoeddwyd *Hunangofiant Gwas Ffarm*, gwaith Fred Jones (1877-1948) o Gilie yn ei lencyndod a Thal-y-bont yng nghyflawnder ei ddyddiau. Cofnododd Isfoel ei fod yn cofio Fred yn aredig ym Mharc-tan-Foel y Cilie tua 1889-90 pan oedd Fred rhyw 11 neu 12 oed. Dychmygol yw'r hunangofiant a ysgrifennodd Fred, hunangofiant un a fuasai'n was yn ystod ail hanner y bedwaredd ganrif ar bymtheg. Edrydd i'r gwas, er ei wahardd, fentro i'r stabl ar ei ben ei hun a hynny pan 'oedd Dafydd a Jim a deubar ar y mynydd' (hynny yw yn aredig). Ac ymhen blwyddyn neu ddwy ac yntau yn ail was ar un o ffermydd y fro, addefodd pan oedd tymor troi a hau yn dirwyn i ben mai 'Llusgo o gam i gam dros yr âr a wnawn i'r gwanwyn hwnnw wrth lyfnu, a gorfodai Shincyn (y gwas mawr) fi i fod ar y myny' hyd nos dywyll diwedd mis Ebrill'. Ac fe gollfarnwyd aelodau teulu un o ffermydd y fro am 'fod dau ohonynt a'u tad ar y myny' yn aredig fore Sul unwaith'. Tir uchaf y cylch yw Foel Gilie sy'n codi rhyw 700 troedfedd uwchlaw lefel y môr. Am eirfa'r llyfr dywedodd Fred Jones: 'Nid oes yng nghorff y llyfr un gair 'dieithr' nad yw ar lafar bob dydd yn ei ardal ef [y gwas] a minnau.' I'r un perwyl cofnodir yn *Geiriadur Prifysgol Cymru*: 'Dywedid *mynydda* yn Nyffryn Troed-yr-Aur am *aredig* a *llyfnu*.' Yn yr un ardal eto, 'i'r myny'' yr elai gŵr wrth fynd i weithio yn y caeau â cheffylau hyd tua'r Ail Ryfel Byd.

Mae yna un arweiniad i'r hyn sydd wrth wraidd yr ymadroddi yma yn y llafar ei hun; mae arweiniad arall ym mapiau a llyfrau rhent ystadau'r prif berchnogion tir yn y de-orllewin y pryd hwnnw. Sylwir yn fwy manwl ar y rheini eto; yma fe ellir dweud fod nifer o'r mapiau ar gadw o'r 1740au ymlaen (yn sir Aberteifi). Mantais y mapiau cynnar hyn yw i nifer ohonynt gael eu llunio cyn y diwygio helaeth a fu ar diroedd llawer fferm erbyn diwedd y ganrif, er nad yw hynny'n golygu na fu diwygio arnynt yn ystod y canrifoedd cyn hynny.

Yn gryno, fe ddengys y mapiau fod 'mynydd' fferm yn cynnwys ei thir uwch hi ond heb ei gyfyngu iddo, ac fel arfer ni fyddai'r tir hwnnw wedi ei rannu'n gaeau gyda chloddiau yn eu gwahanu. Wrth sôn am 'fynydd' nid cyfeirio a wnawn at ddarn gwasgaredig o dir fferm ond at ran o fferm gryno, ac ni chyfeiriwn chwaith at 'ffermydd mynydd' fel y deellir yr ymadrodd hwnnw heddiw: fe ellid 'mynydd' mewn fferm lan môr, tra na fyddai tiroedd ffermydd eraill oedd yn uwch i fyny o'r môr yn 'fynydd'. Yn aml byddai 'mynydd' yn rhan helaeth o fferm, hyd yn oed y rhan helaethaf ohoni. Tir glas (neu dir gwyllt) fyddai'r 'mynydd' hwnnw o bryd i'w gilydd (ond nid o reidrwydd) ac fe wyddys yr amgaeid rhan ohono â ffaldau yn achlysurol a thros dro ar gyfer ei aredig a'i hau. Gan hynny, gellir deall yr hyn a ddywedodd y cyfranwyr i *Seren Gomer* a *Cylchgrawn Urdd Graddedigion y Brifysgol,* a'r hyn a welir yng ngeiriadur William Meredith Morris (1910) o eirfa Cwm Gwaun a'i gyffiniau.

Ond ar ryw ystyriaeth mae'r hyn a awgrymir gan y llafar yn gyferbyniol i'r hyn a ddengys y mapiau. Awgrym y mapiau yw mai'r tir âr sy'n agored, a hwnnw yw'r tir uwch. Awgrym y llafar yw mai'r tir âr yw'r tir uwch, a hwnnw sy'n agored. Perthyn i fferm yr oedd y 'mynydd', nid i ddaearyddiaeth ardal neu ranbarth. Efallai fod William Meredith Morris yn iawn pan wahaniaethodd rhwng 'mini' a 'mwni'.

Mae yna ystyriaeth arall i'w chrybwyll. Pan oeddwn yn blentyn yn Aber-porth edrychem o'n cartref tua'r tir uchel sydd rhwng Tre-saith a Phenbryn, tir sy'n codi rhyw 460 troedfedd uwchlaw lefel y môr. Yn gwbl naturiol ein henw ni arno oedd 'Mynydd Tre-saith'. Synio fel y teidiau oedd hynny, cerdded hen rigol, fel pan adroddodd Edward Lhuyd tua dechrau'r ddeunawfed ganrif am ardal Llanboidy, lle na chwyd y tir uchel lawer mwy na 600 troedfedd uwchlaw'r môr: 'indifferent fertile for corn and hay, the mountains not very barren but yield pasture for sheep and dry cattle.' Ar ddiwedd y ganrif honno (yn ystod haf 1796) aeth Iolo Morganwg ar daith i orllewin Cymru: 'Mountains almost everywhere in Carmarthenshire enclosed to their tops,' meddai. Ac am y wlad yng nghyffiniau Brechfa, 'I looked at the face of the Country, it is mountainous but the mountains are not very high, they are almost everywhere enclosed to the top, the river Cothi runs a long course . . . through a deep vale and narrow, the hills or mountains on each side are pretty high, woody and very steep . . .' Nid hynodrwydd iaith oedd hynny ond ystyr cyffredin *mountain*. Dengys y mapiau Ordnans hefyd, sy'n cadw hen enwau yn fynych, 'fynyddoedd' nad ydynt yn hynod uchel, fel Mynydd Crogwy yng ngogledd sir Benfro (772 troedfedd uwchlaw lefel y môr) a Mynydd Gernos yn ne Ceredigion sy'n codi 905 troedfedd uwchlaw'r môr.

Cyn myned rhagom mae angen nodi i lawer math o fferm fodoli yng Nghymru gynt fel y bodolai llawer math o dŷ. (Pan ysgrifennodd Dr Iorwerth Peate am dai yng Nghymru fe ddewisodd deitl, *The Welsh House*, a barodd i lawer darllenwr feddwl mai dim ond un math o dŷ oedd yn dŷ Cymreig.) Roedd llawer o'r ffermydd hyn heb 'fynydd' yn perthyn iddynt, fel y rhai oedd wedi eu rhannu'n gyfan gwbl yn gaeau heb ddim tir yn weddill. Felly, sôn sydd yma am rai ffermydd yn unig, ond nid rhai anghyffredin na phrin eu nifer mohonynt, fel y gwelir isod.

Ffermio a Bywyd Cefn Gwlad

Prin yw'r ysgrifennu cynnar am amaethu yn ne-orllewin Cymru. Fe'i cafwyd yn helaeth am y tro cyntaf gan George Owen yng nghyfnod y Tuduriaid, pan oedd yna gryn ddiddordeb mewn disgrifio siroedd a thiroedd y deyrnas yr oedd y Tuduriaid newydd ei huno. Trigai George Owen ym mhlas Henllys yng nghyffiniau Nanhyfer; mae'r plasty wedi hen ddiflannu ond 400 mlynedd yn ddiweddarach mae darllen byth ar yr hyn a ysgrifennwyd ac a gofnodwyd gan ei berchennog. Ysgrifennu ar gyfer ei gyfoedion yr oedd wrth reswm, felly nid yw'n rhyfedd fod rhai pethau a ddywedodd yn aneglur i ni heddiw. Traethodd am amaethu mewn dau fan, yn helaeth yn *The Description of Pembrokeshire* ac yn gryno mewn llawysgrif a adwaenir fel *Llyfr y Faerdre*. Yn ogystal, cofnododd fanylion helaeth pellach mewn rhan arall o *Lyfr y Faerdre*, sef *The Extent of Cemais* (1594), sy'n rhoi cyfrif o arglwyddiaeth Cemais yn y flwyddyn honno, arglwyddiaeth yr oedd George Owen yn berchen arni. Yma fe gyfyngir ein sylw i'r hyn a ddywed ef am rannau Cymraeg sir Benfro ynghyd â'r hyn a edrydd am odre sir Aberteifi.

Yn *The Description of Pembrokeshire* mae'n sôn am 'the manner of tilling the ground' ond yn *Llyfr y Faerdre* esbonio a wna ystyron rhai geiriau ac ymadroddion oedd yn ymwneud â thrin y tir; nid yw felly yn ysgrifennu i'r union un perwyl yn y ddau fan. Yn *Llyfr y Faerdre* fe'i gwelir yn cyferbynnu dau ddull o drin dau fath gwahanol o dir, tir ar gyfer 'the best sort of corne grounde' ar y naill law, a 'for the most part wilde ground, called in Welshe Tir mynythe or Tir Mane' ar y llall. Nid annhebyg fod 'wilde ground' ar lafar yn y Saesneg; yn sicr fe wyddai unrhyw Gymro dwyieithog fod y geiriau'n cyflwyno 'tir gwyllt' y Gymraeg i'r dim. Dyma'i eiriau yn llawn:

> Alsoe whereas you shall finde throughe owt this survey that the tenanntes at will or by lease doe hould any quantitie of errable or corne ground, by the same is meant the best sort of corne ground and such as will endure to be ploughed for corne ev'y yeere, and where you shall finde yt termid errable or pasture by the same is ment for the most part wilde ground called in Welshe

> Tir mynythe or Tir Mane suche as yeldeth corne but once in xx or xxiiii yeeres by beating and burning the same for rie or oates and at all tymes ells lieth grownd with small fursse or heathe and serveth for pasture for sheepe or young cattell.

Â rhagddo i nodi fod 'suche land as is called by the name of pasture (whereof you shall finde very littel) is ment such as serveth for pasture at all times and to none other use'. Ar wahân i'r sôn am dir pori gwelir iddo wahaniaethu rhwng *errable* ar y naill law, ac *errable or pasture* ar y llall – nid *errable and pasture*. Bydd hyn o bwys pan ddeuwn i drafod geirfa syrfewyr y ddeunawfed ganrif.

Yn *The Description of Pembrokeshire* mae'n cyferbynnu dau ddull o drin y tir eto, ond nid yr un cyferbyniad ag a geir yn *Llyfr y Faerdre*. Mae'n sôn eilwaith ac yn fanylach am *beating and burning*, ond yn gyferbyniol i hynny sôn a wna am ffaldio tir i godi cnydau dros dro arno yn hytrach nag am dir 'suche as will endure to be plowed for corne ev'y yeere'. Â rhagddo fel a ganlyn:

> But now to their order of tillage. They seldom use to carry any dung or muck to their ground, but use for the most part a running fold of hurdles of cloven oak about four foot high and five foot broad, having the two sideposts sharpened at the lower ends. With an iron bar they make holes and with a wooden sledge they set these hurdles fast in the ground in such sort as they are able to keep in any oxen, kine and horses. These folds they will put upon some piece of ground where they mean to till the next year, and therein drive their cattle every night from mid-March till mid-November. For the rest of the year the nights are too long and too cold for the cattle to lie there. This fold they remove every third or fourth night according to the bigness of the fold and the number of the

> cattle, but before the same be removed they will see the ground covered over with dung. And in this sort every man prepareth a piece of ground ready every year until he hath overgone his land. And this land they plough in November and December, and in March they sow oats in it and have commonly a good crop. Then they follow these lands with oats seven, eight or ten years together, till the land grows so weak and barren that it will not yield the seed. And then let they that land lie for eight or ten years in pasture for their cattle.

Ar sail tystiolaeth George Owen gwelir sut y rhennid tir llawer fferm gyffredin yn ystod ei oes ef, ond rhaid cofio fod amrywiaeth rhwng un fferm a'r llall yn anorfod ac mai disgrifiad cyffredinol felly sy'n canlyn yn hytrach na chyfrif manwl o unrhyw fferm arbennig. Casglwn mai fel a ganlyn y rhennid tir fferm ar gyfer ffermwriaeth y cyfnod; nodir pum rhan, sef tir gwair, *pasture*, tir ffald (sef *errable or pasture*), *errable or corne ground*, a *wilde ground*. Ystyriwn bob un yn ei thro:

1. TIR GWAIR: Wrth esbonio paham y tyfid ceirch yn helaeth, sef mai gwellt ceirch oedd prif luniaeth llawer o'r creaduriaid yn ystod y gaeaf, dywed George Owen 'most of the country wanteth hay'. Fe allai hynny olygu na fyddid yn lladd gwair o gwbl, ond dengys y manylion sydd yn *The Extent of Cemais* nad cywir hynny. Yno mae George Owen yn gwahaniaethu rhwng 'meadows, grazing lands, and pastures'; sonia hefyd am 'haye growing in the lord's meadow', ac am osod tir i ddeiliad ('John ap Owen Ychan holds one meadow [gwair], near Glan y Dyad called Park Dol Henllys'), a phan fyddai deiliad yn ymadael dywed fod y deiliad hwnnw i gael 'convenient roome for him or his people to attende his corne and haye'. Noder hefyd mai cae â chloddiau o'i amgylch yw *park*, fel y 'Park Dol Henllys' uchod.

2. Pasture: Yn ôl George Owen, nid hwn oedd yr unig dir pori. Ni cheid llawer ohono ac ni fyddid byth yn ei droi nac, ymddengys, byth yn lladd ei wair. (Dyma ystyr 'tir pori' mewn rhannau o sir Aberteifi hyd heddiw.) Ac o bosibl fe fyddai cloddiau o'i amgylch, yn ei amgáu fel y tir gwair. Mae'n briodol hefyd nodi barn a oedd yn gyffredin ar un adeg na ddylid byth aredig tir pori da. Os byddai angen ei wella, gwneled hynny trwy ei wrteithio, er enghraifft, nid trwy ei droi.

3. Tir ffald: Tir *errable or pasture* oedd hwn, tir agored heb ei amgáu na'i rannu gan gloddiau. Fe'i ceid wrth ymylon neu yn rhan o'r *wilde ground*. Yn ystod unrhyw un flwyddyn fe'i hisrennid fel hyn:

a) Y rhan oedd â ffaldau arni am ryw dair neu bedair noson ar y tro o ganol Mawrth hyd ganol Tachwedd.

b) Y tir y bu ffaldau arno yn ystod tymhorau blaenorol, ac oedd yn awr yn dir ŷd ac angen bugeilio'r creaduriaid oedd yn pori wrth ei ymyl.

c) Y tir a fu dan ffaldau, ac a fu dan ŷd, ond oedd bellach yn dir pori unwaith eto, tir y byddid yn gosod ffaldau arno drachefn ymhen y rhawg. Sôn am dir pori gwahanol i hwn a wnâi George Owen wrth esbonio'r hyn a olygid gan *pasture*.

Gellir mentro rhywfaint ymhellach. Pe byddent yn aredig yr un tir am wyth i ddeng mlynedd o'r bron ar ôl ei achlesu trwy ffaldio'r creaduriaid arno, fe allwn gasglu fod arwynebedd y tir dan ŷd tua wyth i ddeg gwaith arwynebedd y tir â ffaldau arno ar y pryd. Ac am y cyfryw reswm fe fyddai'r tir oedd wedi ei ddychwelyd yn dir pori tua'r un faint â'r tir dan gnwd. Ond ni ellir casglu fod hyn yn rhoi cyfrif cyflawn o'r tir nad oedd yn dir gwyllt, oherwydd fe gyfyngid ar ba faint o dir y medrid ei drin trwy ei ffaldio a'i aredig ac ymhen y rhawg ei bori, gan ba faint o achles oedd ar gael, a byddai hwnnw yn brin.

Dywed George Owen fod angen 400 o ddefaid neu 40 o wartheg i wrteithio tair erw o dir mewn blwyddyn, o'u cadw mewn ffaldau fel uchod. Mewn man arall dywed fod angen 200 o ddefaid a '20 other beasts' i wrteithio dwy erw, o'u cadw mewn ffaldau eto. Mae ei eiriau yn glir ond eu harwyddocâd yn llai eglur gan nad oes sicrwydd pa fath neu ba gyfran o erw oedd ganddo mewn golwg. Ond dyma gyfrif o eiddo Lewis Phillip Lewis o blwyf Tre-main yng ngodre Ceredigion yn 1607, chwe blynedd cyn marw George Owen:

Cyfanswm	£18-14-10
4 buwch	£ 4-0-0
2 fustach gan gynnwys ychen	£ 1-6-8
1 ceffyl	£ 1-10-0
52 o ddefaid ac ŵyn[2]	£ 5-4-0
3 rhic o wenith, haidd, a cheirch	£ 5-0-0

ynghyd â ffaldau ar gyfer ffaldio'r defaid ar ei dir âr.

Nid oes yna gyfrif o nifer yr erwau oedd ganddo, ond os yw cyfrif George Owen yn weddol gywir, prin y medrai Lewis Phillip Lewis achlesu ei dir yn helaeth â thail ei greaduriaid. Nid rhyfedd fod tir gwair yn brin, gan fod angen ei wrteithio yn ogystal â'r tir âr.

4. ERRABLE OR CORN GROUND: Yn ôl George Owen, dyma'r 'best sort of corne ground and such as will endure to be ploughed for corne ev'y yeere'.

Pan oedd George Owen yn traethu yn *The Description of Pembrokeshire* am dyfu ŷd am wyth i ddeng mlynedd o'r bron ar dir y bu ffaldau arno eisoes, ond yn *Llyfr y Faerdre* yn sôn am dir 'such as will endure to be ploughed for corne ev'y yeere', yr oedd naill ai yn bwrw fod wyth i ddeng mlynedd yn cyfrif fel 'ev'y yeere', neu'n cyfeirio at dir âr ar wahân i dir y ffaldau. Mae lle i gredu mai tir arall na thir y ffaldau oedd y 'best sorte of corne ground' chwedl George Owen, sef tir oedd i'w gyfrif

2 Arbennig o bwysig at achlesu'r tir; *walking dung carts* y Saesneg.

yn *errable* yn hytrach na thir *errable or pasture* lle ceid ŷd a phori am yn ail, fel y ceid ar dir ffald. Fe gadarnheir hyn gan yr hyn a ddywed George Owen am wenith gwanwyn. Fe dyfir hwnnw yn bennaf, medd ef, yn ardaloedd Cymraeg sir Benfro ac yn sir Aberteifi (yn hytrach na de sir Benfro), ac ar ôl iddo ddisgrifio'i fanteision a'i anfanteision, dywed 'this kynde of wheat is also sowed in fould land', sy'n ddiystyr oni cheid tir âr ar wahân i'r tir ffald.

Yr oedd ef yn sicr ddigon yn gyfarwydd â geirfa amaethu ei gyfnod, a thybir ei fod yn gyfarwydd â gweithiau fel *The Survey of Cornwall* o eiddo ei gyfoeswr Richard Carew. Tua amser George Owen, ni wyddys i sicrwydd yr union flwyddyn, fe ddisgrifid tiroedd yn sir Henffordd fel 'sometymes errable and sometymes pasture' a dywedid fod tir a fu gynt yn dir pori 'att present plowed'. Yn gyferbyniol i hynny ceid tiroedd yng ngwledydd Prydain lle na ddigwyddai hynny ond lle cedwid rhan o'r tir dan ŷd yn ddi-dor trwy ei achlesu yn helaeth, fel y gwelir isod. Yn 1794, dywedwyd fod lleiniau Llan-non a Llansanffraid wedi bod dan haidd yn ddi-baid 'from time immemorial': fe'u gwrteithid â gwymon ac â thywod am yn ail flwyddyn, ynghyd â thail y creaduriaid a borai'r sofl.

Yn ôl tystiolaeth George Owen byddid yn aredig y tir â gweddoedd o ychen a cheffylau yn gymysg; golygai hynny fod yna stabl i'r ceffylau a, rhaid tybio, beudy i'r ychen (beth bynnag oedd safon yr adeiladau). Mae'n bosibl hefyd y cedwid y da godro yn y beudy ynghyd â'r ychen, yr anifeiliaid gwaith. Roedd y tywydd yn rhy oer, medd George Owen, i gadw'r creaduriaid yn y ffaldau dros nos wedi canol Tachwedd, ond ni ddywed lle yn union y'u cedwid; noda mai yn yr eithin (yn y tir gwyllt?) y cysgodai'r gwartheg a adewid allan. (Gwahaniaetha hefyd rhwng y 'so many cattle as are not housed' a gwartheg eraill, sef y rhai a gedwid i mewn dros y gaeaf, hyd yn oed cyn y dyddiau pan oedd ef yn ysgrifennu am ei wlad.)

Os oedd yna stabl a beudy, rhaid bod yna fuarth, 'clos' y

llafar, ac erbyn canol Mawrth (pan osodid y ffaldau ar y tir oedd i'w achlesu) byddai tomen ar y clos, a dyna'r tail oedd ar gael i wrteithio 'the best sorte of corne ground'. Ni fyddai hynny'n hynod; gwahaniaethir yn llawysgrifau Cyfraith Hywel rhwng tir a wrteithid trwy ffaldio anifeiliaid arno a thir mwy gwerthfawr a wrteithid trwy gludo tail iddo. Ond ychydig iawn o'r tir gwell hwnnw fyddai ar gael yn nyddiau George Owen oherwydd prinder tail, prinder porthiant anifeiliaid, a phrinder gwellt i'w osod yn sarn tan draed yr anifeiliaid yn y stabl a'r beudy, os gwellt o gwbl yn hytrach na rhedyn. Er hynny, nid tail y domen oedd yr unig achles oedd ar gael ym mhobman, sy'n cymhlethu pethau.

Ond lle bynnag y ceid buarth gellir bod yn weddol sicr o ddau beth, sef lleoliad y cae gwair y cyfeiriwyd ato eisoes, a lleoliad y tir ŷd y cludid gwrtaith iddo o'r clos. Gellir mentro fod y cae gwair ar lawer fferm yn ymyl y clos, ac os oedd y cyfan ar lethr, wrth ochr isaf y clos er mwyn i'r biswail gael treiddio iddo a'i wrteithio i gynnal 'gwair gwndwn' – trefn a fu'n gyfarwydd hyd yr ugeinfed ganrif fel y 'ca' (neu barc) dan clos', cae y rhacenid y biswail iddo pe byddai angen. Gerllaw'r clos hefyd y byddai'r tir âr, a hynny er mwyn osgoi'r anawsterau y cyfeiriodd George Owen atynt, sef cludo tail i'r tir a chludo'r cynnyrch o'r tir. Ymddengys nad oedd y tir âr hwn wedi ei amgáu, ac felly byddai angen bugeilio'r anifeiliaid a borai'r tir o'i amgylch.

Dengys cyfrif sydd ar gadw am y flwyddyn 1599 paham yr oedd cludo tail i'r tir mor helbulus, sef cyfrif o nifer y ceirt a geid yng nghantrefi sir Benfro. Roedd cantref Pebidiog, 'Dewisland' yr arolwg, yn ymestyn ar hyd y glannau o Abergwaun heibio i Borth Stinan, heibio i enau afon Alun y saif Tyddewi yn ei dyffryn, heibio i Solfach hyd at Niwgwl, oddi yno ar draws gwlad i Gas-blaidd, ymlaen heibio i Drecŵn ac yn ôl wedyn i Abergwaun; ynddo ceid 91 o geirt. Roedd rhan helaeth o ogledd sir Benfro yng nghantrefi Cilgerran a Chemais: dim

Lleiniau Llan-non, Llansanffraid. Dywedwyd yn 1794 eu bod wedi bod dan haidd yn ddi-baid 'from time immemorial'. Tynnwyd y llun yn 1995. © *Hawlfraint y Goron: CBHC*

Lleiniau Llan-non, Llansanffraid (gyferbyn):

Ceid ar un adeg dir yn Llanddewi Aber-arth at wasanaeth Esgob Dewi, gan gynnwys tir isel ar lan y môr ar ochr ddeheuol afon Arth. Yn Llanrhystud, gerllaw'r eglwys, roedd tir at wasanaeth Ysbytywyr Sant Ioan. Rhyngddynt ceid Morfa'r Abad a Morfa'r Esgob. Morfa'r Abad, sef abad Ystrad Fflur, oedd y tir a adwaenir heddiw fel y Morfa Mawr. Tir a neilltuwyd at gynnal Esgob Dewi oedd Morfa'r Esgob, tir isel yn Llan-non, Llansanffraid, rhwng afon Cledan a Nant Peris, tir a adwaenid fel Rhandir Llan-non. Yn 1841 ceid ynddo tua 254 o leiniau, y cyfan ychydig dros 100 erw, ynghyd â dau gomin (cyfanswm tua phedair erw) a dau ddarn bychan y'u gelwid bob un yn 'arddbory'.

Roedd 70 o berchnogion ar leiniau Morfa'r Esgob ond roedd y rhan fwyaf ohonynt yn eu gosod yn hytrach na'u ffermio; yn gyfan gwbl roedd 135 o ddeiliaid yn ffermio'r lleiniau hyn. Y perchen pennaf oedd John Hughes, yswain Plas Alltlwyd, a feddai chwe erw a hanner, wedi eu gosod rhwng deg tenant. Y tenant pennaf oedd Evan Jones, masiwn. Daliai ef chwe llain, cyfanswm o bedair erw a hanner. Ymhlith y tenantiaid roedd crefftwyr (gof, crydd, masiwn) ynghyd â morwyr a chyn-forwyr.

Mae ar gadw enwau rhandiroedd eraill yn y cylch a thybir y medrir lleoli rhai o leiaf ohonynt ar dir isel glan môr, sef Rhandir y Gwenithdir a Rhandir Traeth Mawr, ac eraill ar y tir uwch gan gynnwys Rhandir yr Abad a Rhandir Morgan Jenkin tra oedd hefyd yn rhywle Randir Hir a Rhandir y Gaernant. (Tybir fod eu tiroedd hwy hefyd wedi eu rhannu'n lleiniau un tro.) Nid oes unrhyw gyfrif am bori sofl y lleiniau ar y cyd fel comin; yn hytrach porai pob un ei leiniau ei hun trwy 'stâco' ei greaduriaid arnynt. Anodd dweud ymhle y porai'r da tra tyfai'r ŷd. Prin oedd y tir comin y mae cyfrif amdano a llai o lawer y ddwy 'arddbory'. Daliai rhai o ffermwyr y cylch leiniau: roedd ganddynt hwy eu ffermydd i'w pori ac efallai fod eraill yn dod i gytundeb â ffermwyr yr ardal i bori eu creaduriaid naill ai am dâl neu am 'ddyled gwaith'. Cyn 1905 aildrefnwyd 250 a mwy o leiniau Morfa'r Esgob yn 108 llain, cyfanswm o 108 erw. Gwelir dwy res o goed, un ar hyd afon Cledan ar y dde a'r llall ar hyd Nant Peris ar y chwith, lle hefyd y gwelir eglwys Llansanffraid.

ond pum cart oedd ynddynt. Roedd eu tir yn ffinio â Phebidiog o Abergwaun hyd at Gas-blaidd; oddi yno ymestynnai'r ffin tua Chastellhenri, Maenclochog, Llanfyrnach a Chilrhedyn, ar hyd afon Cuch i Abercuch ac ar hyd afon Teifi heibio i Faenordeifi, Cilgerran a Llandudoch, i Ben Cemais ac oddi yno ar hyd y glannau heibio i Drefdraeth hyd at Abergwaun, gan gynnwys Nanhyfer, Eglwyswrw a'r tir bras sydd yn y cyffiniau. Roedd yr oll o'r pum cart yng nghantref Cemais heb un yng nghantref Cilgerran. Ni allai fod ceirt ond ym mhrif blastai'r ardal, fel Llwyn-gwair, Tre-wern, Parc y Prat, a Henllys. Rhaid oedd cludo popeth mewn cewyll (*panniers*) ar gefn ceffylau neu asynnod, ar geir llusg neu garclwydi. Bron 180 mlynedd ar ôl oes George Owen fe nododd Arthur Young, pan deithiodd drwy sir Benfro, mai mewn cewyll ar gefn ceffylau y cludai'r ffermwyr eu calch o ardaloedd calchfaen y de i'w tiroedd tua'r gogledd. Nid oedd hyn yn eithriadol; dengys yr adroddiad ar amaethu yng Nghernyw a gyhoeddwyd yn 1794 mai felly y cludid pethau fferm yno hefyd y pryd hwnnw. Ond mae'r gwahaniaeth rhwng hyn a de-ddwyrain Lloegr yn drawiadol. Pan aeth trigolion plwyf yn Berkshire ati i fwrw golwg yn ôl ar achlysur coroni Siôr I yn 1714, dywedasant mor dda oedd pethau; pan adferwyd y frenhiniaeth yn 1660 nid oedd ond ceirt gan ffermwyr y plwyf ond bellach roedd ganddynt bob un ei wagen.

Yn ne-orllewin Cymru nid rhyfedd mai yn ymyl y clos y byddai'r tir âr a oedd i dderbyn tail y stabl a'r beudy. A chyda llaw, mae'n hawdd camfarnu offer fel y car llusg a'r carclwyd. Cedwid y car llusg ar ffermydd yn ne Ceredigion yn gyffredin hyd y cyfnod oedd mewn cof pan fûm i'n holi, tua diwedd yr 1950au. Roedd un ar bob fferm, mae'n debyg, am mai dyna'r offer gorau at symud ogedi anhydrin o gae i gae. Cadwyd yr oged ddrain dros hanner cyntaf yr ugeinfed ganrif am ei bod yn dra effeithiol i wasgaru gwrtaith fferm ar dir glas. A hyd yr Ail Ryfel Byd carclwydi oedd gan bysgotwyr glan môr i gludo rhwydi o'u tai i'w cychod. Gwelais ddefnyddio carclwyd yn rheolaidd i gludo tail i'r tir gwair hyd yr 1950au ar le dwy fuwch ger fy nghartref. Roedd y lle yn rhy fach i gynnal ceffyl, a'r tir yn rhy llethrog a thwmpathog i ddim ag olwynion arno. Y carclwyd a'i cadwodd rhag bod yn dir gwyllt, pwynt y mae'n werth ei nodi at yr hyn fydd dan sylw maes o law. Er hynny, nid offeryn cymwys ydoedd at brif waith 'lle jogel' na 'lle mawr'. Noder y gair 'carcywen'. Ni wn ei darddiad, ac nis clywais fel enw ond fel berf yn unig. Ai math o gar, fel carclwyd ydoedd? Os felly mae beirniadaeth yn y llafar. Ar dafod leferydd gwneud gwaith ofer oedd 'carcywen', fel cario glo i'r Fflint.

5. Y TIR A OEDD 'FOR THE MOST PARTE WILDE GROUND CALLED IN WELSH TIR MYNYTHE OR TIR MANE' (ond nad oedd i gyd felly): Ymddengys mai tir pori oedd y gweddill, tir na fedrid ei drin (hyd yn oed os oedd yn addas at hynny) oherwydd prinder achles. Ond am y tir gwyllt fel y cyfryw, nid oedd ond un ffordd i'w drin, glwt neu lain ohono ar y tro, trwy ei 'fetino' chwedl llafar Sir Gâr hyd ganol yr ugeinfed ganrif, gair a addaswyd o *beating* y Saesneg.

Dyma a ddywed George Owen: 'They use also in this country much beating and burning the land, wherein they sow most commonly rye and sometimes barley and oats . . . thereof often cometh great profit, but this is ... a great impairing of the ground, for after the rye and one bad crop of oats there will be no more corn to be had thereof for twenty or four and twenty years after, and for a year or two scarcely any pasture. But there is much ground in this shire that bearing but heath and small furze, and shallow withall, cannot be otherwise manured but in this sort, and in those places this kind of ill-husbandry is to be borne withall.' Felly y byddai yntau'n trin ei dir, fel y dengys y dyfyniad hwn sy'n cyfeirio at ei wariant ar Courthall Farm yn 1593: 'For beating and burning 3 acres of beatland for rye – 44s.' Gan mai ei eiddo ef oedd fferm Cwrt ger Eglwyswrw, efallai mai hon oedd y fferm dan sylw. Dyma'r driniaeth a anogid gan lawer o wŷr blaenllaw ffermwriaeth yng ngwledydd Prydain ar gyfer gwella tir gwael neu dir garw o leiaf hyd ddiwedd y ddeunawfed ganrif a dechrau'r bedwaredd ar bymtheg.

Fe ymhelaethodd George Owen ar 'beating and burning' gan sôn un ai am lwyr ddigroeni llain neu glwt o'r tir, neu am ddigroeni bob yn ail stribyn yn unig a throi'r tywyrch a godwyd wyneb i waered ar y stribynnau nas codwyd. Wedyn fe gâi'r cyfan bydru cyn ei losgi. Ar ôl ei drin fel hyn roedd wyneb y tir yn fraith neu'n frith neu wedi ei frychu; awgrymwyd gan eraill eisoes mai dyma sy'n esbonio llawer enw fel Gelli Fraith a Brithdir a Brechfa (gan mai ffurfiau ar yr un gair yw 'brech' a 'brych'). A thybed ai'r clytiau hyn yn y *wilde ground* ys dywedodd George Owen oedd y 'Tir Mane' y soniodd amdano hefyd?

Wrth 'fetino' (yn y cyfnod o fewn cof) ni fyddid yn digroeni prin mwy na thrwch modfedd o'r wyneb; adwaenid y clwt a ddigroenwyd fel 'tir bietin' a'r lludw fel 'lludw bietin'. Digroenid â 'plow' (de Ceredigion). Nid aradr oedd hwnnw ond 'haearn gwthio' (Ceredigion eto), sef *breast plough* y Saesneg, sydd ei hun yn enw camarweiniol gan mai at frest y ddaear y cyfeiria'r enw nid at frest y gwthiwr, ac â'r cluniau y'i gwthid ef, nid â'r frest. Gwneid hyn gan ambell un hyd yr 1950au o leiaf heb fod nepell o Aberystwyth, rhwng Capel Seion a Phontarfynach, at un pwrpas yn unig, sef tyfu planhigion bresych a fyddai'n gwbl rydd o'r *club root* a allai eu sarnu. Clywais am 'blowo' i'r un perwyl gerllaw Castellnewydd Emlyn yn ystod yr ugeinfed ganrif. A hyd yr 1920au byddai llawer un yn gwaredu tir rhag chwyn trwy 'blowo' ei wyneb a llosgi'r chwyn cyn ei aredig; yna fe gyfrannai'r 'lludw bietin' at yr achles. Ar yr Epynt fe allai un gŵr 'fetingo' (ffurf leol y gair) rhyw chwarter erw'r dydd, yn ôl ac yng nghof y rhai a ddifeddiannwyd pan gydiodd y wladwriaeth yn 1940 yn nhir y fro honno.

Byddid yn 'plowo' hefyd i 'dorri mate'. Clytiau o dywyrch oedd y 'mate'. Roedd eu hangen ar gyfer gorchuddio neu doi claddau tatw, ac fe'u torrid ar rostiroedd, megis ar ros Ffostrasol. Ac afraid dweud nad oedd angen claddau tatw yn hir wedi oes George Owen.

Cyfunir nifer o'r nodweddion a nodwyd uchod yn yr enghraifft a ganlyn, sef fferm y Plas ger Aber-porth, fferm a ddiflannodd pan rannwyd ei thir wedi'r Ail Ryfel Byd. Mae yna gyfeiriad ati yn ystod oes George Owen; fe'i henwir mewn dogfen o'r flwyddyn 1594, 'Plas y Ddôl Fawr'. Nid oes map ohoni cyn 1810, ac erbyn hynny roedd rhan helaeth o'i thir agored wedi ei threfnu'n gaeau â chloddiau yn eu gwahanu. Ond roedd un darn o'r tir agored gynt ar ôl, a'r enw a gafodd hwnnw gan y gŵr a luniodd y map oedd *open ground*. Eithr cadwyd ei enw priod ar lafar, sef 'Cef(e)n Ffald'. Dengys map 1810 mai enw'r cae oedd yn uwch i fyny'r un gefnen (ac a amgaewyd o'r *open ground*) oedd 'Parc y Bietin', tra oedd pen pellaf tir y Plas wedi ei wahanu'n 'lle bach', ac enw hwnnw oedd 'Cefn Brechfa'.

Mewn perthynas â'r uchod, mae'n briodol cyfeirio at syniadau Francis Payne, gŵr â'i feini prawf ei hun ar gyfer dehongli gwaith cefn gwlad. Mynnai bwysleisio i raddau helaethach nag eraill bwysigrwydd amaethu, hynny yw, trin y tir yn hytrach na magu creaduriaid, nes y newid a ddaeth yn hynny o beth yn ddiweddar yn y bedwaredd ganrif ar bymtheg. Y newid mawr arall, yn y cyfnod diweddar iawn, yn nhyb Francis Payne, oedd hwnnw pan ddechreuodd trigolion ffermydd brynu eu bwydydd yn bennaf yn hytrach na darparu ar gyfer eu hunain. (Dywedodd hen ddwylo de Ceredigion wrthyf mai yn ystod yr 1920au y medrent am y tro cyntaf brynu blawd at bobi yn rhatach na dwyn eu gwenith eu hunain i'r felin i'w falu, fel nad oedd mo'r un rheswm i'w hau bellach gan mai 'at iws y tŷ' y'i heuid. Ac o dipyn i beth gorffennwyd bwyta bwydydd blawd ceirch; ar ôl gorffen eu bwyta'n rheolaidd parhawyd i baratoi sucan i'w ddwyn i'r caeau yn ystod y cynhaeaf gwair hyd tua chanol yr 1920au, yn ôl a glywais.) Hyd y newidiadau hyn, credai Francis Payne fod yna resymau cadarn dros gadw at offer (fel y carclwyd a'r car llusg) ac at ddulliau a gollfernid gan lawer am mai pethau oes a fu oeddynt. Barnai fel hynny am y 'betino' a grybwyllwyd uchod.

§

Mae'n hawdd iawn synio am yr amaethu yr edrydd George Owen amdano yn ôl syniadau a dulliau ac arferion nad oedd eto'n bod pan oedd ef yn traethu. Ond nid oedd yr amaethu a ddisgrifir ganddo yn hynod nac yn anghyffredin yn ôl syniadau ei oes ef nac am gryn amser wedyn. Ar hynny yr ymhelaethir yma. Grawn fu prif gynhaliaeth dynion dros hir ganrifoedd a gwellt ynghyd â phorfa fu prif gynhaliaeth y creaduriaid. Y cnydau yn hytrach na'r gwartheg nac unrhyw greaduriaid eraill a gafodd y prif sylw gan George Owen, yn union fel gan eraill a fu'n ysgrifennu am amaethyddiaeth. (Ychydig a ddywedodd ef am wartheg oddieithr mai 'kine of the country breede' oeddynt.) Dull arferol a rheolaidd yr amaethu a ddisgrifir ganddo (cofier nad ydym yn sôn am sir Benfro *down below*) oedd troi rhannau helaeth o'r tir i dyfu ŷd am lawer blwyddyn nes i'r cynnyrch fynd yn brin, ac wedyn eu gadael yn dir pori nes bod eu hangen eto ar gyfer eu troi a'u hau – ac eithrio'r tir a gedwid dan ŷd yn barhaus. Cofnodid amaethu yn yr union un ffordd yn Nyfnaint, ac yng Nghernyw hyd ddiwedd y ddeunawfed ganrif, a hyd ddiwedd y ganrif honno hefyd yn nhir isel swydd Lincoln, er enghraifft, nad yw ond trwch y ffin o sir yr 'Amaethyddiaeth Newydd', sef Norfolk, ac yng ngogledd Lloegr yn Cumberland. Fe ddywedir gan William Marshall ac Arthur Young, yr enwocaf o'r rhai a fu'n traethu am amaethyddiaeth yr oes, fod gweithredu fel hyn yn 'pretty common . . . to the kingdom at large' hyd ddechrau'r ddeunawfed ganrif, ac i hynny barhau hyd ddiwedd y ganrif honno mewn rhai ardaloedd. Nid rhyfedd hynny gan mai amaethyddiaeth ar gyfer tiroedd ysgafn sy'n sychu'n gyflym ac sy'n rhwydd i'w troi oedd 'Amaethyddiaeth Newydd' y ddeunawfed ganrif, yn hytrach na dull oedd yn addas ar gyfer pob math o dir. Cofier hefyd am un ystyriaeth sy'n anodd ei thrin oherwydd prinder tystiolaeth. Ymddengys fod dulliau amaethu oes George Owen a chryn amser wedyn yn addas ar gyfer hinsawdd oerach a gwlypach nag a gafwyd maes o law. Tybir mai yn ystod y ddeunawfed ganrif y daeth gwelliant parhaol, yn oes yr Amaethyddiaeth Newydd.

Yn Lloegr, un rhanbarth na fedrodd yn hawdd ddygymod â'r Amaethyddiaeth Newydd oedd tiroedd cleiog canolbarth y wlad honno, y tiroedd ŷd pwysicaf nes sefydlu'r dulliau newydd. Yno ceid dywediad sy'n berthnasol i'r cyfan o'r amaethu gynt, 'No food, no stock; no stock, no dung; no dung, no corn.' Roedd yna gyfres o ddolenni: heb ragor o achles ni ellid codi rhagor o fwyd, ond heb ragor o fwyd i'r creaduriaid ni fyddai rhagor o achles at godi rhagor o fwyd. Ofer fyddai hau cnwd newydd ychwanegol heb wneud dim arall; ni thyf cnwd heb achles o ryw fath iddo, a bu bwydydd anifeiliaid yn brin hyd yr ugeinfed ganrif. Byddid yn dwyn y buchod at y teirw er mwyn iddynt fwrw lloi yn y gwanwyn. Y tymor hwnnw fe fyddai porthiant i'w gael pan ddeuai tyfiant newydd – ond gallai hwnnw fethu ac adwaenwn lawer un a gofiai am y lloi yn marw am nad oedd bwyd iddynt.

Ar wahân i wair a gwellt fe sonia George Owen am fwydo eithin i'r creaduriaid. Hyd o fewn cof, pan fûm i'n holi tua diwedd yr 1950au, byddai ffermydd yn hau eithin i'w dorri ar ôl dwy flynedd; ar y clos ceid carreg a gordd bren i ffusto'r eithin cyn ei fwydo i'r ceffylau yn arbennig – fe'i hadwaenid fel 'eithin pwno'. Pan ddaeth y peiriannau tshaffo, yn bur aml yn ystod degawd cyntaf yr ugeinfed ganrif disodlwyd yr 'eithin pwno' gan yr 'eithin tshaffo'. Roedd yn rhoi 'sglein ar got y ceffylau', chwedl rhai. Mae ar gadw ddisgrifiad o drin yr eithin ar gyfer ei fwydo i'r creaduriaid yn *Cofiant Caleb Morris* (1900), gŵr o ardal Eglwys Wen yng ngogledd sir Benfro a fu fyw rhwng 1800 ac 1865:

> Yr oedd un gorchwyl yn neilltuol o atgas ganddo, sef 'pwnio eithin'; . . . mae yn anhawdd dychymygu gwaith mwy caled a mwy annyddorol, . . . Pan oedd y gwellt a'r gwair yn brin, torid eithin i'r anifeiliaid. I'r ceffylau y rhoddid hwynt fynychaf, ac i'r perwyl hwn caent eu malu yn y felin eithin. Ond os byddai y bwyd yn brin iawn, rhoddid eithin i'r gwartheg hefyd. Cyn gwneud hyny yr oedd yn rhaid eu pwno nes llyfnu pob pigyn. Gwneud hyn ar gefn carreg, gyda gordd haearn a choes bren. Cymerid awr neu ddwy i bwnio cafned bychan, ac nis gellid gwneyd hyny heb golli llawer o chwys a phigo'r dwylaw.

Yn gyfatebol i'r prinder bwyd, ac yn anorfod, roedd prinder achles. Yn yr Oesau Canol argymhellai Gwallter o Henlai gymysgu pridd a thail ar gyfer achlesu'r tir. Yn ystod oes George Owen dyna hefyd oedd argymhelliad Richard Surfleet (yn 1600). Clywais i amdano yn ne Ceredigion wrth yr enw 'pridd a dom', ond ni wyddys pryd y dechreuwyd ag ef yn y rhanbarth hwn. (Os â chalch y cymysgid y pridd, dyna 'bridd a chalch'; afraid dweud mai dom a chalch oedd y prif wrteithiau o lawer iawn yn y cyfnod cyn *guano* a dyfodiad *basic slag* yn ystod y bedwaredd ganrif ar bymtheg, sef dros gyfnod dibyniaeth ar gynnyrch lleol yn hytrach na mewnforion.)

Byddid yn llythrennol yn aredig er mwyn cael pridd i'w gymysgu â'r tail o'r clos. Disgrifiodd T. J. Jenkin (1885-1965) hynny yn fanwl ar fferm Budloy yng nghyffiniau Maenclochog ar droad y bedwaredd ganrif ar bymtheg a'r ugeinfed. Mab Budloy oedd ef; bu'n gweithio gartref nes cyrraedd 24 oed ac aeth ymhen y rhawg i Goleg y Brifysgol, Aberystwyth. Maes o law fe'i penodwyd yn Athro Botaneg Amaethyddol yno ac ymhen rhai blynyddoedd yn Gyfarwyddwr y Fridfa Blanhigion yng Ngogerddan, yn olynydd i Syr George Stapledon. Roedd ymhell o fod yn ddiystyrllyd o ddulliau'r amaethu a wybu ef yn Budloy; maentumiai fod yr achlesu â 'phridd a dom' a gollfernid gan arbenigwyr yn gyffredinol yn well at amaethu yng ngogledd sir Benfro na'r dulliau a argymhellid gan lawer eraill – ac eithrio'r gwaith hir a llafurus a chostus, roedd yn rhaid wrtho ar gyfer cymysgu'r pridd a'r dom yn drwyadl cyn ei wasgaru naill ai ar dir coch neu ar dir gwair.

Edrydd ef fel hyn am agor grwn: 'Yna . . . erddid dwy neu dair cwys a chesglid y cwysi hyn . . . yn dair neu bedair tomen . . . tua 50 llwyth (cart) o gwysi ym mhob un . . .' Maes o law ychwanegid 'rhywbeth yn agos i lwyth o ddom ar gyfer pob llwyth o bridd', ac ymhen y rhawg fe fyddai 'o leiaf dau can llwyth o bridd-dom i wasgar'. Yr oedd y cofnod diwethaf a welais am weithredu fel hyn mewn dyddiadur a gedwid gan fferm Penlan (110 erw) ym mhlwyf Blaen-porth. Dros y pedair blynedd 1904-7 fe gartiwyd ar gyfartaledd o leiaf 151 llwyth o ddom yn flynyddol (nid yw'r cofnodion yn gyflawn), ac fe gofnodwyd paratoi 'pridd a dom' ar 21 Chwefror 1907. Mae'n debyg y parhawyd â hyn hyd y Rhyfel Mawr; erbyn hynny nid oedd bellach ddigon o weithwyr i ymgymryd â gwaith mor llafurus â chymysgu'r pridd a'r dom cyn ei wasgaru. Bryd hynny, y 'ca(e) tato' yn unig a achlesid â 'dom crai' chwedl T. J. Jenkin, o'r domen ar y clos.

Clywais am un ffordd arall o drin 'pridd a dom' gan ŵr a fu wrth y gwaith hyd y Rhyfel Mawr. Yn unol â honno, cymerid pridd o'r cwysi wrth aredig y talarau yn hytrach nag o'r cefnau, ei gludo i gae cyfleus lle y taenid y dom arno, ac ymhen y rhawg cymerid y dom yn achles i'r tatw a'r pridd a oedd erbyn hynny wedi ei drwytho â'r gwlyborwch o'r dom yn achles i'r erfin.

Cyn gynted ag y daeth y 'beinder' ni fedrid aredig bellach yn ôl trefn cefn a rhych, ac felly ni ellid y dull a ddisgrifiodd T. J. Jenkin, ond gellid cymryd pridd o'r talarau.

Clywais hefyd am adael tir coch yn fraenar haf ('ei barchu dros yr haf', ys dywedid), nid o anwybodaeth na glynu wrth hen ddulliau ond oherwydd prinder achles ac anallu i brynu digon ohono. Gan hynny, gorau peth oedd braenaru ac achub cyfle i lanhau'r tir.

Rhaid addef y gall y manylion hyn am gyfnod diweddar gamarwain am ganrifoedd cynt pan nad oedd yna gynifer o bobl na chreaduriaid na thail na cheirt, ond dychmyger anhawster achlesu'r tir yn ystod oes George Owen a thros hir genedlaethau ar ôl hynny. Mewn adroddiad ar amaethu yn ne Cymru a gyhoeddwyd yn 1814, er enghraifft, dywedir fod gŵr oedd yn hen y pryd hwnnw yn cofio'r amser pan nad oedd ond dau gart ym mhlwyf helaeth Penbryn:

> Within the memory of a person now eighty years of age there were only two carts in the parish of Penbryn, near Cardigan . . . There are now in the same parish sixty carts.

Awgryma hyn fod newid ar droed y pryd hwnnw.

Er hynny, nid yw'r dystiolaeth yn ddiamwys oherwydd dengys ewyllysiau fod ceirt ar ffermydd cefnog erbyn canol y ddeunawfed ganrif: er enghraifft, ewyllys 'David Griffiths, Moelon (Rhydlewis) *gent*', 1743, sy'n gadael dau gart i John ei chweched fab, ac eto ewyllys (1757, profwyd 1758) 'James Griffiths, *clerk*' a adawodd i'w frawd John Griffiths, Pantswllt (yng nghyffiniau Talgarreg), ei 'best longbodied and closebodied cart'. Mae llechres eiddo yr un 'John Griffiths, Pantswllt, *gent*' yn sôn hefyd am 'Implements of Husbandry, Carts, etc.' Nid yn annisgwyl fe gafwyd ceirt ar y ffermydd mwy cyn eu cael ar y ffermydd llai.

Fe wynebai anawsterau megis y rhai uchod y sawl a fynnai achlesu ei dir â'r gwrteithiau eraill y sonia George Owen amdanynt. Calch, medd ef, oedd y pennaf ohonynt, gan ychwanegu: 'This trade of lyminge hath been more used within these thirtie or fortie yeares than in times past . . .' Er hynny, mae lle i gredu na fedrid calcho yn helaeth ond yng nghyffiniau ardaloedd calchfaen yn sir Benfro megis yn sir Gâr.

Mae cyfres o lyfrau porthladd 'Aberteifi' ar gadw rhwng 1603 ac 1709 er yn hynod fylchog. Nid oes un llyfr ar gadw rhwng 1623 ac 1660 er enghraifft; maent yn brin cyn 1623 ond yn llawnach ar ôl 1661. Ac ar gyfer y cyfrifon hyn golygai 'Aberteifi' bob porthladd o Abergwaun i Aberaeron gan gynnwys y ddau le hynny, nid tref Aberteifi yn unig. Yn y llyfrau ni chofnodwyd ond un llwyth yn unig o gerrig calch dros yr holl gyfnod, sef cargo o gwlwm a cherrig calch o Filffwrd i Aberteifi yn 1605, ac wrth gwrs roedd angen calch at fortar yn ogystal ag at wrteithio'r tir.

Mae cofnodion cyson o lwythi glo o Filffwrd; er enghraifft, pum llwyth yn 1616 a phedwar yn 1661, pedwar arall yn 1666 ac yn ysbeidiol dros yr holl gyfnod. Cofnodwyd hefyd lwythi o gwlwm yn 1681, 1682, 1698, 1699 (pedwar llwyth o No(w)lton, sydd yn yr union ardal y mae sicrwydd i gerrig calch gael eu hallforio ohoni mewn cyfnod diweddarach), 1700, 1701, 1703, 1704 (pum llwyth) ac 1707 (saith llwyth). Mae'n hynod iawn na oroesodd cyfrif am hyd yn oed un llwyth o gerrig calch ar wahân i lwyth 1605 os oedd yna allforio helaeth o'r rheini i 'Aberteifi'.

Mae'r allforion o 'Aberteifi' hefyd yn berthnasol, pysgod hallt (mewn casgenni) yn bennaf, ond hefyd allforion o ŷd – gwenith, ceirch, haidd, rhyg, pilcorn, a brag. Yn 1698, blwyddyn eithriadol fe ymddengys, ŷd oedd rhan neu'r cyfan o'r cargo 94 o weithiau. Mae'n debyg y gwrteithid y tir â gwymon ac â thywod (calch yw defnydd y cregyn sydd wedi eu malu'n ddarnau gwynion mân ynddo). Dywed George Owen yr achlesid y tir fel hyn ym mhlwyfi Aberteifi, Mwnt, Y Ferwig, a Llangoedmor, ardal a fu'n enwog am 'lafur had' hyd yr ugeinfed ganrif.

Marl clai, sydd eto â chalch ynddo, yw'r prif achles arall y sonia George Owen amdano; mae hwn i'w gael, medd ef, yng Nghemais ynghyd â'r ddau Emlyn (Is ac Uwch Cuch), o'r Dinas yn sir Benfro hyd at Ben-boyr yn sir Gâr. Ac yna ceir ganddo eiriau sy'n amlygu ei ogwydd:

> And out of this compass I cannot hear the same is found, I think more for want of industry than otherwise, for if this kind of marl be the fatness of the earth and gathered together by the deluge, as is very probable, then seeing the deluge was over the face of the earth, I see no reason but that the same should be also found in most countries.

Tybed yn ôl pa feini prawf y pwysai ac y mesurai ef bethau cyn traethu fel hynny?

Cyn troi at ystyriaethau gwahanol fe nodwn syniadau Francis Payne am waith aredig dros y canrifoedd, gan gynnwys dyddiau George Owen. Yn ei dyb ef gellid aredig yn gywrain er yn araf gyda gwedd o hyd at chwech neu wyth ych. Pan nad oedd angen i unrhyw un gŵr ddarparu'r cyfan o'r wedd a'r cyfan o'r cyfarpar, roedd gwedd fel hynny yn ymarferol, sef dan drefn cyfar, cydaredig, yng Nghymru gynt yn ôl rheolau manwl Cyfraith Hywel. (Ceir tystiolaeth am wedd o wyth ych yn Nhre-fin yn sir Benfro yn ystod y bedwaredd ganrif ar ddeg.) Gyda gwedd o geffylau fe ellir aredig nid yn unig yn gywrain ond yn gyflym hefyd, eithr ni fedrir cystal gwaith â gwedd gymysg o ychen a cheffylau gan fod nodweddion a symudiadau ceffyl ac ych mor wahanol. Cyn gynted ag y darfu am y cydaredig roedd rhaid i bob un ddarparu ei wedd ei hun, ac ar ffermydd bychain fel oedd yn niferus yn ne-orllewin Cymru golygai hynny yn ymarferol weddoedd cymysg, gan fod angen ceffyl at amryw orchwylion o gwmpas fferm. Nodwyd eisoes fod George Owen yn sôn am y gweddoedd cymysg hyn. Fe'u gwelid yn Lloegr hefyd; ni chyfyngid hwynt i Gymru. Fe nodir yr union weddoedd cymysg yn yr adroddiadau a gyhoeddwyd yn 1794 ar amaethyddiaeth yn y de-orllewin. Hynny yw, roedd gwaith aredig wedi dirywio erbyn i George Owen roi pin ar bapur a bu'n hir iawn cyn iddo wella. A go brin y gwellodd yr erydr chwaith dros yr un blynyddoedd.

Caemewn, Caeallan

Dywedir fod amaethu fel a ddisgrifir gan George Owen yn gyffredin gynt. O Ddyfnaint i Ynysoedd Erch mae cyfrif am ddeuoedd o enwau cyferbyniol sydd bob un yn cyfeirio at y modd y rhennid tir gynt ar gyfer ei drin a'i gnydio, naill ai rhannu tir un fferm neu rannu tiroedd pentrefyn neu bentref cyfan. Yn Ynysoedd Erch roedd *inlands* ac *outfield*, ac ar dir mawr yr Alban *intoun* ac *outset* (ar un adeg roedd *tun* neu *ton* ac yna *town* yn golygu tir, fel 'tref' y Gymraeg, yn hytrach na chasgliad o dai annedd ac ati). Ac ar dir mawr yr Alban eto, mewn lleoedd megis Galloway, ceid *croft* ac *outfield*; yng nghyffiniau Aberdeen ceid *intill* ac *outground*, ac yn Northumberland naill ai *townfield* neu *infield* ar y naill law neu *outfield* (neu *fell*) ar y llall. Mewn rhannau eraill o ogledd Lloegr, gan gynnwys swydd Efrog, ceid *inground* a *fortir* neu *forland*, sef y tir tu faes i ffin yr *inground*. Yn Rossendale yn swydd Gaerhirfryn gwahaniaethid rhwng yr *inpasture* lle roedd y tir âr a'i sofl i'w bori, a'r *outpasture*, sef tir pori yr *outfield*. Ac mewn pentrefi amaethyddol bychain yn Nyfnaint, pentrefi a fu unwaith bob un yn nwylo arglwydd, enw'r tir yn union ar bwys y pentref oedd naill ai yr *inground* neu'r *bondland* (y tir y bu gwŷr yn rhwym i weithio arno), tra yr *overland* (sy'n cyfateb yn union i *fortir*) oedd y tir tu faes i'r *bondland*.

Fe ellir disgrifiad cyffredinol o'r cyferbyniadau a welir uchod heb drafferth, megis y'u cyflwynir mewn diagram, dyweder. Yma fe drosir *infield* ac *outfield* yn 'caemewn' a 'chaeallan': yn nhafodiaith y de-orllewin 'ca' miwn' neu 'barc miwn' a 'cha' mas' neu 'barc mas' fyddent, ond 'doedd mo'r fath enwau sy'n drawiadol ac efallai yn arwyddocaol. Cofier mai ymadroddion brodorion ydyw'r uchod, nid eiddo ymchwilwyr. Y caemewn (ac ati) yw'r cylch o dir o amgylch yr anheddfan boed hwnnw'n dŷ fferm neu bentrefyn neu bentref o dai fferm. Mae'r caemewn y tu mewn i'r caeallan sydd yn ei dro fel cylch o amgylch y caemewn. Yn yr Alban, o ble y daw llawer o'r wybodaeth fanwl am *infield* ac *outfield*, fe amgaeid y caeallan gan glawdd terfyn, yr *head dyke*. Ac yn yr Alban eto enw'r tir garw y tu draw i'r clawdd terfyn oedd y *muir*, ac eithrio ar hyd glannau'r môr lle y'i hadwaenid fel y *links*. Afraid dweud mai yno, yn aml ar dir tywodlyd, y chwaraeid golff yn gynnar yn hanes y gêm.

Nodwedd y caemewn ym mhob man oedd y byddid yn ei gnydio'n barhaus, gan ei achlesu â'r cyfan o'r tail o'r buarth ynghyd â phob gwrtaith arall oedd wrth law, ac fe allai hynny gyfyngu arno yn ôl pa faint o achles oedd ar gael iddo. Nodwedd y caeallan oedd y byddid yn cnydio talwrn ohono ar y tro ar ôl yn gyntaf ei achlesu drwy ffaldio anifeiliaid arno. Ac wedi darllen George Owen, nid yw'n annisgwyl clywed y gellid codi cnwd ar rannau eraill ohono o dro i dro trwy ei fetino. Ond fel arfer, haidd oedd cnwd y caemewn yn yr Alban a cheirch oedd ŷd y caeallan. Yn gyson, a hynny tra byddai'r haidd yn tyfu yn y caemewn, porid rhai o'r creaduriaid yn y caeallan liw dydd a'u ffaldio yno liw nos, a chan fod y ceirch yn tyfu yno byddai angen bugeilio liw dydd neu ynteu godi clawdd tyweirch i warchod y cnwd. Ar yr un pryd troid y rhelyw o'r anifeiliaid i bori'r tir garw, y *muir* a'r *links*. Ac ar ôl cynaeafu'r caemewn fe droid y creaduriaid i bori'r sofl yno nes dod yr amser i'w cadw dan do yn y beudai. Yn hynod, nid oes sôn yn y drefn o gaemewn a chaeallan am dir gwair fel y cyfryw, er bod yna sôn am gynaeafu gwair ar ddarnau addas hwnt ac yma yn y tir garw.

Yn y drefn 'caemewn/caeallan' a grybwyllwyd uchod, fe nodwyd cyferbynnu *croft* ac *outfield*. Nid yr un oedd *croft* yn Lloegr ac yn yr Alban. Yn Lloegr golygai *croft* gae o dir âr neu dir pori, yn aml gerllaw'r tŷ annedd er nad oedd hynny'n anorfod, neu fe allai *croft* fod yn gae o dir glas ar ucheldir bellter ffordd o'r tŷ annedd. Yn yr Alban rhoddwyd breiniau arbennig i grofftwyr gan ddeddf 1886, ond nid at hynny y cyfeirir yma. Cyn y ddeddf honno ac ar wahân iddi, fe olygai *croft* ddau beth, yn gyntaf 'lle bach', ac yn ail tir a gnydid yn ddi-dor, hynny yw y caemewn yn gyferbyniol i'r caeallan. Yn gytafebol, roedd *crofting* yn golygu dau beth, sef gweithio lle bach, a hefyd cadw tir dan gnydau yn ddi-dor. Is-ddeiliaid oedd crofftwyr un tro, deiliaid i ddeiliaid, sef deiliaid i ffermwyr a oedd eu hunain yn ddeiliaid, ac yn hynny o beth cyfatebai'r crofftwyr i 'ddeiladon' de-orllewin Cymru gynt. Y ddolen gydiol rhwng dau ystyr *croft* oedd hyn – dros rannau helaeth o'r Alban fe ddaliai crofftwyr eu tir yn y *croft*, sef y caemewn a erddid yn ddi-dor, ond nid yn y caeallan. Talent eu rhent mewn dyledion gwaith, er enghraifft dyddiau o aredig, llyfnu, a chynaeafu gwair ac ŷd. Yn y dyddiau cyn mecaneiddio pan gyflawnid gwaith fferm â dwylo, roedd dyledion gwaith yn gyffredin, fel oedd rhwymo-at-waith ond am dâl (fel 'deiladon' de-orllewin Cymru). Trefn fel honno oedd trefn y *sharecroppers* mewn rhannau o'r Unol Daleithiau, er enghraifft, hyd yr Ail Ryfel Byd: roeddynt ar gael at waith y ffermydd a feddai eu 'llefydd' pryd bynnag y byddai angen gweithwyr, fel y byddai adeg y cynhaeaf. Ynglŷn â'r Alban, rhag camarwain, nodwn fod yna sawl math o is-ddeiliad ar un adeg; y crofftwyr oedd un ohonynt.

Mae cyfrif yn nwyrain Lloegr am rannu'r tir a'i gnydio mewn ffordd sy'n cyfateb i gaemewn a chaeallan, ac ar dir mawr Ewrop hefyd. Mae tystiolaeth lawn am hynny ar dir tywodlyd y Breckland yn swydd Norfolk hyd hanner cyntaf y ddeunawfed ganrif, er heb enwau sy'n cyfateb i 'gaemewn' a 'chaeallan' am a wn i. Roedd *breck* yn golygu 'rhos', a hefyd ddarn o dir a amgaeid o'r rhos, ac mewn rhai ardaloedd yn Lloegr golygai'r gair dalwrn o gae y'i cnydid ar wahân i weddill y cae hwnnw. Mae hefyd dystiolaeth o *infeldlond* ac *utfeldlond* mewn cysylltiad â phentrefi amaethyddol yn Suffolk yn ystod y bedwaredd ganrif ar ddeg. Ac mewn rhannau o Norfolk (ar wahân i'r Breckland) tua chanol yr unfed ganrif ar bymtheg, fe gyferbynnid *outfield shifts* ac *infield shifts*: yno ni ddaeth yr arfer o rannu'r tir fel hynny i ben yn llwyr nes y bedwaredd ganrif ar bymtheg. Ond ymddengys nad oedd yr *infield* o hyd gerllaw'r pentref y perthynai iddo na'r *outfield* o hyd tu draw i'r *infield* (yn swyddi Norfolk a Suffolk), a thra cnydid yr *infield* yn drymach na'r *outfield* ni ddywedir y cnydid unrhyw ran ohonynt yn ddi-dor.

Mewn gwahanol rannau o Ffrainc gwahaniaethid rhwng gwahanol diroedd mewn dwy ffordd ond i'r un perwyl. Gwahaniaethid rhwng y *plaine* (y gwastadedd) a'r *coteaux* (y llethrau); mewn ardaloedd eraill gwahaniaethid rhwng y *terres chaudes* (y tiroedd poeth) a'r *terres froides* (y tiroedd oer). Cnydid y *plaine* a'r *terres chaudes* yn rheolaidd gyson er nad yn ddi-dor, tra byddid yn aredig talwrn ar y tro o'r *coteaux* a'r *terres froides*. Yn yr Almaen, yng nghyffiniau afon Rhein yn y wlad o gylch Trier, gwahaniaethid rhwng 'tir tail' (*dungland*) y byddid yn ei gnydio'n barhaus, y 'tir gwyllt' (*wildland*) y byddid yn ei gnydio a'i adael yn wndwn am yn ail, a'r 'tir coch' (*rotland*) y byddid yn ei drin a'i gnydio o bryd i'w gilydd. Ac yn nwyrain yr Iseldiroedd ynghyd ag ardaloedd yn yr Almaen ac eto yn rhannau o Sgandinafia, gwahaniaethid rhwng tir y byddid yn ei gnydio'n ddi-dor a thir arall y byddid yn dwyn ei dyweirch i achlesu'r tir a erddid yn barhaus. Gweithredid fel hyn nid yn nhiroedd gorau Ffrainc a'r Almaen ond yn y taleithiau yn ymyl y tir gwell, yn Llydaw a Maine yng ngorllewin Ffrainc, Béarn a rhannau o Provence yn y de, y Vosges a'r Jura yn y dwyrain, a'r Ardennes yng ngogledd-ddwyrain y wlad. Mor ddiweddar â'r 1930au fe drawodd yr Athro Estyn Evans ar drefn nid annhebyg i 'gaemewn/caeallan' yn Iwerddon, yn ucheldiroedd Mourne. A phan oedd y beirniad craff a llym hwnnw, William Marshall, yn ysgrifennu am amaethu yn Lloegr ar ddechrau'r bedwaredd ganrif ar bymtheg, barnai mai dull oes a fu oedd ffermio felly. Er hynny, gan fod amgylchiadau mor amrywiol, credai y gallai ffermio fel hynny fod yn addas byth er gwaethaf y collfarnu arno a glywid yn gyffredin.

Mae dadl ynglŷn â 'chaemewn/caeallan'. Yn ystod y bedwaredd ganrif ar bymtheg ac yn gynnar yn yr ugeinfed, trawodd gwŷr o wledydd Prydain ar bobloedd yn Asia ac yn Affrica a amaethai trwy gnydio tir yn symudol – clirio darn o dir coediog trwy losgi'r gwyrddlas, codi cnydau arno dros dro, symud i fan arall a gweithredu felly am yr eilwaith, gan adael y tir oedd eisoes wedi ei gnydio i adfer yn naturiol. Tybiwyd mai dull cyntefig ydoedd; ac fe dybiodd llawer mai'r un fath o drin tir â hynny oedd cnydio darn o'r caeallan dros dro gan symud i ddarn arall ohono wedyn. Os felly, y caeallan a'r dull o'i drin ddaeth gyntaf, a'r caemewn yn ddiweddarach pan oedd safonau'n uwch a gwell. Ond nid oedd pawb yn gytûn. Canlyniad oedd y caeallan, maentumid, i gynnydd yn y boblogaeth yn yr Oesau Canol, pan oedd yn rhaid ychwanegu at gynnyrch y caemewn oedd eisoes yn bod, ond heb yr adnoddau i ymestyn y caemewn yn gyflawn, na'r bwriad chwaith. Ac er bod ŷd yn dra phwysig ym mhobman gynt, ac angen anifeiliaid ym mhobman am eu tail a'u gwaith, eto roedd y creaduriaid yn bwysicach na hynny yn economi rhai ardaloedd helaeth; yno roedd trefn caemewn ynghyd â chaeallan yn ateb diben codi cnydau a phori anifeiliaid pan oedd yn rhaid dibynnu ar adnoddau ardaloedd nad oedd yn gyfoethog ac oedd droeon ymhell o'r canolfannau poblog a'u gofynion hwy am fwyd a diod. Nid gweddill oedd y caeallan, fe ddywedid, ond rhan o drefn lle roedd yr anifeiliaid yn bwysicach nag oeddynt yn ardaloedd yr ŷd: fe ddychwelir at hyn isod.

Cymhlethwyd y ddadl ynglŷn â 'chaemewn/caeallan' pan awgrymodd Fergus Kelly yn 1977 y dylid trosi fel 'caemewn' air a welir mewn llawysgrif Wyddelig sy'n hanfod o'r wythfed ganrif. Ond mae ystyr y gwreiddiol yn hynod ansicr. Troswyd yr hyn a ganlyn nid o waith Fergus Kelly ond o ysgrif yn y gyfrol *Models in Archaeology*, a olygwyd gan D. L. Clarke ac a gyhoeddwyd yn 1972. Nid adroddiad archaeolegol fel y cyfryw yw'r ysgrif ond ymgais i weld sut mae iawn ddeall natur anheddfan o'r cynoesau trwy ystyried y manylion sy'n hysbys amdano, yn ôl eu perthynas â'i gilydd a'u perthynas â'u cyswllt daearyddol a daearegol.

> Mae yn nhir corsog Ystradau Gwlad yr Haf [y Somerset Levels] anheddfan Oes yr Haearn, tua milltir a thri chwarter i'r gogledd-orllewin o Gnwc Ynys Wydrin . . . a phedair milltir ar ddeg o Fôr Hafren. Rhan oedd y parth hwn o diriogaeth gwleidyddol . . . y llwythau Celtaidd a adwaenir fel y Dumnonii . . . Darganfuwyd yr anheddfan yn 1892, fe'i cloddiwyd rhwng 1892 ac 1907. Wrth gloddio fe ddatgelwyd yr anheddfan, a adeiladwyd ar dwmpathau cyfagos o waith dyn, neu ar granogau o goed a gydglymwyd, mangoed, clwydi, mawn, clai, rwbel, . . . ar gors a thir lleidiog . . . ar lan llyn ac iddi ymylon brwynog helaeth. Amgaewyd yr anheddfan gan balis a chlwyd, neu efallai ddwy, i roddi mynediad i geirt, wageni, cerbydau at ryfel, a da byw yn ystod tywydd sych, tra oedd tramwyfa uchel i alluogi cychod i lanio trwy gydol y flwyddyn . . . Nid oedd yr anheddfan yn ddigynllun . . . goroesodd cynlluniau pendant tai (annedd) a hwnt ac yma ran o'u cynnwys.

Datgelwyd 23 tŷ (annedd) ynghyd ag ystablau neu feudai ar gyfer tua 15 creadur, ysguboriau, ystordai, gweithdai, ac ati: amcangyfrifir mwyafswm o ryw 120 o bobl yn y cyfnod tua 150 CC-50 CC.

> Y prif gnydau a dyfid yn Ynys Wydrin oedd . . . haidd, gwenith a'r ffeuen fach Geltig . . . awgryma'r

> dystiolaeth brin hau haidd gaeaf yn yr ychydig dir sych oedd yn union ar bwys yr anheddfan, a phrif gnwd o wenith gwanwyn a ffa ar dir ffrwythlon draw ar lawr y dyffryn . . . Tebyg yw'r dulliau hyn i arferion yr Oesau Canol yn Ystradau Gwlad yr Haf, ac yn eu ffurf hynafol fel hyn math ydynt o drefn caemewn/caeallan, a hir oroesodd yn yr encilion Celtaidd . . . Yn gyffredin roedd y caemewn yn llai na thraean y tir âr ond fe'i cedwid yn barhaol dan gnydau . . . Yn y caeallan tyfid ŷd a ffa cyhyd ag oedd y cynnyrch yn dderbyniol, yna braenerid y tir a chlwydid da byw arno . . . Tu draw i'r caeallan yn y tir wast codwyd ambell gnwd a phorwyd y defaid . . .

Ond noder a ganlyn:

> Pan ystyriwn bob peth fe ellir cynnig model rheolaidd o'r patrwm o gyfaneddu, ac o'r dull o drin a threfnu ardal, y cyfrannai Ynys Wydrin ynddynt . . . ac er y gall [y model] fod yn afreal fe all [y model] gynnig man cychwyn i ddyfalu pellach at weld i ba raddau y mae (y model) yn real neu afreal.

Os yw'r dehongliad a gynigir yn addas, sy'n ansicr, mae i 'gaemewn/caeallan' dras hynafol ac efallai fod Fergus Kelly yn llygad ei le.

Gwell nodi yma i'r dulliau y daethpwyd i'w hadnabod maes o law fel yr Amaethyddiaeth Newydd gael eu dyfeisio yn Fflandrys a'r cyffiniau yn ystod yr Oesau Canol. Yno roedd dinasoedd diwydiannol megis Cambrai, Ypres, Ghent, Utrecht a Bruges bob un â'i *cloth hall* a'i ffeiriau, yn ymgyfoethogi drwy gynhyrchu defnyddiau gwlanen yn arbennig. Lluniwyd y dulliau amaethu newydd ar dir oedd yn ddiddrwg didda ar y gorau, yn aml ar dir tywodlyd heb foetholion i lysiau, ond tir a oedd yn hawdd ei drin a'i sychu. Fe'i cyfoethogid trwy ei wrteithio yn hynod drwm â thyweirch a gludid ar hyd afonydd a chamlesi o rosydd a adewid yn ddiffrwyth, ac â thail o bob math o'r dinasoedd a enwyd. Nid oedd angen caeallan dan yr amgylchiadau hynny, ond nid dyna amgylchiadau llawer ardal arall.

Yng Nghymru mae tystiolaeth gynnar yn brin yn y de-orllewin ond yn helaethach yn y gogledd-orllewin. Yno, ar Ynys Môn yn ystod yr Oesau Canol, gwahaniaethid rhwng amryw diroedd mewn dwy ffordd at ddau wahanol berwyl, yn ôl y modd yr oedd y tir i'w feddiannu, ac yn ôl ystyriaethau yn ymwneud â ffermwriaeth. Mae cyfrif am dir yr oedd gan set o berthnasau hawl arno, sef aelodau o 'wely', y 'tir gwelyawg'; gwahaniaethid rhyngddo a thir oedd i'w rannu'n gyfartal o bryd i'w gilydd rhwng gwŷr rhwym, sef y 'tir cyfrif'. Yn ogystal ceid 'tir corddlan'. Mae lle i gredu fod hwnnw'n agos i ganol pentref neu bentrefyn, a'i fod wedi ei rannu'n 'erddi', sef lleiniau bychain mae'n debyg, yn hytrach na gerddi fel y synnir amdanynt heddiw. Nid oedd y gerddi hyn ym meddiant neb yn barhaol, ac roedd rhaid i'r rheini a'u daliai eu hachlesu bob blwyddyn, yn wahanol i fathau eraill o dir. Cyfeirir atynt fel y 'gerddi duon', am fod lliw'r pridd, mae'n debyg, yn cael ei dywyllu gan y gwrteithio di-dor. Ni fyddai angen hynny oni bai am y cnydio di-dor. Ymddengys felly fod y tir corddlan yn cyfateb i'r hyn a adwaenir fel caemewn mewn ardaloedd eraill yng ngwledydd Prydain.

Pan droir at yr ail ffordd o wahaniaethu rhwng tiroedd, yn ôl ystyriaethau yn ymwneud â ffermwriaeth, ym Môn eto, yn gynnar yn y bedwaredd ganrif ar ddeg, clywid sôn am ddau fath o dir (ar wahân i gae ar gyfer porfa, a geid ar bwys y tŷ). Mae sôn am y *campi*, y meysydd, sef meysydd o leiniau neu o dalyrnau fel oedd yn gyffredin gynt; yno roedd y tir gorau (a'r ail orau). Ac mae sôn hefyd am y *terra montana*, y tir mynydd, er nad oedd hwnnw prin mwy na 300 troedfedd uwchlaw lefel y môr. Yno byddid yn cnydio rhannau o'r tir dros dro. Mae cyfrif am y *terra montana* yn sir Feirionnydd hefyd, yng nghyffiniau Trawsfynydd, lle roedd tua 1,000 o droedfeddi uwchlaw lefel y môr. Ac er nad yw dweud hynny'n golygu fod 'tir mynydd' yn gyfystyr â 'chaeallan' wrth raid, eto ymddengys fod categorïau George Owen yn hen pan grybwyllodd ef hwynt.

Dros hir amser y drefn amaethyddol a gafodd y prif sylw yng ngwledydd Prydain oedd honno a grybwyllwyd eisoes, ac a luniwyd ar gyfer tir ysgafn yn swydd Norfolk ar sail y dulliau amaethu oedd eisoes yn gyffredin yn Fflandrys. Maes o law cydnabyddwyd fod trefn arall yn bod, un fwy addas at ardaloedd gwahanol i Norfolk, sef y ffermio gwndwn a nodweddai dir cleiog canolbarth Lloegr. Trefn wahanol eto oedd 'caemewn/caeallan'. Nodwyd mai disgrifiad cyffredinol o'r drefn honno a geir uchod, nid cyfrif o unrhyw fferm neu ffermydd fel y cyfryw; hynny yw, cynigir 'model' at ddisgrifio yn hytrach na dim arall. Ac mewn model yn unig roedd pethau'n ffurfiol a rheolaidd gyson. Felly, trown at yr amrywiaeth a fodolai o fan i fan lle bu amaethu 'caemewn/caeallan'. Roedd yr amrywiaeth hwnnw yn annisgwyl ar ambell gyfrif.

Wedi clywed sut y byddid yn trin y caemewn ar y naill law gan osod holl dail y buarth arno, ac yn trin y caeallan ar y llaw arall heb ei wrteithio ac eithrio ffaldio creaduriaid ar rannau ohono, mae'n hawdd tybio mai'r caemewn oedd y pwysicaf o'r ddau ac mai'r caeallan oedd y tir llai addas i'w drin yn drwyadl, ac oedd felly yn fath o weddill, os un helaeth. O bryd i'w gilydd roedd hynny'n wir, eithr dim ond o bryd i'w gilydd.

Nid yw'n rhyfedd fod maint y naill gae yn amrywio o'i gymharu â'r llall mewn gwlad fel yr Alban sydd â dyffrynnoedd helaeth ynghyd ag uchelderau prin eu hadnoddau. Ar ffermydd tir bras cyffiniau Loch Tay ar ddiwedd y ddeunawfed ganrif roedd y caemewn chwarter eto yn fwy na'r caeallan, tra yn yr ardaloedd llai ffrwythlon yn swydd Aberdeen roedd y caeallan fel arfer tua phedair gwaith maint y caemewn; nid oedd hynny'n anghyffredin y tu hwnt i'r parthau breision. Eto, mewn rhannau o dir uchel canol y wlad roedd mwy o gaemewn nag o gaeallan am fod llawer, mae'n debyg, yn dewis canolbwyntio ar y tir oedd ar bwys yn hytrach na gwasgaru adnoddau. Mae'n briodol nodi fod ardaloedd lle nad oedd yna drefn 'caemewn/caeallan' o gwbl, fel yn swydd Inverness; yno ceid ardaloedd lle yr amaethid mewn ffordd dra gwahanol.

Ystyriaethau eraill sydd i'w gweld yn yr hyn a ganlyn. Safai Abaty Coupar Angus ar lawr gwlad ffrwythlon Strathmore yn swydd Perth, ac roedd ganddo ddaliadaethau o amrywiol faint yn y dyffryn. Dywedir fod y rhai llai eu maint i gyd yn gaemewn heb ddim caeallan; mae'n debyg fod *muir* yn rhywle neu fe fyddai'n llwm ar y creaduriaid. Mae'r cofnod cyntaf ar glawr sy'n nodi'r geiriau *infield* ac *outfield* yn yr Alban i'w weld mewn dogfen o eiddo Abaty Coupar Angus, o'r flwyddyn 1473, gryn amser ar ôl 'tir corddlan' Ynys Môn. Os oedd hi'n bosibl i'r caeallan lwyr ddiflannu fel hyn o bryd i'w gilydd, roedd hi hefyd yn bosibl i'r caemewn ddod yn agos i ddiflannu a bod yn ddibwys, fel y gwelir yn y disgrifiad a ganlyn o ffermydd yn Galloway yn ne-orllewin llaith y wlad. Fe'i hysgrifennwyd yn 1794, gan gyfeirio at 40 mlynedd ynghynt.

> About forty years ago the whole agricultural operations were confined to oats after oats, so long as the ground would carry any; and it was afterwards allowed to remain for grass. The only exception to this plan was a small bit of land near the house, called the Bear Fay, which was kept perpetually in tillage, received the whole dung of the farm, and was regularly sown with bear or barley. Little dependence was placed on this crop; while the failure of the oats was looked to with horror, being *considered the next thing to famine in the county.*

Math o haidd yw *bear* neu *bere*; benthyciad o un o dafodieithoedd Lloegr yw *fay* neu *fey* sy'n golygu tir sydd naill ai wedi ei wrteithio neu wedi ei ddigroeni ar gyfer ei gnydio. Dyma a ddywed Geiriadur Cenedlaethol yr Alban am *bear fay*: 'A peece of land lying nearest to their house, and this peece of ground they call their Beir-fay on which they lay their dung before tilling . . .' Collfernid y math hwn o ffermio am fod cynnyrch yr ŷd (y ceirch) yn brin, ond dywedai rhai mai ar gyfer y gwellt yn hytrach na'r grawn y tyfid y ceirch yn bennaf oll, a hynny i fwydo'r creaduriaid. Ni fedr mo'r un planhigyn roi trwch o wellt ac o rawn ar yr un pryd ac ar yr un lluniaeth.

Gwelir fod ffermio yn null 'caemewn/caeallan' mor amrywiol fel y gellir cysoni'r hyn a ddywedodd George Owen ag ef heb drafferth. Ond mae ynddo hefyd awgrymiadau sy'n haeddu sylw'r sawl sy'n ymddiddori yn yr hyn a ddigwyddodd yng nghefn gwlad Cymru. Mae o leiaf debygrwydd (megis a geid ymysg aelodau tylwyth) rhwng y drefn yr edrydd George Owen amdani a'r manylion sy'n hysbys am drefn 'caemewn/caeallan'. A chyn terfynu â'r ymdriniaeth hon, cofier yr arferid dull 'caemewn/caeallan' nid yn unig ar ffermydd bychain ond dros dir pentrefyn neu bentref cyfan, lle roedd llawer fferm bob un â'i lleiniau ar wasgar yn y caemewn. Mae tystiolaeth am hynny yn yr Alban yn y gogledd a Dyfnaint yn y de. Ni ddiflannodd llefydd fel hynny o ogledd sir Benfro hyd y ddeunawfed ganrif, ond mae diffyg tystiolaeth fanwl am yr union ffordd y byddid yn ffermio'r tir yno.

Mapiau Ystadau

Ac eithrio'r calchfaen a geir yn ymyl y maes glo, prin yng nghreigiau cysefin y de-orllewin yw'r cemegau sy'n cyfrannu at gynnal planhigion da. Siâl neu shilsen yw llawer o'r creigiau hynny, ynghyd â thywodfaen mewn rhai ardaloedd; pridd diddrwg didda sy'n hanfod ohonynt yn bennaf. Fe'i cyfoethogir gan gemegau'r llaid a waelododd ar eu harwyneb un tro: lle mae hwnnw'n gleiog yn y pantiau afraid dweud fod y tir yn wlyb a brwynog, ond ar y llethrau ac ar y cefnau isel mae gwell cyfle i gynnal prif waith dynol-ryw.

Bwriedir edrych yma ar fapiau cynnar ffermydd y rhanbarth hwn, mapiau a luniwyd tua chanol ac yn ystod ail hanner y ddeunawfed ganrif. O edrych arnynt fe sylwir ar fanylion sydd yn unigryw, mae'n wir, ond sy'n cyfrif oherwydd eu harwyddocâd o ran amaethu'r cyfnod. Ni chychwynnir gyda'r map cyntaf sydd ar glawr ond ag un sy'n cysylltu'n amlwg â'r hyn a drafodwyd eisoes, sef map fferm y Dyffryn yng nghyffiniau pentref Aber-porth. Lluniwyd y map yn 1773 ar sail gwaith gan Charles Hassal, gŵr blaenllaw ym myd amaethu yn ne-orllewin Cymru, ar gais John Beynon, yswain Tre-wern ger Hendy-gwyn ar Daf, y perchen. Un tro bu fferm y Dyffryn yn rhan, y rhan ganolog, o *grange* o eiddo Abaty Talyllychau, ond pwysicach i'n perwyl ni oedd ei phrynu yn neu cyn 1649 gan aelod o deulu bonheddig Cilbronnau, ac aelodau'r teulu hwnnw fu'n ffermio'r Dyffryn nes iddynt ei gwerthu i John Beynon yn fuan wedi 1765.

Pan edrychir ar y mapiau cynnar fe welir fod un math o fferm yn gyffredin (er nad yr unig fath), sef fferm o dir a ddynododd llunwyr y mapiau yn *open land* neu'n *open ground*, ynghyd â chaeau. Gwelir hefyd fod ffermydd fel hynny ym meddiant bonedd a chyffredin, a bod cryn debygrwydd rhyngddynt a'r hyn a gasglwyd o eiriau George Owen. Amlygir hyn gan fap y Dyffryn (gweler tudalen 144); mae'n arbennig o ddiddorol oherwydd nododd Charles Hassal enw'r tir agored er iddo'i drosi i'r Saesneg, sef *Mountain* ('Y Mynydd'), sy'n dwyn i gof 'dir mynydd' George Owen a *terra montana* yr oesoedd cynt.

Gwell sôn am wedd y tir yn gyntaf oll. Cwyd creigiau'r môr ryw 100 troedfedd, ac oddi yno rhed tir y 'Mynydd' ar i fyny heb fod dim ohono'n uwch na 270-280 troedfedd uwchlaw lefel

Gwelir yn y llun y tir sy'n union o flaen Plas Ffynonne (Ffynhonnau), plwyf Maenordeifi. Mae ei oleddf ar i lawr i'r pant lle llifa afon Dulais.

y môr. Cefnen yw tir y 'Mynydd', ac yn ogystal â'r codiad o ben creigiau'r môr fe gwyd y tir o gwm cysgodol afon Howni (ar waelod y map) i gefnen lydan y 'Mynydd', ac i lawr rhywfaint i gyffiniau Nant yr Helyg (ar ben uchaf y map) sy'n noeth a digysgod: rhed y cyfan i lawr tua'r gogledd. Y 'Mynydd', 87½ cyfer ohono, yw bron hanner tir y fferm. Mae dau beth yn wir am y 'Mynydd'; yn gyntaf mae bron y cyfan o dir uchel y fferm oddi mewn iddo, ac yn ail mae'n cynnwys tir isel hefyd. Cwyd ei lethr yn raddol, felly mae 'rhediad' i ddŵr glaw ac ati, ond nid yw'n serth yn unman fel ag i rwystro ei droi gan ychen neu geffylau. *Arable and pasture* oedd y 'Mynydd', tir y byddid yn ffaldio rhan ohono ar y tro ar gyfer ei achlesu a'i aredig a'i gnydio yn y ffordd a nodwyd eisoes.

Pan ddangoswyd y map i hen ddwylo oedd yn gyfarwydd â ffermio yn y cylch, gan ofyn sut y byddid yn ffermio tir wedi ei rannu fel ar fap 1773, atebwyd heb lawer o betruso: 'O ie, y gefnen i'r llafur a'r ceie i'r creaduried. Wedd ddim llawer ohonyn nhw, fe allent 'u symud nhw o ga' i ga' yn ôl y galw.' Ateb anghyflawn oedd hwnnw wrth reswm, eithr ymddengys nad oedd trefn o dir agored a chaeau yn annealladwy os yn ddieithr. Ond fel y gwelir eto roedd amrywiaeth rhwng ffermydd, ac fel y gwelir hefyd wrth gilio o'r glannau, ac wrth ddringo i dir uwch, roedd 'Mynydd' yn cyrraedd salach tir nag a welir ar y map.

Os yw 'Mynydd' y Dyffryn yn 1773 yn dwyn i gof 'dir mynydd' George Owen, mae'n wir mai prin hefyd oedd ei thir gwair fel y cyfryw. Mae'r clos ynghyd â'r tŷ annedd ar ysgwydd ar y llethr i'r cwm islaw'r tŷ; yn llythrennol 'parc dan clos' oedd un o'r caeau gwair. Gwelir hefyd mai cae eithin yw un o'r tri chae sydd ar ochr ddwyreiniol y 'Mynydd'; nodwyd helbulon trin hwnnw eisoes.

Arable oedd y ddau Barc Gwyn, yr unig dir âr gerllaw'r clos. Os ceid 'the best sorte of corne ground' i'w gnydio'n ddidor, mae'n debyg mai tir y ddau Barc Gwyn oedd y tir hwnnw; ffinio â'r 'Mynydd' a wna'r cyfan o'r tir âr. Ymddengys nad yn hir cyn llunio'r map y gwahanwyd y ddau Barc Gwyn oddi wrth y 'Mynydd' gyda chlawdd rheolaidd rhyngddynt. Ffyrdd di-glawdd oedd yn gyffredin yn yr ardal, fel honno a ddangosir ar y map yn arwain ar draws y 'Mynydd' i bentref Tre-saith. Mae rhannau o'r brif ffordd o Aberteifi i Aberystwyth i'w gweld ar rai o fapiau ystad Noyadd Trefawr (1744-7) sydd ar gadw. Dangosir arnynt ffyrdd di-glawdd yn gyffredin ac eithrio'r cloddiau terfyn lle roedd y ffordd ar y ffin rhwng ffermydd, a oedd yn aml, ond nid yn ddieithriad, â chloddiau yn eu gwahanu. Ar wahân i hynny fe fyddai teithwyr yn tramwyo megis ar hyd ganol cae lle na cheid 'cysgod cawnen', a chan mai yn y cloddiau y tyf rhan helaeth o goed y rhanbarth, di-glawdd a di-goed hefyd.

Am y ffordd o Aberaeron i Flaen-porth yn 1798 meddai Richard Warner, 'a dull unvaried country, consisting chiefly of recent inclosures but completely barren of wood, presented itself for fourteen or fifteen miles.' Ac am ogledd y sir cofnododd Thomas Lloyd am deithwyr a gofiai'r cyfnod 1750-60, 'the road

Yn yr 1740au 'Mynydd Dulais' oedd y tir, yn agored a di-glawdd, a welir yn uwch i fyny, tir âr i gyd (234 erw), rhan o fferm Cnwc y Gigfran (368 erw). Mae'r rhan o'r 'Mynydd' a welir tua 250-400 troedfedd uwchlaw lefel y môr.

from Talybont on the Machynlleth road to Aberystwyth [was] entirely open, without scarcely an interesting shrub, except the woods and hedges on Gogerddan demesne.' Ond gwelir fod clawdd unionsyth yn gwahanu'r ddau Barc Gwyn yn 1773 ynghyd â chlawdd yn gwahanu rhyngddynt a'r ffordd sy'n arwain o Aber-porth ac a ddangosir fel y ffordd i Flaen-porth, a hynny er mai tir yr un fferm oedd oddeutu'r ffordd honno. Tebyg mai cloddiau diweddar oeddynt, fel nad oedd angen mwyach i fugeilio er mwyn gwarchod eu cnydau. Mae hynny'n gyson â sylwadau Thomas Lloyd (y Cilgwyn) a David Turnor (Ffynnon Werfil) yn 1794 mai 'since the peace of 1763' (diwedd y Rhyfel Saith Mlynedd â Ffrainc) yr aed ati o ddifrif i amgáu yn helaeth yn ne Ceredigion.

Gwelir mai 'Y Wern' oedd enw'r cae yn y pant islaw tŷ annedd y Dyffryn, *moor* ys dywedodd Charles Hassal. Os oedd

DYFFRYN

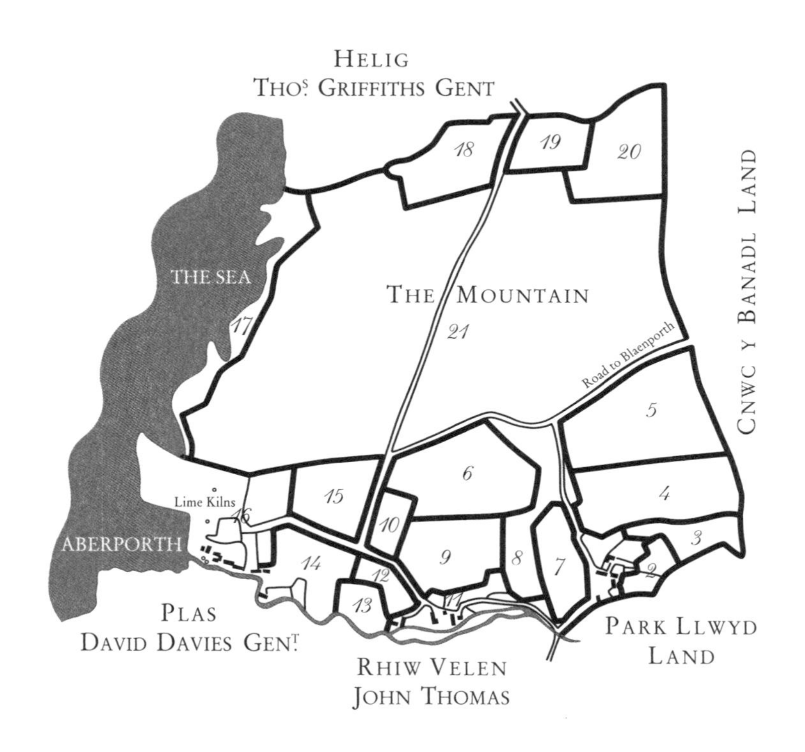

A Map of DYFFRYN in the parish of Blaenporth CARDIGAN*shire, belonging to* John Beynon *Esqr.*

Y Dyffryn, 1773		Roads	Quality	Statute Measure		
				Acres	Roods	Perches
1	Houses, gardens and green			2	3	6
2	Little Hayes		Meadow	1	2	12
3	Wern		Moor	2	3	29
4	Park Gwynn isa		Arable	8	1	27
5	Park Gwynn ucha		Arable	11	0	33
6	Park Llwyn Mamaeth		Pasture	9	1	8
7	Park y Ffwrndu [y tŷ ffwrn?]		Pasture	3	3	17
8	Rhwng y ddau bark		Pasture	2	1	38
9	Park Mawr		Pasture	5	2	30
10	Park Ceffylau bach		Pasture	1	2	30
11	The Mill and ground adjoining		Pasture	4	1	30
12	Park y Clovers		Meadow	1	2	18
13	Park y Velin		Meadow	1	2	24

parhad trosodd . . .

Noder y green *gerllaw'r tŷ yn rhif 1; rhywbeth rhwng lawnt a phorfa, na welid ger tai fferm cyffredin. Er enghraifft, roedd* green *ger tŷ annedd Pennar Isa, yn yr un cylch, cartref i un o ddisgynyddion bonedd Noyadd Trefawr y pryd hwnnw.*

14	Park y Traeth with a cottage and garden		Furze	5	1	8
15	Park newidd		Pasture	4	1	32
16	Aberporth village and ground adjoining			9	3	20
17	The Cliff			4	3	20
18	Park yr Helig isa with a cot and garden		Furze	5	1	37
19	Park yr Helig canol		Arable	3	0	30
20	Park yr Helig ucha		Arable	6	3	6
21	The Mountain		Arable & Pasture	87	2	0
				185	0	15
		Roads		4	0	6
				189	0	21

trefn 'caemewn/caeallan' yn golygu yn llythrennol gylch o dir âr (y caemewn) o amgylch y clos a chaeallan y tu draw iddo, ni fu'r fath drefn erioed yn ateb diben ffermydd fel y Dyffryn. Os yw'n golygu cyfuniad llai ffurfiol o dir i'w gnydio'n ddi-dor a thir arall i'w ffaldio a'i gnydio yn achlysurol, mae hynny'n gredadwy.

Gwyddys y byddai'r creaduriaid yn pori ar y 'Mynydd' tra byddai'r ŷd yn tyfu ac yn aeddfedu; felly byddai angen gwarchod y cnydau. Gwelir yn *Hanes Plwyf Llandyssul* (1896) ddisgrifiad o fugeilio fel y cofid amdano pan gyhoeddwyd y gyfrol honno:

> . . . bydde 'gair neu ddau' . . . am y . . . Bugeiliaid . . .yn ddyddorol, oblegyd ma nhw a'u galwedigaeth wedi darfod erbyn hyn. Nawr 'lwchi, gan fod y ffarmydd heb gloddie a pherthi 'slawer dy, roedd 'ma lot ddiogel o blant crynion (bechgyn fel rheol), o ddeg i daer-ar-ddeg o'd yn bugila. Bydde nhw'n dachre ar i gwaith ym mis Ebrill pan fydde'r defed yn llydnu, ac yn i ddilyn hyd diwedd Medi neu ganol Hydre. Ro nhw'n ennill o ddeg i bymtheg-swllt-ar-hugen y flwyddyn o gyflog. 'Rodd dou neu dri o fugeilied ar bob ffarm; un i ddrychyd ar ol y gwartheg neu'r da hesbon, a'r llall ar ol y defed. [Yn y dafodiaith y da godro oedd 'gwartheg'.] Ro nhw'n codi 'da'r houl, gan fytta brecwast o sopen caws maidd neu lath glas, a bara barlys, a thyna lle buase nhw'n dodi toc o fara a chaws yn i poced, a thoc lweth i Noryn, y ci. Yna fe eithen a'r creduried i rhyw ran o'r ffarm, a'i gwaith nhw oedd gofalu na eithe 'run criadur i'r llafur. Ganol dydd, ro nhw'n arfer godro'r defed a'r gwartheg yn y buarth, ac yn troi'r da hesbon i ga'r nos. Ar ol cino fe elen a'r creduried i ran arall o'r ffarm, a thyna lle bydde nhw'n gofalu am denyn hyd nes ele'r houl i lawr. Fel hyn, 'lwchi, ro nhw'n gwitho Sul a gwyl yn ystod y tymhor. 'Rodd gan bob bugel gylleth dda, wedi i chlymu fynycha a chorden gryf wrth un o rwylli neu fwtwne i wasgod, ac hefyd bastwn da. Weithe, 'rodd ganddo gaban o dwarch, neu gasgen mewn rhyw fan i gysgodi rhag y glaw; ond fel rheol, dibyne ar i got lwyd drwchus wedi gneud o wlan y ddafad, yn llas, ac un bwtwn iddi ar gount cadw'r gwddwg yn gynnes ar dywy garw.

Roedd yna *rationale* wrth wraidd y drefn o 'fynydd' a chaeau, 'mynydd' a'i encilion, ac ymarferoldeb sy'n esbonio ffurf y ffermydd hyn. Porfa'r 'mynydd' fyddai prif borthiant y creaduriaid dros yr haf, lle byddai'r bugeiliaid yn rheoli eu pori ac yn gwarchod y cnydau dros dro liw dydd gan droi'r creaduriaid i'r ffaldau ar gyfer y nos. Er hynny, roedd angen un cae yn 'gae nos'; mae sicrwydd fod ambell fferm yn trin y cae nos[3] fel ffald, hynny yw er mwyn cael gan yr anifeiliaid ei wrteithio. At hynny, roedd angen lle i gadw ceffylau yn gyfleus at eu dal yn y bore, a lle i droi'r rhelyw o'r creaduriaid pan fyddai'r bugeiliaid yn godro ganol dydd. Deuai newid gyda'r cynhaeaf: eto byddai angen ffaldio liw nos ond yn ystod y dydd porai'r creaduriaid y borfa a dyfai yn y sofl.

Nododd Iolo Morganwg yn 1796, adeg ei ymweliad â'r Gelli Aur yn Nyffryn Tywi:

> September seventeenth stubbles everywhere hid
> and consumed by natural grass.

A dyma Iolo Morganwg eto yn sôn am fferm Bribwell[4] yng ngogledd sir Benfro rhwng Llanfyrnach a Glandŵr, yn 1795-6:

> Stubble already consumed by the clover and intermixed natural grass . . . I never saw such luxuriancy of herbage of such rapid growth in my life. The soil of this district is luxuriantly productive of grass.

3 Lle na cheid cae nos roedd angen ffald i gadw'r da hesbon tra oedd eu bugail yn rhannu gwaith godro. Dangosir ambell ffald o'r fath ar y mapiau a luniwyd tua 1838-40 ar ôl ad-drefnu dulliau talu'r degwm; gwelir y ffaldau hynny gerllaw'r clos ar ffermydd lle roedd y tir agored yn ymestyn un tro i gyffiniau'r clos. Yn ogystal, gwelir yr ymadrodd 'clos pori' yn *Hanes Plwyf Llandyssul* (1896), mewn pennod a ysgrifennwyd yn y dafodiaith gan dybio fod pawb yn gyfarwydd â'r dywediad.

4 Adwaenir Bribwell fel Bribwll a hefyd fel Blaiddbwll.

A lle byddai'r sofl naill ai'n rhan o'r 'mynydd' neu ar ei fin heb glawdd rhyngddynt byddai troi'r creaduriaid o'r sofl i'r ffaldau ac fel arall yn hynod gyfleus. Pori gwellt y sofl yn hytrach na'r borfa a wneid yn y tiroedd a'r cyfnodau na chynaeafid ond y dywysen gan adael gwelltyn tal yn sefyll.

Tua diwedd Hydref deuai amser cadw'r ychen i mewn, a maes o law y da godro hefyd er na wyddys pryd yn union y cychwynnwyd gwneud hynny. Ac yn ystod mis Tachwedd rhoddid y gorau i ffaldio, a thra gadewid y defaid ar y 'mynydd', fe droid y da eraill i gaeau'r cwm ac eithrio, mae'n debyg, un cae. Byddai angen cadw porfa un cae i'r buchod ei phori yn y gwanwyn, yn nhymor bwrw lloi. Wedyn, tua dechrau Mai, byddai angen cau un neu fwy o'r caeau pori gan droi'r creaduriaid i'r 'mynydd', fel y gellid cael cnwd o wair o'r cae hwnnw cyn ei agor wedyn er mwyn pori'r adladd. Erbyn hynny fe fyddai'r ffaldau ar ran arall o'r 'mynydd' ac angen y bugeiliaid eto. Dywedir yn *Hanes Plwyf Llandyssul* (1896) fod bugeilio wedi dod i ben erbyn ysgrifennu'r llyfr; adwaenwn i wŷr y bu eu tadau, a aned tua 1850, yn bugeilio yn ystod yr 1860au. Clywais hefyd na ddaeth bugeilio yn llwyr i ben hyd yn ddiweddar yn yr 1870au.

Mae dau beth i'w nodi am fap y Dyffryn mewn perthynas â'r hyn a nodwyd uchod. Yn gyntaf, mae cwm afon Howni yn wynebu'r gogledd; yr afon yw ffin y fferm wrth agosáu at y môr. Ymddengys y caeau a welir ar y map yn ddidrefn, ond mae rhyw glawdd neu'i gilydd yn 'glaw' cysgod' i'r creaduriaid rhag unrhyw wynt sy'n chwythu. Yn ail, ni ddengys y map unrhyw lyn; yn sicr ni ddangosir llyn lle cronnwyd un maes o law a lle y bu hyd ei lanw wedi'r Ail Ryfel Byd. Os nad oedd llyn roedd angen mynediad i'r nentydd ar y creaduriaid, ac os felly nid rhyfedd fod yng nghaeau'r cymoedd fynediad o'r 'mynydd' i'r nentydd. Tybed pa bryd y cychwynnwyd cronni llynnoedd ar ffermydd cyffredin?

Fferm y Dyffryn, Aber-porth.

1. Mae tŷ a chlos sylweddol y Dyffryn i'w gweld tua llaw dde'r llun, lled un cae o ymylon y pentref, yn ymyl rhes o goed: llun o'r 1980au ydyw.

2. Gwelir dwy res hir o lwyni a choed ar hyd ddwy nant, o bobtu'r pentref. Agosânt at ei gilydd wrth ymbellhau o lan y môr: fe amgaeant dir *grange* Abaty Talyllychau bron yn gyfan gwbl. Yn hanner arall tir pentref Aber-porth, na welir dim ohono yn y llun, roedd *grange* o eiddo Abaty Hendy-gwyn ar Daf. Felly hefyd ger Tre-saith lle ceid dau *grange*, un yr un o eiddo Talyllychau a Hendy-gwyn. Tybed ai'r traethau pysgota a'u denodd?

3. Gellir adnabod ffin tir y Dyffryn yn 1773 ar y llun o'r awyr: mae'r pedair rhes o gaeau sydd bellaf o'r môr ond tu mewn i dir y *grange* tu allan i dir y Dyffryn.

4. I'r chwith o'r pentref, os sylwir yn ofalus ar yr ail gae mawr o'r môr, fe welir llinell wen ysgafn sy'n arwain o gornel bellaf y cae (gerllaw'r ffordd i Dre-saith) ar draws y cae tuag

at bentref Aber-porth. Yn ystod haf sych fe grasodd y borfa yn union uwchben yr hen ffordd, gan fod llai o ddyfnder tir yno nag o bobtu'r hen ffordd. Gan fod hynny'n dangos ar ôl dwy ganrif, tebyg fod yr hen ffordd yn hynafol.

5. Estynnai'r 'Mynydd':

   a) o'r gogledd i'r de o'r clawdd yn ymyl llwybr pen y graig hyd at ffin y fferm, led pedwar cae i ffwrdd

   b) o'r dwyrain i'r gorllewin o ffin chwith y cae mawr ar y chwith (a'i ymestyniad uwchben) hyd at y ffordd a welir yng nghanol y darlun, gan gynnwys y tir lle codwyd rhan o'r pentref oddi ar llunio'r map yn 1773.

Cyn ymadael â'r Dyffryn nodwn y pethau a ganlyn. Yn gyntaf, yn ôl cof gŵr oedd yn oedrannus ar ddiwedd y ddeunawfed ganrif, nid oedd gwrteithio â chalch ym mhlwyf Penbryn tua chanol y ganrif honno; fe ymestynnai'r plwyf fel yr oedd y pryd hwnnw hyd ryw hanner milltir o bentref Aber-porth: 'Within the memory of a person now eighty years of age . . . lime was unknown, and seasand, the only distant manure, was carried on horseback' (1814). Ond gwelir odynau calch ar fap 1773 o'r Dyffryn. Calch oedd yr unig brif achles a ychwanegid at ddom y creaduriaid yn ystod yr hir ganrifoedd o ddibyniaeth ar adnoddau lleol na ddaeth i ben yn y de-orllewin tan yn ddiweddar yn y bedwaredd ganrif ar bymtheg.

Yn ail, mae enwau rhai caeau yn haeddu sylw. Yn eu plith gwelir 'Parc Newidd', sy'n golygu y bu amgáu o'r 'mynydd' rhywbryd. Gwelir hefyd 'Barc y Clovers' yn hytrach na Pharc y Meillion, sy'n awgrymu dylanwad yr Amaethyddiaeth Newydd. I lawer ffermwr mewn rhannau o sir Aberteifi hyd o leiaf yr Ail Ryfel Byd, 'meillion' oedd y rhai gwyn brodorol ond *clovers* y rhai coch a ddygwyd i'r wlad yn ystod y ddeunawfed ganrif. A gwelir un enw cwbl anghyffredin, sef 'Parc Llwyn Mamaeth'. Erbyn cychwyn yr ugeinfed ganrif ffurf yr enw oedd 'Parc y Fam(a)eth' ac erys hwnnw ar lafar yr hen ddwylo er codi tai ar y cae wedi'r Ail Ryfel Byd. Yng nghyffiniau Parc y Fameth, yn ôl a glywais pan oeddwn yn blentyn yn y pentref, medrai rhai gwŷr glywed 'cŵn bendith y mamau' yn ubain pan geid marwolaethau. Annhebyg fod Cymry'r ddeunawfed ganrif yn llai ofergoelus na'u disgynyddion, ond efallai eu bod yn well naturiaethwyr, ac yn gwybod am lysiau'r famaeth, sef *Euphorbia paralias*, sy'n tyfu'n hawdd ar lan y môr. Fe'u gelwir yn llysiau'r famaeth am fod sudd gwyn trwchus yn dod o goes y planhigyn os torrir hi.

Yn olaf, nodwyd eisoes mai aelodau o deulu Cilbronnau fu'n ffermio'r Dyffryn hyd tua 1765, teulu a fu'n enwog wedyn am gynhyrchu offeiriaid (fel Ifor Ceri, 1770-1829), meddygon a chyfreithwyr. Yr un math o fferm â'r Dyffryn oedd fferm plasty Noyadd Trefawr, sydd rhyw hanner ffordd rhwng Castellnewydd Emlyn ac Aberteifi. Mae map ohoni ymhlith y cyntaf sydd ar gadw o ffermydd yn sir Aberteifi. Cyflogodd David Parry, yswain (m. 1753), luniwr mapiau, John Butcher, i baratoi mapiau o'i eiddo yn siroedd Penfro ac Aberteifi pan oedd yr ystad yn helaethach na chwedyn, sef 22 fferm a phedwar lle o lai. Cwblhawyd y gwaith rhwng 1744 ac 1747. Cododd David Parry hefyd storws yn 1745 ar lan yr afon yn Aberteifi ar gyfer masnach hwylio'r glannau a oedd ar gynnydd y pryd hwnnw. Roedd fferm ei blasty yng nghyffiniau tair nant: ar hyd cymoedd y nentydd ceid rhesi o gaeau a oedd braidd yn afreolaidd eu ffurf tra oedd y cefnau rhyngddynt naill ai'n dir cwbl agored neu'n agored ond wedi ei haneru â chlawdd. Fel hynny yr ail-luniwyd nifer o'r tiroedd agored gynt yn hytrach na llunio caeau o'u hymylon. *Arable* oedd y tir agored i gyd.

Yr un eto oedd dull fferm y Rhos (274 erw gan gynnwys tir agored 145 erw, arable and una[rable]) sy'n uwch i fyny na'r ddwy fferm arall a nodwyd. Cartref ydoedd i'r Parch. Alban Thomas (m. tua 1740), awdur a chyfieithydd enwog ac offeiriad plwyf Blaen-porth a oedd fel ei feistr tir, David Parry, Noyadd Trefawr, yn olrhain ei dras yn ôl at arglwyddi'r Tywyn.

Camsyniol felly fyddai tybio mai dull gwŷr diddysg, di-arian, a phlwyfol oedd dull ffermydd fel y rhai a nodwyd, sef tir agored a chaeau: yr un oedd dull 'gwŷr mawr' a 'dynion cyffredin'. Ymddengys y tybid fod rhannu i dir agored a chaeau yn ffordd resymol a synhwyrol o drefnu tir fferm hyd ganol ac ail hanner y ddeunawfed ganrif. Wedyn daeth tro ar fyd a thybid fod ffordd wahanol yn well. Yng nghyfrifon ystad Noyadd Trefawr am y cyfnod 1744-7, gwelir fod un fferm sylweddol eisoes wedi ei llwyr rannu yn gaeau heb ddim tir agored, sef Gwernan' (1745), fferm ystad Plas y Gwernan(t) a oedd bryd hynny ym meddiant Noyadd Trefawr.

Tybed . . . Mae'n ddechrau od i baragraff, ond yn addas at a ganlyn. Cyfeiriwyd eisoes at fferm y Plas ym mhlwyf Aberporth, fferm oedd yn ffinio â'r Dyffryn. *Grange* o eiddo Abaty Talyllychau oedd y Dyffryn ym mhlwyf Blaen-porth (gynt); roedd gan Abaty Hendy-gwyn ar Daf *grange* ym mhlwyf Aberporth. Ni nodir ffiniau'r *grange* hwnnw yn y siartr berthnasol ond prin fod amheuaeth mai tir y *grange* gynt oedd tir y fferm a elwir Plas y Ddôl Fawr mewn dogfen o 1594, tir sy'n llwyr amgáu eglwys y plwyf. Dywed dogfen o 1802 am y fferm honno: 'Tir-plas-Aberporth, Tythin y glog issa, Tythin y glog ucha, Tyr y Rhos, Tyr y llwine dy, Llaine ymryson, and Clyn gwine but now called Tir-plas-Aberporth' (enwau cyfnod y Tuduriaid, mae'n debyg). Mae yna ddogfen arall i'r un perwyl; roedd y cyfan o'r tir tua 240 erw. Y rhan gyntaf a enwir fyddai dan law perchen y Plas tra byddai deiliaid yn y llefydd eraill. Teg a synhwyrol yw tybio y talai'r deiliaid ddyledion gwaith i'r Plas ar un adeg; tybed a oedd gan bob un o'r deiliaid lain neu leiniau âr ym 'mynydd' y Plas? Os felly, roedd y cyfan, er nad yn union debyg, yn cyfateb i *fermtoun* yr Alban.

Mae ar gael ddefnyddiau sy'n dangos yr hyn a olygai amgáu ar ffermydd fel y Dyffryn. Dywedid mai 'byd o waith llaw' (*hand made world* y Saesneg) ydoedd cyn y chwyldro diwydiannol. Nid oes gwell enghraifft na gwaith amgáu. Wedi map 1773 y nesaf un sy'n dangos caeau'r Dyffryn yw hwnnw a luniwyd yn 1838 mewn perthynas ag ad-drefnu taliadau'r degwm. Gyda hwnnw gellir mesur yn go gywir pa hyd o gloddiau a godwyd i ail-lunio'r 'mynydd' ynghyd â'r tri chae ar hyd Nant yr Helyg, sef rhyw 3,210 llath. Nid oes ar gael fanylion am led nac uchder y cloddiau hyn, ond mae yna amryw gyfrifon am y cloddiau newydd a godwyd yn ardal godre Ceredigion a gogledd sir Benfro y dwthwn hwnnw. Fe'u disgrifir fel 'high banks planted with furse'; 'mound hedge, turf, 6 feet high, 6 feet wide at bottom, two feet at top, planted with sett, briar or brambles in the faces' (yng nghyffiniau Eglwyswrw), a gerllaw Aberteifi 'turf or stone and turf hedge' yr oedd ei waelod yn chwe throedfedd o led a'i ben yn dair ond nid oes gwybodaeth sicr am ei uchder. Ac eto yn ne Ceredigion: 'Some fences are made of alternate layers of sods and stones, formed on a base six or seven feet broad, four and a half or five feet high, narrowing to the top upon which white and black thorn are planted.' Cloddiau pridd oedd yn gyffredin, cloddiau yr oedd angen gwaith cyson i'w cynnal trwy eu ffusto â rhofiau i'w caledu, cloddiau uchel tra medrid cyflawni'r gwaith cynnal hwnnw a chyn i'r cwningod eu tanseilio.

Nid oedd unrhyw gartio pridd ar gyfer eu codi, ac er na fûm yn holi neb a fu wrth y gwaith yn yr hen ddull, deellais y byddid yn aredig yn gyntaf o gylch y man yr oedd y clawdd i'w godi. Yna ceid y pridd at y clawdd trwy dorri cleisiau o bobtu iddo. Mewn clawdd chwe throedfedd o led ar ei waelod, tair troedfedd o uchder, a dwy droedfedd o led ar ei ben, dywedir fod tunnell a hanner o bridd mewn un llathen ohono. Os yw'r clawdd yr un lled ond pedair troedfedd o uchder mae dwy dunnell o bridd ym mhob llathen ohono. Gwelwyd mai cloddiau uchel oedd yn arferol yn y cylch, ac os felly roedd angen codi o leiaf 6,420 tunnell o bridd â rhofiau i ail-lunio tir y Dyffryn.

Roedd angen gwaith cyfatebol ar bob fferm arall a oedd o'r

un fath â'r Dyffryn. Ynglŷn â'r Dyffryn nodwn hyn hefyd. Er nad oes map ohoni rhwng 1773 ac 1838 sy'n dangos cloddiau'r fferm honno, mae yna fap Ordnans na chyhoeddwyd hyd 1819 ond y cwblhawyd y gwaith o'i lunio rhwng 1810 ac 1814, ac mae lle i gredu fod trwch y gwaith os nad y cyfan ohono wedi ei wneud erbyn hynny, pan oedd y ffordd o Aber-porth i Dresaith wedi ei symud o'r lle y gwelir hi ar fap 1773 i'r lle y mae heddiw, a dyna pryd y byddid wedi codi'r cloddiau o ddeutu iddi.

I'r un perwyl mae cyfrif ar gadw am les Bwlch Mawr ger Llanwenog yn 1797, les am dair oes ac 21 mlynedd. (Tair oes, nid tair cenhedlaeth; fe allai'r tair oes fod am ŵr a gwraig a mab er enghraifft.) Roedd un cymal fel hyn: '40 perches of bank fence every year, four feet at the top, six feet at the bottom, and planted with thorns.' Golygai un dunnell a hanner y llathen gyfanswm o 330 tunnell y flwyddyn (mwy na thunnell bob dydd gwaith) yn ddi-dor dros 21 mlynedd, y cyfan yn 6,930 tunnell; wrth ddwy dunnell y llathen roedd angen codi 440 tunnell y flwyddyn, cyfanswm o 9,240 tunnell, y cyfan â rhofiau.

Ynghyd â chodi'r cloddiau rhaid oedd plannu llwyni a choed. Hawliai rhai ystadau hynny yn eu lesau, er enghraifft les Hendre Fawr, plwyf Llanbedr Efelfre (ystad y Bronwydd), yn 1764 a fynnai 'planting out and securely fencing from all damage upon hedges or some other secure places upon the premises aforesaid one dozen of young ash oak or elm yearly so that they may grow into timber', a les Blaen Dyffryn Pedrin ym mhlwyf Llanboidy yn yr un flwyddyn a fynnai 'planting of a dozen ash trees yearly on a hedge'. Felly eto les (1772) 'Glyngwyn otherwise Dole Hopkin' ym mhlwyf Llannewydd yn sir Gâr a hawliai 'tenant to plant eight or nine oaks yearly at his own cost' (ystad y Bronwydd).

Dyna'r cyfnod a welodd blannu'r *laburnum* yng nghloddiau godre Ceredigion; fe soniodd Gwallter Mechain amdanynt yn 1814 er na ddywedodd ddim amdanynt pan restrodd blanhigion addas i'w tyfu ar ben clawdd. Fe'u plannwyd ar gyfer eu cynaeafu fel tanwydd, mae'n debyg, gan y tyfant ac aildyfant yn rhwydd a chyflym. Ond fe all fod rheswm arall am eu cadw: yn ôl a glywais gan rai a fu'n ffermio tir â *laburnum* yn y cloddiau roedd esmwythdra i'r creaduriaid dan eu cysgod yng ngwres yr haf gan fod clêr a chilion yn cadw rhagddynt. Plannwyd cyll a helyg hefyd gyda'r bwriad o'u cynaeafu gan y cylchwr ac eraill bob un ar gyfer ei grefft. Buddsoddiad tymor hir oedd hyn oll, sy'n cyfrif am fod anghenion eraill i'w diwallu yr un pryd.

Awn rhagom drwy nodi'r enwau a roddwyd ar y tir a ddisgrifir fel rheol gan lunwyr y mapiau fel *open land* neu *open ground* ac a drosir yma fel 'tir agored'. Yn ogystal â *Mountain* y Dyffryn ceid 'Munny Dilas' (Mynydd Dulais), *arable*, fferm Cnwc y Gigfran, plwyf Clydau yn sir Benfro; ar bwys *open ground* Pant yr Holiaid roedd 'Park y Mynidd' (*arable*); rhan o Flaenceri oedd 'Mynydd Blaenkerry'; yng Nghlun Hir roedd 'Y Mynydd' (*dry pasture and arable*), ac yn Rhippin Du 'Park y Mynydd' (*dry pasture*) oedd ar bwys y tir agored (*arable and dry pasture*). Efallai mai 'Cef(e)n' oedd yr enw mwyaf cyffredin: 'Ceven Hafod' (*arable*) oedd rhan o fferm ystad Noyadd Trefawr; 'Cefen y Ffynnon' (*arable and pasture*) oedd tir agored Coed y Perthy; roedd 'Cefen' Castell Crugiar yn *arable and pasture*, tra rhan o fferm Cwm Barre oedd 'Cefen Barre' (*arable and dry pasture*). Llai cyffredin oedd 'Penbryn': rhan oedd Penbrynbwa (*part arable part una*) o fferm Ffynnon Gripil, tra 'Clwttin Mawr' (*dry pasture and arable*) oedd tir cyfatebol Brenhinlle. Ceir 'Banc' fel 'Bank Gwyn' (*arable and pasture*) fferm Blaenant (ystad y Cilgwyn ger Castellnewydd Emlyn), a 'Cnwc' hefyd (17 erw *arable and pasture*) ym Mhant y Rhew Uchaf, plwyf Llanddewibrefi, ynghyd â 'Cnwch' (21 erw *arable and pasture*) yn Rhysgog Uchaf. Yn olaf, yn Rhyd yr Ysgwydd 'Y Lan' oedd enw'r tir agored ac wrth gwrs roedd tŷ llawer fferm ar un pen o'i glan. Os o'r un fath, eto nid yn union yr un oedd y 'lan' ym mhob man: yng ngogledd sir Benfro roedd gan lawer o ffermydd y tir isel ei 'lan' ar y tir uchel, yn dwyn enw'r fferm y perthynai iddi fel 'Lan Tŷhen', 'Lan Wenfo', ac ati, sef tir heb ei rannu yn gaeau, nid annhebyg i 'ffridd' rhannau eraill o Gymru. (Yn y cyfnod o fewn cof tir ŷd oedd y lan yn bennaf.)

Fe ganlyn ddetholiad a ddengys fod ffermydd o dir agored ynghyd â chaeau yn gyffredin yng nghanol ac yn ystod ail hanner y ddeunawfed ganrif:

Aber Nant y Neuadd, plwyf Llanbadarn Fawr; cyfanswm 210 erw, tir agored 112 erw yn ymestyn o lannau afon Rheidol tua phen y llethr gerllaw, *arable and pasture* yn bennaf ond fod rhan ohono yn dir pori.

Tai yn y Cwm, plwyf Llanddewibrefi; cyfanswm 141 erw, tir agored 90 erw, *arable, pasture, moor, etc.*

Waun Fawr, plwyf Caron (yng nghyffiniau Tregaron); cyfanswm 129 erw, tir agored 93 erw.

Gilfach Wen, ger Llandysul; cyfanswm 223 erw, tir agored 100 erw, *arable.*

Brenhinlle, ger Rhydlewis; cyfanswm 165 erw, tir agored 44 erw, *dry pasture and arable.*

Coed y Perthy, plwyf Betws Ifan; cyfanswm 129 erw, tir agored 34 erw, *arable and dry pasture.*

Trefaes Fawr, ger Beulah; cyfanswm 290 erw, tir agored 100 erw, *pasture.*

Trewen, ger Blaen-porth; cyfanswm 49 erw, tir agored 27 erw, *arable.*

Rhyd yr Ysgwydd, plwyf Llangrannog; cyfanswm 66 erw, tir agored 27 erw.

Troed y Rhiw, ger Aber-porth; cyfanswm 51 erw, tir agored 42 erw, *arable.*

Cnwc y Gigfran, plwyf Clydau; cyfanswm 368 erw, tir agored (mewn dwy ran) 234 erw, *arable* i gyd.

Mae ffermydd o'r fath i'w gweld mewn amryw ardaloedd, ar dir isel a thir uwch (nid mynydd-dir), gan gynnwys rhai mawr a mân. Hyd yn oed ar y ffermydd llai roedd rhan ohonynt yn 'dir agored'. Cyffredin ac nid anghyffredin oedd ffermydd fel y rheini.

Pan edrychir ar fapiau ffermydd fel y rhai a nodwyd uchod, codir llawer o gwestiynau, y rhain yn eu plith: Beth oedd y gerddi a ddangosir mewn caeau heb ddim tai ar eu pwys? Beth oedd union arwyddocâd y manylion a gofnodwyd am y mapiau gan y gwŷr a'u lluniodd? A beth yw arwyddocâd gweld ffermydd bychain 'tir agored a chaeau' ar bwys tir sydd mewn lleiniau? Agor grwn a wneir yma nid cau pen y mwdwl.

Isod fe sylwir ar dair fferm, Troed y Rhiw, Penlan, Trewen, o eiddo ystad Noyadd Trefawr y mae mapiau ohonynt ar gadw, ym mhlwyfi Aber-porth a Blaen-porth, mapiau a luniwyd yn y cyfnod 1744-7. Daw yr hyn a nodwyd uchod i'r amlwg wrth edrych ar fap fferm Troed y Rhiw, 51 erw, ger Aber-porth. Rhan yw tir y fferm o gefnen sy'n rhedeg am i lawr tua'r gogledd, sef pen y map, gyda nant ar y dde a ffordd gyhoeddus ddi-glawdd ar y chwith, un o'r ffyrdd sy'n arwain o'r pentref i Aberteifi, ac nid oes clawdd terfyn rhyngddi a'r fferm sy'n ffinio â hi. Mae ei thŷ annedd rhyw 160 troedfedd uwchlaw lefel y môr ac fe gwyd y tir rhyw 120 troedfedd arall eto. Saif y tŷ ar bwys y clos yn y tir agored; y tir hwnnw yw 80 y cant o'r cyfan a thir âr ydyw i gyd. Ymddengys y tir agored hwn yn wag ar y map, heb nodweddion, ond camarweiniol yw hynny gan fod y cyfan ohono mewn grynnau ac fe fyddai'r rheini'n rheolaidd. Nid oes tir pori fel y cyfryw ond ceir rhes o gaeau amrywiol eu maint a'u ffurf ar hyd y nant: cae gwair yw un ohonynt heb fod nepell o'r clos a chaeau tir âr yw'r lleill. Ac ar waelod 'Park y Ddol' dangosir y ddwy ardd a gofnodir fel 'Park y Ddol with two gardens' heb unrhyw dŷ annedd. Ni welir y gerddi hyn ym mhob fferm ond maent yn bur gyffredin yn y cofnodion sydd ar gadw, fel a ganlyn:

	Cofnod	Erwau
Fferm plasty Noyadd Trefawr, plwyf Llandygwydd		
Park pen y bank with two gardens (tir agored er yr enw)	Ara	60
Park Ty hen Ty with the gardens	A	8
Lower meadow with a House and 4 gardens	A	48
Trewen, plwyf Blaen-porth		
Park y radar with a garden	A	1
Penlan, plwyf Blaen-porth		
Park Llwyd with a garden	A	5
Gwernan(t), plwyf Troed-yr-aur		
Park Weun Llwyd with two gardens	P	15
Park y Gar with a garden	P	13
Nanty, plwyf Troed-yr-aur		
Bron Velin with a garden	A	7
Trefaes Fawr, ger Beulah		
Park pwll Marl with a garden	A	6
Park tu hwnt y Rhydlan with the garden	A	11
Cnwc y Gigfran, plwyf Clydau		
Park Weun with the garden adjacent	A	1
Park pen yr Allt with a garden	A	4
Park Scubb[or?] and a garden	A	3
Rhos, plwyf Blaen-porth		
Park y Weyn with a House and several gardens	P	5
Park dan Rhydlan with two gardens	A	3
Park Cringah vach with a garden	A	3
Canllyvas ger Penparc, plwyf Llangoedmor		
Park trichornel and garden adjacent	A	1
Coed y Perthy, plwyf Betws Ifan		
Park Cefen Steel and garden	P	9
Penlan, plwyf Aber-porth		
Another of the same [sef cae o dir âr] with a garden	A	3
Park Main with a garden	A	2

TROED Y RHIW

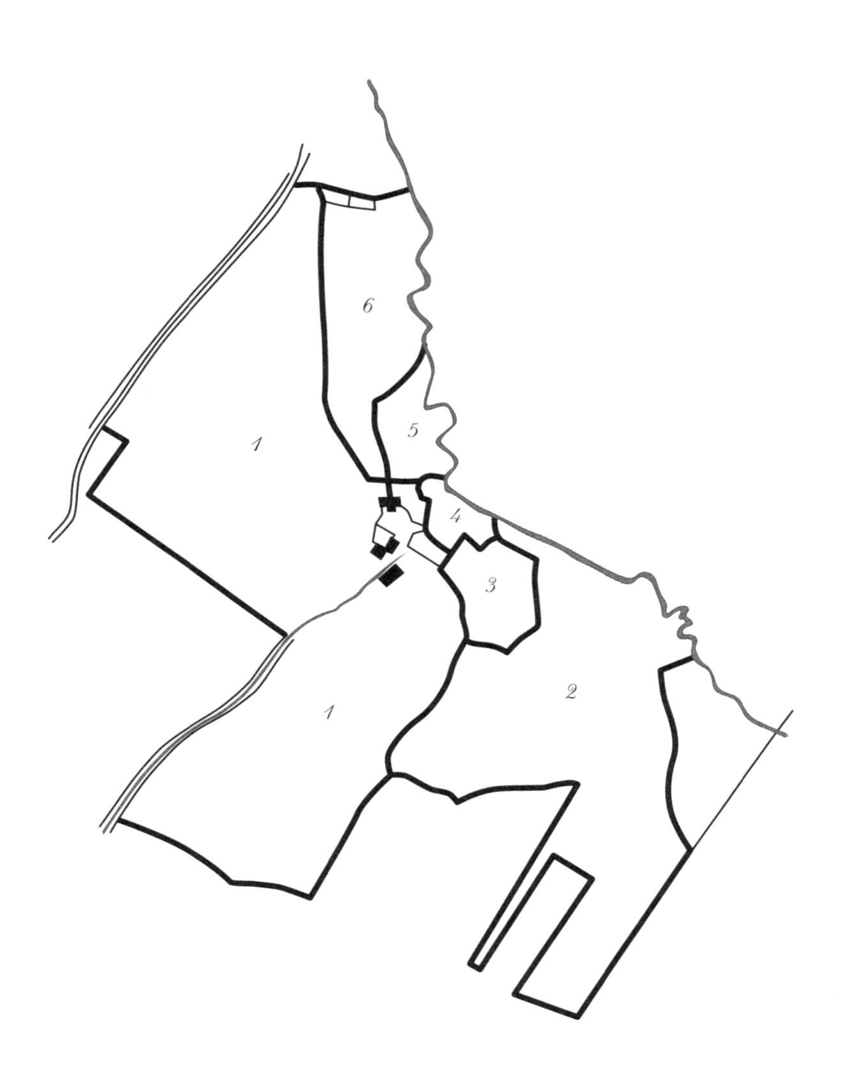

Troed y Rhiw, 1744-7			Statute Measure	
			Acres	Roods
1	Part of the Open Ground with the House and Garden	Arable	27	3
2	Part of the same	Arable	14	-
3	Park y Broga	Meadow	2	2
4	A little field	Arable	-	2
5	Park y Ffunnon	Arable	1	-
6	Park y Ddol with two gardens	Arable	4	3
			51	1

Noder enw'r cae gwair; tebyg ei fod yn llaith.

BRONHOWNANT

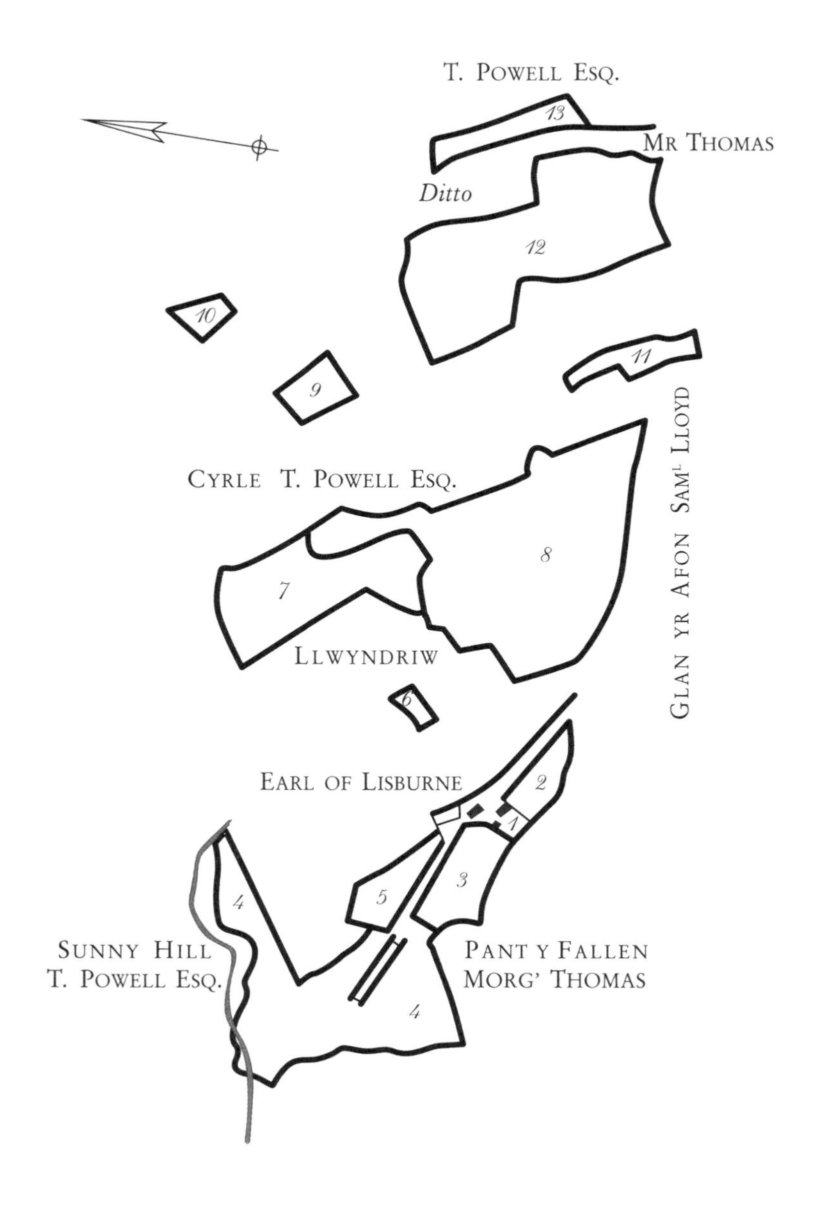

Bronhownant in Caron		Acres	Roods	Perches	
1	Houses, gardens, &c	1	3	20	
2	Cefn llain	2	1	5	arable
3	Cae dan ty	3	1	25	arable
4	Part of cae mawr	14	20	30	do and pasture
5	Llain dan y scubor	2	1	15	arable
6	Cae bach	0	1	15	do
7	A piece	9	0	30	short hay
8	Perth y bola	25	0	15	arable and pasture
9	A piece	1	3	5	hay
10	Another	1	1	15	do
11	A slang	1	2	5	
12	Pen y crug	16	1	20	arable and pasture
13	Llain pen y crug	2	1	10	dry pasture
		82	3	10	

PENLAN

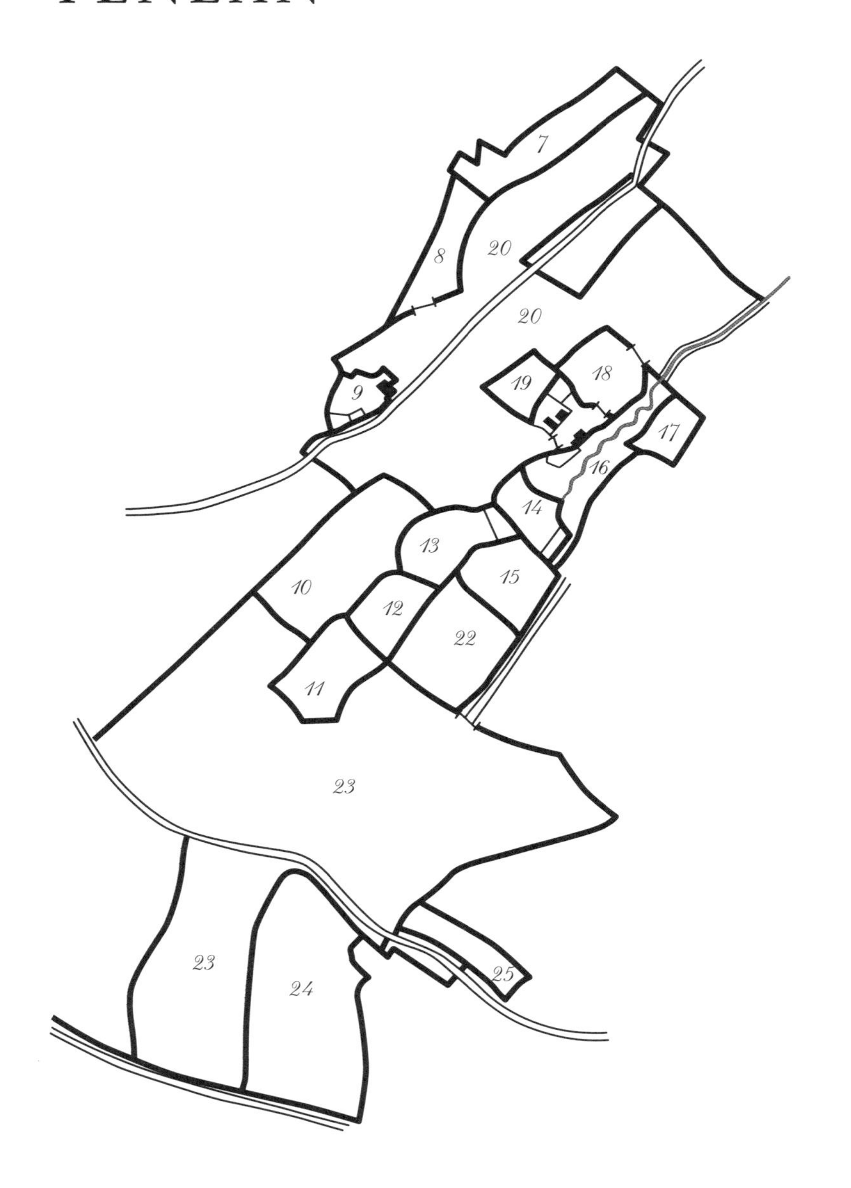

Penllan in Aberporth [Penlan]		Quality	Statute Measure		
			Acres	Roods	Perches
7	Bron	Arable	3	2	37
8	A Meadow	Meadow	2	-	24
9	A Close with a House and Gardens	Arable	1	1	25
10	Park Mawr	Arable	6	2	18
11	Park Cawn	Arable	2	2	-
12	Park y Pwlley	Arable	2	-	16
13	Another of the same with a garden	Arable	3	1	13
14	Park Main with a garden	Arable	2	-	22
15	Park Wayn	Arable	2	-	16
16	Part of the Open Grounds	Arable	4	-	24
17	Park tu hwnt ar Ty	Arable	1	2	28
18	Park dan y Fwrndu [Tŷ Ffwrn?]	Arable	2	1	23
19	Park y Ddrissey	Arable	1	1	36
20	Part of the Open Grounds	Arable	36	2	35
21	The House, Outhouses, Gardens	Arable	1	1	15
22	Park Bratock	Arable	5	1	13
23	Roes [Rhos]	Heath & Furze	57	2	13
24	Park y Roes	Pasture	11	2	21
25	A Piece	Pasture	1	3	3
			150	1	4

TREWEN

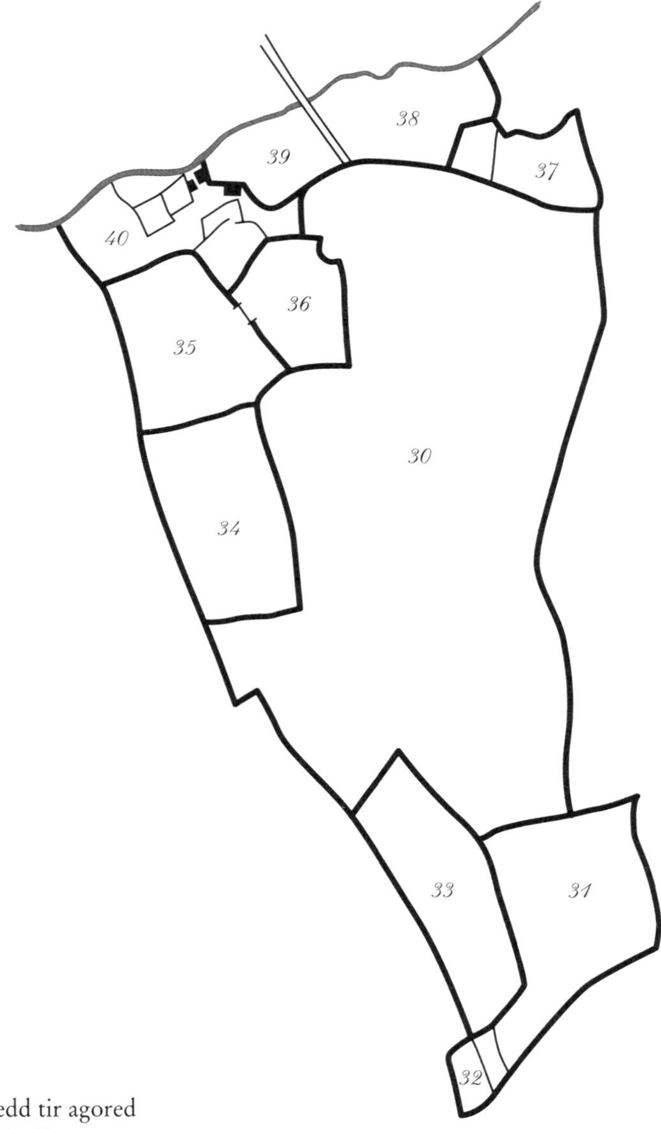

Roedd tir agored
1744 – 7 yn
chwe chae erbyn 1838.

Trewen, 1744-7		Quality	Statute Measure		
			Acres	Roods	Perches
30	The Open grounds	Arable	26	2	27
31	Park Ceffyle	Pasture	4	-	1
32	A house and two gardens	Arable	-	2	20
33	Park Wyne Ddwnny [Waen Dwni]	Pasture	3	2	26
34	Park Wynne Vach	Arable	3	1	17
35	Park Clovers	Arable	2	3	23
36	Park Bach	Arable	1	2	7
37	Park y Radar with a garden	Arable	1	-	2
38	Park . . .	Meadow	1	3	11
39	A Meadow	Meadow	1	-	8
40	Little close with the House and Gardens	Arable	2	-	37
			49	-	26

Lle bynnag y mae mapiau ar gadw dangosir y gerddi hyn yn ymyl caeau, wedi eu rhannu oddi wrthynt eithr nid â chlawdd fel rhwng dau gae. Fe'u ceir yn ddieithriad ar wahân i ardd y tŷ fferm. Gerddi at beth oeddynt? Ai gerddi lle bu bythynnod un tro ond a ddiflannodd erbyn llunio'r mapiau? Ai gerddi deiliaid heb erddi ar bwys eu tai byw? Ai gerddi i weithwyr a dalai ddyledion gwaith? Ai gerddi at fwydo pawb a weithiai ar y fferm o bryd i'w gilydd, fel yn ystod y cynhaeaf gwair ac ŷd? Ai gerddi ar gyfer rhyw gnwd arbennig megis tatw? Mae cyfeiriadau at *potato gardens* mewn caeau ar ystadau ym Môn yn ystod yr 1730au, ac fe ddengys ewyllys (1768) Griffith Davies, Moelon, Rhydlewis, fod ymhlith yr eiddo a adawodd i'w weddw 'Park Wein Gribin and Potato Garden therein'. Gellir gwrthwynebiad i lawer awgrym ond fe godwyd y manylion uchod o ffermydd mawr a mân o eiddo tair ystad, sef Noyadd Trefawr, Gogerddan, ac eiddo David Turnor, yswain Ffynnon Werfil. Ac os tatw a dyfid yn y gerddi hyn, fel sy'n debygol, yna cnwd ar wahân oeddynt yn hytrach na chnwd â'i briod le mewn cylchdro; felly ni fyddai'n cyfrannu at baratoi'r tir ar gyfer cnwd arall oedd i'w ganlyn. Yn ogystal â'r gerddi a nodwyd uchod fe ddywedir mewn dogfen o'r flwyddyn 1766 fod ymhlith eiddo fferm y Plas ym mhlwyf Aber-porth 'one capital dwelling and ten other messuages, eight cottages, twenty gardens, ten orchards . . .' sy'n hynod anodd i'w ddirnad.

Mae penbleth hefyd ynglŷn â ffin fferm Troed y Rhiw, ar waelod y map. Mae'n amlwg fod y ffin yn dilyn ymyl tir oedd wedi ei rannu yn lleiniau, rhai ohonynt lled un grwn efallai. Amrywiai tir ffermydd mewn dwy ffordd. Fe allai tir fferm fod yn gwbl agored heb ei rannu'n gaeau, neu wedi ei rannu fel bod y cyfan mewn caeau. Rhwng yr eithafion hynny oedd tir Troed y Rhiw a'r Dyffryn. Yn gyffredin roedd y tir ar hyd y nentydd yn gaeau, y cefnau is yn dir agored, a'r cefnau uwch yn amrywiol, yn dir âr a phori, tir pori, tir gwyllt. Ar yr wyneb, felly oedd ffermydd yr ucheldiroedd hefyd, sef nifer go brin o gaeau yn y pant ar gyfer gwair, ceirch, a thatw, a'u cefnau yn dir pori agored â chlawdd yn amgylchynu'r cyfan. Ar y ffermydd hyn roedd clawdd arbennig yn rhannu rhwng eu caeau a'u cefnau at bori, sef y 'clawdd cadw', gyda'i wyneb yn serth tuag at y gefnen ond â llethr lai serth tuag at y caeau. Yng ngogledd eithaf Ceredigion gynt, lle roedd y tyddynnod hyn yn ffinio â mynydd-dir, enw'r clawdd rhwng cefnen y tyddyn a'r mynydd oedd y 'clawdd eithaf'. A chan fod y tyddynnod hyn yn ffinio â'i gilydd, y canlyniad oedd fod y clawdd eithaf yn amgáu'r mynydd, fel y gwnâi'r *head dyke* yn ucheldiroedd yr Alban. A thu hwnt i'r clawdd eithaf roedd y porfeydd uchaf yn gwbl agored, yn ddi-ffin, er enghraifft o gyffiniau Tal-y-bont hyd at gyffiniau Llanidloes, sy'n tynnu at 18 milltir. Dywedir fod 40 milltir felly ar ucheldir y canolbarth rhwng Tregaron ac Abergwesyn, dyweder, a blaenau afon Tywi. Nid rhyfedd fod nodau clust yn cyfrif, ac angen defaid tir.

Ac fe allai tir fferm fod yn gryno, neu mewn darnau neu leiniau ar wasgar ymhlith lleiniau ffermydd eraill, fel y dengys map Bronhownant ym mhlwyf Caron, enghraifft hynod iawn yn ddi-os. A oedd tir Troed y Rhiw mewn lleiniau gynt, neu a oedd yn gryno 'ers hiroedd'? Ynglŷn â'r Dyffryn mae sicrwydd fod ei thir yn gryno ers canrifoedd oherwydd *grange* ydoedd o eiddo Abaty Talyllychau ac mae cyfrif manwl am ei ffiniau yn y siartr berthnasol. Ond a oedd hynny o'i thir agored a oedd mewn lleiniau yn nwylo amrywiol ddeiliaid unwaith? Cyfyd yr union benbleth pan gyflwynir y map nesaf, sef fferm Penlan sy'n ffinio â Throed y Rhiw. Ond cyn troi at hwnnw nodwn benbleth arall yr ymhelaethir arni maes o law. Roedd fferm Troed y Rhiw yn 51 cyfer; dywedir mai tir âr oedd y cyfan ohoni ac eithrio un cae dwy erw a hanner, sef cae gwair. Ble roedd y creaduriaid? Beth yn union a olygai *arable* os *arable* oedd cyn gymaint ohoni?

Yn amherthnasol i'r uchod, roedd Troed y Rhiw yn un o'r ffermydd hynny y newidiwyd eu henwau. Mewn dogfen o'r flwyddyn 1693 ceir sôn am 'Llethr y Gwared otherwise Troed y Rhiw'. Ynglŷn â'r Dyffryn, Nant yr Helyg oedd un o ffiniau'r fferm honno; y tu draw i'r nant mae fferm Helyg Fach. Ymhlith papurau ystad Noyadd Trefawr mae dogfen o'r flwyddyn 1594 sy'n sôn am 'Helyg Fechan *alias* Maes Gwenllian'. Dywedwyd eisoes fod aelod o deulu Cilbronnau wedi prynu'r Dyffryn erbyn 1649. Yr un pryd prynodd aelod arall o'r teulu fferm Penrallt yn yr un ardal; mae ar gadw gyfeiriad at 'Tyr y Garnwen *alias* Tyr Pen yr Allt'.

Trown at fap fferm Penlan, plwyf Aber-porth. Ar un ystyriaeth nid yw'n annhebyg i fferm 'caemewn/caeallan', gyda'r tir agored, y lan, yn cyfateb i gaemewn a'r rhos ynghyd â'r caeau yn ei chyffiniau yn cyfateb i'r *muir* a'r caeallan. Gwelir fod y lan mewn dwy ran gyda'r tŷ annedd (sydd tua 150 troedfedd uwchlaw lefel y môr) a'r clos ar y ffin rhwng y ddwy lan; ar bwys y clos gwelir dau gae (yn ôl y galw a allai weithredu fel caeau nos yn eu tro), clwydi i reoli mynd a dod rhwng y clos a'r lan (a rhwng y lan a'r unig dir gwair), a dau gae a gerddi ynddynt ond dim anheddau. Tir âr yw'r lan i gyd. Ac eithrio'r rhos sy'n codi tua 425 troedfedd uwchlaw lefel y môr, roedd Penlan yn 97 erw a thir âr oedd 78 o'r rheini.

Mae mapiau Troed y Rhiw a Phenlan ar wahanol raddfeydd, ond er hynny gellir gweld fod un pen tir agored Penlan yn cydio wrth dir cyfatebol Troed y Rhiw, ac fe welir hefyd fod y ffordd gyhoeddus ddi-glawdd sydd i'w gweld ar fap Troed y Rhiw yn parhau felly trwy lan Penlan ar ôl iddi yn gyntaf groesi hyd llain ddi-glawdd o dir un T(homas) J(ohn) sydd bron yn gyfan gwbl y tu mewn i dir agored Penlan. Mewn gwirionedd, mae tir agored y ddwy fferm yn un darn hir o dir âr ac eithrio'r clawdd terfyn rhyngddynt, ac os mynnir arweiniad at ddychmygu gwedd llawer o'r wlad fel yr oedd hi tua chanol y ddeunawfed ganrif, prin y medrir gwell.

Erbyn 1838 roedd y cyfan o'r tir agored hwn wedi ei rannu'n 14 o gaeau, wyth yn Nhroed y Rhiw a chwech ym Mhenlan lle ceid hefyd ros 1744-7 wedi ei rhannu'n chwe chae arall: 20 cae ynghyd â'u cloddiau lle bu tir agored a rhos. Ychwaneger mai'r tebyg yw fod dwy dunnell o bridd ym mhob llathen o'r cloddiau hynny, a lle bu rhos, maes o law yr unig dyst i'r ffordd ddi-glawdd a ddangosir yn croesi'r rhos honno ar fap 1744-7 oedd llinell y cloddiau newydd a godwyd yn ystod yr amgáu. Diflannodd y ffordd yn llwyr, fel honno a ddangosir hefyd yn arwain o Aber-porth i Dre-saith ar fap y Dyffryn yn 1773. Lluniodd ein cyndeidiau fyd o waith eu dwylo.

Yng nghyfnod rhan o'r gwaith hwn, deiliad Penlan, 'Shon Benlan' (John Davies), oedd un o'r ddau ffermwr a gychwynnodd ysgol nos yn y cylch, yn 1784. Cynhaliwyd yr ysgol 'ar gylch yn eu tai eu hunain' am 18 mlynedd nes sefydlu ysgol Sul yn 1802 yng nghapel Blaenannerch, capel a godwyd yn 1794 yn ymyl tir Penlan. Ac yn y capel hwnnw y cynhaliwyd yn 1808 un o'r cyntaf oll o'r 'cymanfaoedd ysgolion', sef 'dweud y pwnc', a fu mor llwyddiannus a llewyrchus yn yr ardaloedd hyn. Gwell gochel rhag honiadau cyffredinol am ddiogi ac anallu ffermwyr: roeddynt i gyd yn wahanol.

Cyflwynir un map arall o blith y rheini sydd ar glawr o eiddo ystad Noyadd Trefawr o'r cyfnod 1744-7, sef map Trewen (49 erw) ym mhlwyf Blaen-porth bryd hynny. Nodwn ddau fanylyn amdani cyn troi at ystyriaethau mwy cyffredinol sy'n berthnasol i lawer fferm. Gwelir fod yn 'Park y radar' ardd heb dŷ annedd. Gwelir hefyd fod yna 'Park y clovers', sef tir âr. Mae tŷ annedd a chlos fferm Trewen tua 290 troedfedd uwchlaw lefel y môr, gerllaw nant sy'n un o ffiniau'r fferm, ac fe ymestyn y tir agored o'r caeau sydd ar bwys y tŷ annedd, ar draws yn hytrach nag ar hyd y gefnen sy'n codi o'r nant y cyfeiriwyd ati. Gellir dau syniad am y tir agored; yn gyntaf, mai'r caeau yw'r tir go iawn i'w ymestyn pan fo modd trwy amgáu cae arall o'r tir agored, ac yn ail, mai tiroedd at wahanol ddibenion yw'r caeau a'r tir agored, i'w gweithio ar y cyd. Os bu tir agored fferm yn lleiniau ar wasgar un tro, rhaid gochel rhag tybio mai tir eilradd ydyw o'i gyferbynnu â chaeau a amgaewyd o dir diddrwg didda. A chystal cofio mai tir llaith a brwynog yw llawer cae mewn pantiau gerllaw nentydd. Ar y naill law dywedir fod llawer o'r tiroedd agored yn âr i gyd; ar y llaw arall fe ddirywiai nifer ohonynt i dir *una(rable)* y cofnodwyr (ymhelaethir ar hyn isod). Nid rhyfedd hynny gan fod amrywiaeth yn anorfod mewn gwlad pant a bryn, 'cefen houl' ac 'wmed (neu bola) houl'. Ac yn ogystal nid yw geirfa llunwyr y mapiau o hyd yn amlwg. At hynny y trown yn awr.

Ynghyd â'r mapiau sydd dan ein sylw mae ar gadw gofnodion am gaeau a thiroedd eraill y ffermydd a ddylunnir. Dywedir mai *quality* eu tiroedd a nodir ond ni ddywedir beth yn union yw *quality*: dyma enghreifftiau:

Fferm	Quality	Acres	Roods	Perches
Fferm plasty Noyadd Trefawr Ceven Havod al(i)as Havod Ycha	A	60	-	23
Gwernan(t), Park y Brwyn	P	9	2	10
Cnwc y Gigfran, Park Tir Marl	A	3	-	5
Eskir Willim, Park y Waun – moory	M	2	-	23

Ni fanylir llawer yn y dogfennau ar *P(asture)* na *M(eadow)* ond fe wahaniaethir rhwng y *qualities* hyn o dir âr – *Arable, Arable and Meadow, Arable and Pasture, Arable or Pasture, Pasture or Arable, part Arable part Pasture, Arable and Una(rable), part Arable part Una(rable).* Dengys gwaith un T. L. Lewis nad gwahanol enwau ar yr un pethau oedd y rhain. Yn 1791 lluniodd ef fapiau o eiddo Thomas Johnes, yswain ystad Plas Llanfair Clydogau, ac fe wahaniaethodd ef fel hyn:

Fferm		
Glan Tivy, pl. Cellan	Cae'r Ywen	pasture or arable
	Cae'r Efel	arable or pasture
Pentre Trinant, pl. Llanddewibrefi	Cae Dugoed	arable and pasture
	Carnau	arable and pasture
Ty'n yr Helyg, pl. Llanddewibrefi	Fro	arable or pasture
	Cae garw pella	arable and pasture
Pant y Rhew Uchaf, pl. Llanddewibrefi	Open Land	arable or dry pasture
	4 cae	arable or dry pasture
	1 cae	dry pasture or arable

Beth yn union a gofnodwyd? Beth a olygid wrth *quality*? Ar yr olwg gyntaf fe all rhai *qualities* ymddangos yn amlwg, ond mae yna resymau dros oedi. Yn y gweithiau Saesneg sy'n ymdrin ag amaethu yn ail hanner y ddeunawfed ganrif golygai *quality* amryw bethau. Golygai 'well a gwaeth' fel pan anogid ffermwyr i hau had o ansawdd da yn hytrach na gwael. Pan luniwyd mapiau o ystad y Trawsgoed yn 1781, yn unol â'r syniad hwn am *quality* y disgrifiwyd caeau fferm Dan yr Allt:

Cae Coch	good arable
Y Ddol	sound arable and pasture
Cae'r Ddol	good arable

At hynny, golygai *quality* 'priodoledd', fel pan ddywedir mai un o briodoleddau pren deri yw ei fod yn caledu wrth heneiddio. Wrth sôn am dir pori yn Nyfnaint, meddai William Marshall a oedd fel y nodwyd gyda'r pwysicaf a'r mwyaf gwybodus o ysgrifenwyr y cyfnod, 'The old meadows produce great crops of hay, which is of a very fattening quality.' Ac fe allai *quality* olygu rhywbeth arall hefyd. Pan oedd Marshall yn trafod 'The Qualities of Grassland' yn Dorset yn 1812 gwahaniaethodd rhwng dau *quality* yn unig, sef y 'dry meadows . . . in the upland parts' a'r 'meadows in the vale of Blackmoor', hynny yw gwahaniaethodd rhwng mathau (fel y cyfryw) o dir porfa. A thra oedd *quality* yn golygu amryw bethau, fe allai olygu amryw ohonynt ar yr un pryd fel y gwelir yn y disgrifiad o gaeau Dan yr Allt. Gellir mynegi'r amwysedd fel hyn – beth oedd yn ei olygu i ddweud mai *quality* tir oedd *arable*, ai crybwyll triniaeth darn o dir neu nodi categori priodol iddo?

Mae yna ddau fath o ystyriaeth sy'n berthnasol wrth drafod ymhellach y mapiau a'r cofnodion sydd ar gael. Mae un ohonynt yn ymwneud â gofynion amaethu'r cyfnod, a'r llall â'r disgrifiadau sydd ar gadw o'r amaethu hwnnw. Fe ganlyn pedair set o ffermydd sy'n dangos eu hamrywiaeth ac sy'n codi amrywiol broblemau.

1. Yn gyntaf:

a. Gwernan(t)

179 erw	tir gwair	18 erw
	tir âr	112 erw
	tir pori	48 erw

Dyma fferm Plas y Gwernan(t), un o brif gartrefi bonedd yr Oesau Canol. Enw un o'r caeau yw 'Park y Foes [ffos] Fyn [ffin]'; y fferm hon oedd yr unig fferm sylweddol oedd wedi ei llwyr rannu yn gaeau ar ystad Noyadd Trefawr, er bod y cae mwyaf yn 24 erw. Dengys manylion sydd ar gadw nad trwy amgáu darnau o dir yn ymyl y tir agored y llwyr rannwyd llawer fferm yn gaeau ond trwy haneru'r tir agored â chlawdd, a haneru'r rheini eto. Digwyddodd hynny er enghraifft ar fferm plas Noyadd Trefawr.

b. Penllan, plwyf Blaen-porth

116 erw	tir gwair	1 erw
	tir pori	24 erw
	tir âr	29 erw
	Part arable	
	part una(rable)	61 erw

Enw un cae oedd 'Park Foes yr hen Ty', os bu hen dŷ a ffos o'i amgylch byddai wedi bod yn gartref pwysig unwaith. Yn wir, fe allai fod mwy nag un 'Penllan' yn y plwyf mewn gwahanol gyfnodau.

c. Trefaes Fawr

290 erw	tir gwair	5 erw
	tir pori	215 erw
	tir âr	71 erw

Roedd yna 'Park pwll Marl': nid oedd 'Park Marl' neu ei debyg yn enw anghyffredin, ac fe allai'r marl fod at achlesu'r tir neu at 'faeddu cwlwm', sef ei gymysgu â llwch glo ar gyfer tanwydd.

2. Yn ail:

		Tir âr	Tir gwair	Tir pori
Troed y Rhiw	51 erw	48 erw	3 erw	dim
Tafarn y Bugail	27 erw	27 erw	dim	dim
Park y Gors	57 erw	56 erw	1 erw	dim
Canllyvas (yn 1777)[5]	67 erw	61 erw	6 erw	dim

5 Un o ffermydd ystad David Turnor, diwygiwr amaethyddol maes o law.

Sut y medrid ffermio heb unrhyw dir pori yn y parthau hyn? I ble yr âi'r creaduriaid pan fyddai'r gwair a'r ŷd yn tyfu? Efallai fod mwy o dir comin gynt nag y sylweddolir nawr. Er hynny nid oes rheswm eglur dros gysylltu un o'r ffermydd hyn ag unrhyw gomin, ond lle rhannwyd tir comin trwy gydsyniad perchnogion fe allai ddiflannu heb nemor ddim i ddangos lle y bu. Ymddengys y bu tir comin un tro yn yr un ardal â fferm Troed y Rhiw, ond nid oes tystiolaeth o hynny ar wahân i un ddogfen a ffurf hynod sawl un o ffermydd sylweddol y cylch.

Dengys map 1838 nifer ohonynt â chwt hir anghyffredin ac anghyfleus yn ymestyn yn ôl i'r un darn tir, ac fe groesir y tir hwnnw gan ffordd gul â thro-coes-ci ynddi. Mae'n debyg fod tir comin un tro wedi ei rannu gan roddi cwt i amryw ffermydd a bod y ffordd ddi-glawdd fu unwaith yn unionsyth ar draws y comin wedi ei harwain ar hyd ymylon dwy fferm, o amgylch y ffiniau newydd. I'r un perwyl mae ar gadw'r ddogfen sy'n nodi fod gan fferm y Plas dir a hefyd 'common of pasture for all manner of cattle and common of turbary . . . in the parish of Aberporth'.

Lle nad oedd yna dir comin gwelir fod rhai gwŷr yn rhentu dwy fferm ar y tro, fel y dengys llyfrau rhent rhai ystadau gan gynnwys ystad Noyadd Trefawr, er nad oedd hynny'n wir am y ffermydd a nodir yma. Gyda dwy fferm gellid symud yr anifeiliaid pe dymunid. Gwyddys hefyd y byddid yn cyfrif tir porfa fel tir âr yn Lloegr pan oedd hwnnw wedi ei droi a'i hau â hadau gwair gyda'r bwriad o gael gwndwn; tybir na ddigwyddai hynny yn ne-orllewin Cymru yn y cyfnod hwnnw, ond mae'n werth nodi enwau rhai caeau; gweler y tabl gyferbyn. Mae'n bosibl hefyd mai ychydig iawn o greaduriaid a gedwid ar rai ffermydd os oedd eu tir yn dda at ŷd.[6] Er hynny, roedd rhaid

6 Mewn blynyddoedd diweddarach, yn ystod rhyfel â Ffrainc, meddai Meyrick (1810): 'Much of the land near the sea, and for almost four or five miles inland adjoining to it, is under corn . . .'

1744-7	Fferm Trewen	'Park clovers'	3 erw	tir âr
	Rhos	'Park clovers'	3 erw	tir âr
	Fferm ystad Noyadd Trefawr	'Park clovers bach'	5 erw	tir âr
1772	Fferm Plas Troed-yr-aur	'Park rye grass'	5 erw	tir âr
1773	Y Dyffryn	'Park y Clovers'	1½ erw	*meadow*
1787	Castell Nadolig	'Park y rye grass'	4 erw	*dry pasture*
	Pant yr Holiaid	'Park clovers and park rye grass'	9 erw	*arable or dry pasture*
	Pant y Betws	'Park St. Ffoin'	9 erw	*arable or dry pasture*

wrth rai creaduriaid ar gyfer gwaith, yn ogystal â llaeth ac enllyn (sef 'cynhaliaeth llaeth a menyn'), a heb greaduriaid ni fyddai achles chwaith ar wahân i wymon ar hyd y glannau a 'phridd a chalch' pan oedd calch ar gael.

Ac ynglŷn â phrinder tir pori ar y ffermydd dan sylw, ychwanegwn mai prin hefyd oedd y cyfle i bori anifeiliaid ar dir a gedwid yn fraenar am flwyddyn ar gyfer ei hau yn yr Hydref â rhyg neu wenith gaeaf. Gan fod angen ei droi i ddadwreiddio chwyn yn ystod y tymor tyfu a'i droi eto i atal y chwyn rhag hadu, ni fedrid ei bori bryd hynny.

3. Yn drydydd:

	Cyfanswm (erwau)	Part Arable Part Una	Tir âr	Tir gwair	Tir pori
Ffynnon Gripil	140	98	34	7	0
Vron Las	128	88	31	8	0
Pant Coch	74	64	0	1	2

Gwelir mai fel 'Part Arable Part Una' y cyfeirir at dir agored y rhain nid 'Part Arable Part Pasture'. Mewn dogfennau o'r ddeunawfed ganrif megis rhai ewyllysiau a dogfennau'n ymwneud â gweithredu ewyllysiau, a lle mae angen cyfeirio'n gynhwysfawr at dir, ceir a ganlyn:

> Lands arable and unarable meadows, leasows [gwndwn], pastures, floodings, woods and underwoods, furze . . . commons and commons of pasture.

Gellir nodi y gwahaniaethir rhwng ETHAM (arddadwy) ac AINETHAM (anarddadwy) mewn dogfennau Gwyddelig cynnar. Beth yw byrdwn 'âr a di-âr'? Ai fod rhan wedi ei throi a'r gweddill yn gymysgryw yn hytrach nag 'âr a phori' dyweder, neu 'âr a thir gwair'? Fe ellid *unagricultural* hefyd, er na welir hynny o gwbl yn ystod y ddeunawfed ganrif am a wn i.

4. Yn bedwerydd:

	Cyfan-swm	Tir âr (erwau)	% o'r cyfan yn âr
Fferm plasty Noyadd Trefawr	748 erw	680	90%
Cnwc y Gigfran	368 erw	302	80%+

Yr unig gylchoedd lle ceid ffermydd yn gyffredinol â'u tir bron i gyd yn âr oedd gerllaw dinasoedd mawrion lle roedd carthion y strydoedd a'r beudai a'r stablau ar gael i achlesu'r tir. Dywedid y byddid yn cartio carthion o Birmingham i ffermydd tua deg milltir i ffwrdd, rhyw 18 i 20 milltir o Lundain, a rhyw 25 milltir o Gaeredin. Ond yng nghefn gwlad yr oedd Noyadd Trefawr a Chnwc y Gigfran, ac nid ar lan y môr chwaith.

Mae'r hyn a nodwyd uchod ynghlwm wrth ystyriaethau eraill. At y rheini y trown yn awr, at waith trin tir coch a'i gynnyrch, ac at ofynion trin tir glas hefyd. Ynglŷn â gwaith troi a hau a chynaeafu'r ŷd mae'r dystiolaeth yn amhendant. Yn ôl a ddywedodd Gwallter Mechain yn 1814:

> about Cardigan town corn is mostly mown [sef a phladur]: a cradle fixed to the scythe is always used. Reaping [â chryman] is the most common practice in the other parts of the county.

Felly hefyd gerllaw glannau Teifi yn sir Gâr yn ôl awdur *Hanes Plwyfi Llangeler a Phenboyr* (1899):

> Yr un fath offer i drin y cynhauaf a ddefnyddir yn awr yn y plwyfi ag a ddefnyddid er ys trigain mlynedd neu ragor yn ôl. Yr ydym yn lladd gwair ac yn taro â'r un fath bladur ac yn medi â'r un fath gryman, ag oedd y teidiau yn nechreu y ganrif, ond mae mwy o daro yn awr nag yn yr hen amser. Yr adeg honno dwrnfedi gwenith a barlys oeddid,

> a shedremo ceirch a shiprys, a defnyddid y bladur at ladd gwair yn unig bron[7].

Anodd gwybod i sicrwydd pa hyd o amser y byddai ei angen i fedi a rhwymo gynt mewn cyfnod pan oedd y cnwd yn ysgafnach nag ydoedd pan ysgrifennwyd y llyfrau hanes lleol, ond mae rhyw fath o arweiniad i'w gael. Yn ôl Huw Evans, 'Tasg medelwr [yng Nghwm Eithin] oedd torri hanner cyfair a'i rwymo mewn diwrnod.' Pe bai hynny'n wir yng nghyffiniau Noyadd Trefawr tua chanol y ddeunawfed ganrif, byddai angen 1,360 o ddyddiau gwaith i fedi a rhwymo cnwd fferm y plasty (heb gynnwys y tir oedd yn fraenar ar y pryd), heb sôn am 'gario 'nghyd' a stacano a chywain a deiso a gwneud rheffynnau gwellt at doi'r teisi, ac yn gyfatebol ar bob fferm arall. Mae cyfrif cyflawn ar gadw am y dyledion gwaith oedd yn rhan o dâl tenantiaid ystad Noyadd Trefawr, yn rhan o'u rhenti blynyddol yn 1743-4. Er enghraifft, ym mhlwyf Blaenporth, 'Trevaes Fawr and Penllan for Trevaes, 2 Horse loads of coal and 6 reapers, 6 Hens, 60 eggs, 10 Horse loads of Sand, 2 Horses to carry corn, 2 to load Hay, and 2 more on occasion . . . For Penllan 4 Horses, 40 eggs, 3 days reaping, 1 Harrow, 3 Load of Sand, 1 of Coal & a Horse on occasion.'

Cyfanswm y dyledion gwaith at fedi yn unig oedd 85 diwrnod; ymddengys fod rhywbeth yn hynod yn rhywle. Ond roedd yna fedelwyr eraill, crefftwyr, gweithwyr a'u teuluoedd, yr holl boblogaeth mae'n debyg. 'Gan y tyfid llawer mwy o ŷd,' meddai awdur *Hanes Plwyf Llangynllo* (1905), 'yr oedd holl waith y ffermydd yn canolbwyntio mewn dodi a chynauafu llafur, ac felly gwysid fynychaf rai o'r morwynion allan i'r meusydd i lyfnu a chyflawni llawer o waith ysgafn arall gyda cheffylau yn ystod y gwanwyn a'r haf', heb sôn am amser y

7 Gwahanol ffyrdd o fedi a oedd yn hwyluso rhwymo oedd dwrnfedi a shedremo: wrth shedremo tynnid yr ystod yn gyfleus gryno â'r cryman ar gyfer y rhwymo.

cynhaeaf medi. Mor amlwg oedd gwaith y tir âr ynghyd â'r balchder yn y ceffylau, fe ellid anghofio mai cnwd ydoedd at fwydo dyn ac anifail yn bennaf oll, yn hytrach nag i'w werthu am elw.

Er hynny, ac yn ddiamau, roedd aredig helaeth iawn hyd yr 1870au. Pan oedd W. J. Davies wrthi yn ysgrifennu *Hanes Plwyf Llandyssul* (1896) roedd peiriannau fel y mashîn lladd gwair a'r beinder wedi cyrraedd ambell le ond roeddynt ymhell o fod yn gyffredin. Eithr mae'n amlwg y tybiai ef fod y newid ym mywyd cefn gwlad nid *yn* digwydd ond *wedi* digwydd, fod yr hen fywyd wedi dod i ben. Nid cyfeirio yr oedd at unrhyw offer newydd ond at y gostyngiad yn nifer yr erwau tir âr a phob peth oedd ynghlwm wrth hynny. Lliniarwyd, meddai, yn werthfawrogol, ar ddibynnu ar adnoddau lleol am ŷd a phob cynhaliaeth arall yn syth ar ôl i Peel ddiddymu'r Deddfau Ŷd yn 1846; daeth terfyn ar y ddibyniaeth pan fewnforiwyd ŷd yn ystod yr 1870au, a chyda gostyngiad yn erwau'r ŷd peidiodd yr hen drefn â bod. Cyn hynny ŷd oedd yn cyfrif bennaf yng ngwaith y fferm yn hytrach na'r gwartheg: nid rhyfedd fod cymaint o dir âr pan luniwyd mapiau ystad Noyadd Trefawr.

Ond hyd yn oed os bwrir mai dan ŷd oedd bron yr holl dir a nodwyd fel tir âr ac eithrio'r braenar ac ambell rwn o bys a ffa i'w bwydo i'r creaduriaid, sy'n amheus, cyfyd cwestiwn pellach; ai felly oedd hi yn rheolaidd, bob blwyddyn? Cyn diwedd y ddeunawfed ganrif cafwyd amryw adroddiadau ar amaethu yn y de-orllewin gan wŷr oedd yn gwbl gyfarwydd â'r wlad, megis Thomas Lloyd y Cilgwyn, David Turnor o Ffynnon Werfil, a Charles Hassal, ac yn ôl a ddywedasant hwy âr a phori am yn ail oedd yn gyffredin.

Dengys ewyllysiau mai eu da byw oedd cyfoeth trwch y ffermydd, a hynny ers hir amser, ac roedd hynny'n hawlio tir glas. Mae ar gadw gyfrif o eiddo Lewis Phillip Lewis o blwyf Tre-main yn 1607, yn ystod oes George Owen, fel y nodwyd eisoes. Roedd yn berchen gwerth £5-0-0 o ŷd (sef tair rhic), un o wenith, un o haidd ac un o ryg, tra oedd ei dda byw yn werth £12-0-8, ac roedd ganddo glwydi pwrpasol at ffaldio'r creaduriaid ar ei dir âr. Yn 1630 bu farw Dyddgu ferch Dafydd o blwyf Llangrannog. Cyfanswm gwerth ei da byw oedd £49-13-4 ynghyd â gwerth £1 arall o fenyn a chaws: cyfanswm gwerth ei hŷd oedd £10-1-0 gan gynnwys rhic gwerth £7 'of old Corne'. Roedd ganddi hithau hefyd glwydi ar gyfer ffaldio'r creaduriaid. Mae cyfrif eto am feddiannau Thomas Lloyd, Bronwydd, yn yr un flwyddyn. Hanai'r Llwydiaid yn uniongyrchol o'r Crynfryn yn y bryniau i'r gogledd o ddyffryn Aeron, ac roedd yno 19 o ffermydd yn eiddo iddo ynghyd â 13 arall yn ardal Bronwydd. Gwerth ei ŷd oedd £45, gwerth ei dda byw £345. Ac yng nghyfnod y mapiau mae cyfrif o eiddo (1765) 'John Griffiths, *gentleman*', Pant-swllt, ardal Talgarreg, sef gwerth £47 o ŷd gan gynnwys brag, a gwerth £106-7-8 o dda byw. Rhaid addef y gall y gwahaniaethu rhwng gwerth da byw ac ŷd gamarwain oni chofir fod cyn lleied o ŷd oherwydd bod dyn ac anifail eisoes wedi bwyta ohono. Tra oedd angen cynnyrch y tir coch a gofnodir ar fapiau'r ddeunawfed ganrif er mwyn porthi gwartheg ac ychen a cheffylau dros y gaeaf, roedd rhaid wrth dir pori yn rhywle i'r cyfan o'r da byw.

Sylwyd uchod mai âr a phori am yn ail oedd yn arferol, gan gynnwys 'arable and pasture' y cofnodwyr, sef ŷd a gwndwn yn eu tro. Y feirniadaeth gyffredin oedd fod ffermwyr yn parhau ag ŷd ar yr un grynnau yn rhy hir, hyd at saith neu wyth mlynedd o'r bron cyn gadael i'r borfa aildyfu. (Yr un oedd y feirniadaeth yn yr un cyfnod dros rannau helaeth o Loegr gan gynnwys Cernyw.) Mae yna ddau beth i'w nodi. Yn gyntaf, cyn diwedd y ganrif bu llawer yn teithio'r wlad ac am lymder a thlodi yr adroddant hwy nid am amaethu bras; eithriadol oedd sôn am fraster ac irder mewn ardaloedd megis honno yng ngogledd sir Benfro rhwng Aberteifi ac Eglwyswrw. Yn ail, rhaid tybio fod ffermwyr yn amrywio fel pawb arall ym mhob cyfnod, fod yna waeth a gwell, fod yna rai a gadwai at ŷd yn rhy hir tra bo eraill yn gweithredu fel arall. Prin oedd y pleidwyr i amaethu gorau'r cyfnod, ond am orau yr amaethu hwnnw y dywedwyd hyn: 'The Old System [sef âr a phori am yn ail] was well adapted to the ages wherein it originated, and through which it passed for a long period, when we advert to the population, and circumstances of those ages. The Old System is here meant on its avowed best principles, for regular and not bad principles it had. The old husbandry had in view the preservation and improvement of natural grasses; and to secure their reproduction in the greatest qualities possible, and as speedily as possible, after the few crops of corn that were taken in a short course of tillage . . .' (1814).

Y rhain oedd yr 'avowed best principles' ar gyfer cael porfa gwndwn trwy dyfiant 'naturiol', hynny yw heb hau had: hau ŷd am ychydig dymhorau, gwrteithio ar gyfer y cnwd ŷd olaf, cadw'r creaduriaid o'r gwndwn newydd dros ei aeaf cyntaf, ei bori yr haf nesaf heb ladd ei wair, a naill ai ei bori neu ladd ei wair y flwyddyn ddilynol, a oedd yn llawer anos ar leiniau tir agored 'âr a phori' nag mewn caeau â chloddiau o'u hamgylch.

Ar diroedd y de-orllewin yr oedd hyn, yn ôl Charles Hassal, yn dra derbyniol: 'all the strong loams of this county [sir Gâr] produce good grass, when land is laid down in proper condition. Every Carmarthenshire farmer knows, that if he manures and ploughs his land well, and afterwards forbears to run it out of condition by too many corn crops, it will become good grassland.' (Ond beirniadai'r gweithredu yno: 'The people have impoverished the soil, and the soil, in its turn, has impoverished them.') Aeth yn ei flaen: 'In dry loamy soils, artificial grasses may be sown with success, on land intended for pasture or meadow; but I doubt whether the natural grasses of the Vales may not be preferable to any other sorts.' Cofier mai amheus oedd ansawdd yr had oedd i'w brynu y pryd hwnnw ac am hir amser wedyn. Cofier hefyd mai'r porfeydd a dyfai'n gryf yn 'naturiol' (yn hytrach na thrwy eu hau) oedd y rheini a ddeuai i'w llawn dwf yn ddiweddar yn y tymor yn hytrach nag yn ddymunol gynnar: cyn diwedd y ddeunawfed ganrif roedd ar gael yng Nghymru had rhygwellt sy'n llanw'n gynnar.

Hyd yr amser pan oedd bwydydd anifeiliaid ar gael i'w prynu ynghyd â'r moddion at hynny, sef diwedd y bedwaredd ganrif ar bymtheg a dechrau'r ugeinfed, roedd 'hirlwm' Mawrth ac Ebrill yn mynegi profiad llawer un dros rannau helaeth o Gymru, pan fyddai Mawrth yn lladd ac Ebrill yn blingo. (Fe noda *Geiriadur Prifysgol Cymru* fod Kilvert yn sôn am bobl yn sir Faesyfed yn trosglwyddo'r gair i'w Saesneg: 'March was reckoned a very severe, trying month . . . old fashioned folks called March 'heir-loun' or some such name.') Gan hynny roedd tyfiant cynnar porfa las yn hynod bwysig, ond prin fod dim i hybu hynny ond y tail yr oedd ei angen at gynifer o bethau eraill.

Ceisiodd ambell ŵr mawr sicrhau hynny trwy lunio dolydd dŵr tebyg i *water meadows* swydd Henffordd a chyffiniau *downs* de Lloegr, fel y gwnaeth Thomas Lloyd, yswain Coedmor ger Aberteifi. Ond roedd hynny'n hynod gostus ac yn llai effeithiol na'r cyfryw ddarpariaeth mewn rhanbarthau lle roedd y dŵr yn llifo dros sialc neu galchfaen, neu dir arall ac ynddo gemegau addas at gyfoethogi'r tir yn ogystal â'i ddwrhau.

Yn gyffredin yn y de-orllewin 'ffogo' oedd dewis ffordd y rheini a anelai at gael gogor yn y gaeaf ynghyd â thyfiant cynnar yn y gwanwyn. Fe dardda'r gair o *fog* y Saesneg, sef porfa hir a adewid dros y gaeaf heb ymyrryd â hi. (Gwelir 'fog' a 'fogo' yng ngeiriadur Salesbury yn 1547.) 'F(f)og wen' oedd yr enw yn nyffryn Aeron ar 'borfa yn y gaeaf a fydd wedi aros oddi ar yr haf'. 'Ffogo' oedd gadael i dyfiant newydd ddod dan gysgod yr hen borfa, y 'ffog': golygai hynny fod angen tir at ffogo yn ogystal ag at wair. Caeid y cae gwair ar ddechrau Mai tra caeid y cae at ffogo tua chanol haf heb ladd ei wair na'i bori wedyn ar gyfer cael porfa at y gaeaf a'r mis Mawrth neu Ebrill canlynol. Am ffogo yn y de-orllewin fe ddywedwyd yn organmoliaethus: 'in the spring of the year young shoots of grass are very forward under the shelter of the old, and both together are eaten with avidity.'

Collfernid ffogo yn llym gan lawer, ond fel amryw arferion eraill, anghywir yw tybio mai dull gwŷr plwyfol a diddysg ydoedd, gwŷr a lynent wrth hen ffyrdd. Fe'i cymhellid yn gadarn yn nhiroedd y de-orllewin llaith, lle nad yw oerfel gaeaf yn cydio ar ei waethaf, gan rai megis Charles Hassal a Thomas Lloyd, yswain y Cilgwyn ger Castellnewydd Emlyn, perchen tir oedd yn llwyr gyfarwydd â thir a hinsawdd ei fro, ac ag adnoddau ei denantiaid. Dywedir y byddid yn ffogo yn sir Benfro ac yn y rhannau o siroedd Caerfyrddin ac Aberteifi sy'n cydio wrthi, ac mae sicrwydd hefyd na chyfyngid ffogo i'r ardaloedd hynny.

Ynglŷn â'r tir gwair a'r tir pori gorau ymddengys yr anelid at eu cadw felly os medrid, hynny yw heb ymyrryd â hwynt, gan fod gwahaniaeth rhwng porfa tir gwair da a phorfa tir pori da. Pe byddai doldir yn dirywio oherwydd lladd ei wair bob blwyddyn o'r bron, efallai y byddai angen ei bori am newid neu hyd yn oed ei aredig os methid â lladd ei chwyn, neu fel arall, ond i'w osgoi oedd hynny yn hytrach nag i'w gymell. Roedd hi fel petai y tybid fod gan y gwahanol fathau o'r tiroedd glas gorau, y tir pori, y tir gwair, ac ati, bob un ei briod natur, ac mai gwell fyddai peidio ag ymyrryd ag ef onid oedd hynny'n anochel. Ni fyddai hynny yn ddieithr yn Lloegr chwaith y dyddiau hynny.

§

Cyn gadael y mapiau a'r cofnodion perthnasol nodwn wrth fynd heibio rai enwau caeau sydd i'w gweld yn y cofnodion hynny ond na sylwyd arnynt eisoes. Ceir 'Park potato' fferm Troed-yr-aur (1787), deg erw, 'dry pasture'; 'Park bach botato',

Ffynnon Berw (1787), erw a hanner, tir pori. Bu ysgrifennu helaeth iawn ar amaethu yn yr Alban yn y ddeunawfed ganrif gan berchnogion tiroedd ac eraill: tyfu tatw meddent hwy a ddarbwyllodd ffermwyr o bwysigrwydd trin y tir yn drwyadl. Pryd yn union y dechreuwyd tyfu tatw yn y caeau yn hytrach nag mewn gerddi yn ne-orllewin Cymru, ni wn. Gwelir fod hynny'n digwydd cyn 1787, ac wedyn fe ellid talu dyledion gwaith yn ystod y cynhaeaf medi gan 'bobol tai bach', y di-dir, am osod rhychau tatw ar dir fferm gan eu hachlesu â thail y fferm.

Enw arall oedd 'Park y pis' (fferm Plas Troed-yr-aur, 1772; 'Nant y brenny', 1787; a Phenalltygwin, 1787). Roedd y pys a'u gwrysg i'w bwydo i'r creaduriaid. Ceid hefyd 'Park y feillionen' (yn hytrach na 'Park y clovers') yn Ffynnon Berw (1787), a 'Park pant feillionen' yn Nanty Mawr (1806), naw erw, tir âr. Hefyd 'Park ffawydd' fferm Plas Troed-yr-aur (1772) ac eto fferm Pant y Betws (1787). 'Park udlan degwm', Pant y Betws (1787); dyma gartref offeiriad plwyf Betws Ifan un tro ac yno y cyrchid degwm y plwyf hwnnw.

Ceid hefyd 'Esgir Maen', rhan o 'Nant Gwyn and Esgir Maen', 63 erw o 'arable and pasture and short hay', sef 'gwair cwta'; at hynny 'rhos *hay*', sef 'gwair rhos' (1781). Ar fferm y Foelallt ym mhlwyf Llanddewibrefi ceir 'Gwaith Pymtheg Gŵr', enw cae (?) 32 erw. Cae gwair dwy erw oedd 'Gwaith trigwr', rhan o fferm y Cwm ym mhlwyf Betws Bledrws, tra 'Gwaith gŵr mawr' oedd enw cae dwy erw ar fferm Glan Tivy ym mhlwyf Cellan (1791), ac yn y flwyddyn honno roedd 'Tir Cyd', 12 erw o 'wet and dry pasture' ar fferm Ceufaes, Llanddewibrefi.

Ym Mhenlan, plwyf Penbryn, roedd 'Park das rhedin', ac yng Nghnwc y Gigfran ceid 'Park yr Oft' (y Rofft), wyth erw o dir âr, ac ar yr un fferm yn y cyfnod 1744-7 'Park Carthouse'. Yn Ffynnon Goed (Ffynnon Goeg, Ffynnon Gog) ger Beulah yn 1780 gwelid 'Parkau'r Deilad', ac yn Nanty (plwyf Troed-yr-aur) yn y cyfnod 1744-7 ceid 'Park yr Odin', sef odyn at grasu grawn cyn ei falu. Yng Ngwernan' yn yr un plwyf ar yr un adeg roedd 'Park y Bricks'; gwyddys y bu ailadeiladu yno yn ystod y ddeunawfed ganrif, ac os yno y gwnaethpwyd y briciau ar gyfer hynny (fel a ddigwyddodd i ailgodi Llanllur a Llannerch Aeron yn nyffryn Aeron) roedd hynny yn go gynnar. Ac yn olaf ond un, enw go hynod, 'Park pistyll Cymri' ar fferm Troed-yr-aur yn 1787, ac yn olaf oll un hynotach, darn pedair erw ym mhlwyf Llangoedmor, 'llain y meyn (maen) cyfrifol', 1750.

§

Dwyn i Derfyn

Yn awr anterth newidiadau'r ddeunawfed ganrif ni chlywid sôn am chwyldro mewn amaethu: ni soniwyd am hynny cyn i'r Chwyldro ddymchwel yr hen drefn yn Ffrainc. Erbyn 1804, fodd bynnag, roedd Arthur Young yn cyfeirio at 'a state of revolution, whether in politics or in agriculture'; cyn hynny clywid sôn am 'Y Gwelliannau' neu am 'Yr Amaethyddiaeth Newydd' yn hytrach na'r 'Hen Amaethyddiaeth', ac am yr Hen Amaethyddiaeth y traethir yma yn hytrach nag am ddyfodiad yr Amaethyddiaeth Newydd.

Yn gryno, ynglŷn â ffermydd 'caeau a mynydd' fel y rhai y soniwyd amdanynt, ceid a ganlyn yng nghyfnod yr Hen Amaethyddiaeth:

1. Clos, stabl i'r ceffylau, beudy i'r ychen ac ymhen y rhawg i'r da godro, a thomen ar y clos o garthion y tai maes.

2. Tir âr, 'Errable' George Owen, a oedd fel arfer ar bwys y clos fel y gellid cludo tail y clos iddo a chludo'r cynnyrch ohono.

3. Yn ymyl y tir âr, a heb glawdd yn eu gwahanu, 'arrable or pasture' George Owen, a thu draw i hwnnw unrhyw dir gwyllt.

4. a) Cae gwair ar bwys y clos os medrid, i'r biswel (sef y lleisw) o'r beudy a'r stabl a'r clos ei wrteithio.

   b) Ffald neu gae (a adwaenid maes o law fel y 'cae nos') gerllaw'r clos, at gadw hyrddod a da hesbon pan fyddid yn godro ar y clos, y defaid a'r da godro.

   c) Cae gerllaw'r clos os medrid, i'w gadw at ei bori yn y gwanwyn gan ddefaid oedd yn llydnu a gwartheg yn bwrw lloi.

   ch) Cae at 'ffogo', ei gadw fel y dywedwyd, heb ladd ei wair na'i bori nes i dyfiant y gwanwyn ddod ynddo. Efallai mai'r un cae oedd hwn â'r un a nodwyd yn union uchod.

   d) Tir glas arall gan gynnwys 'pasture' George Owen.

Yn unol â'r drefn hon y lluniwyd ffermydd, orau y medrid, eto'n amrywiol gan fod yna amrywiaeth pant a bryn, gwlyptir a sychtir, a phob rhyw ystyriaeth berthnasol arall. Yn nyddiau'r Hen Amaethyddiaeth, hyd yn oed ar ei orau roedd yna ddau ddiffyg amlwg: prin oedd y cynnyrch, a phrin ac annigonol oedd porthiant y creaduriaid dros y gaeaf, fel mai nychlyd oeddynt erbyn diwedd yr hirlwm[8].

A chan mai gwellt yn bennaf oedd ar gael i'w fwydo i'r creaduriaid bryd hynny, nid oedd mo'r un gwaith llafurus o tshaffo a pholpo fel y nodweddai'r gaeaf erbyn diwedd y bedwaredd ganrif ar bymtheg a degawdau cynnar yr ugeinfed.

Yma fe grynhoir am yr Hen Amaethyddiaeth yn yr ardaloedd dan sylw, ac wrth wraidd hynny mae dwy ystyriaeth, sef bod y ffordd y rhennid tir gynt ynghlwm wrth gael rhediad

---

8 Ar dir comin y Presely roedd gynt anhawster ynglŷn â phori'r gwartheg, a oedd yn ôl George Owen yn dwyn y prif elw i ffermydd gogledd sir Benfro. Ni fedrid manteisio ar dir pori'r comin hyd yr eithaf am na ellid darparu digon o wair a gwellt i gynnal digon o'r gwartheg dros y gaeaf at bori gogor y comin yn drylwyr yn ystod yr haf. Felly âi rhai o'i adnoddau'n wastraff.

i'r dŵr yn y dyddiau cyn dyfodiad defnyddiau arbennig ac offer a pheiriannau at dorri cwteri a sychu tir, ac yn ail angen ffermydd am dir glas a thir coch fel ei gilydd. Gan mai gwlad pant a bryn yw hi, golygai hynny oll drin cefn a phant yn wahanol, lle medrid, fel y dengys y mapiau a fu dan sylw. Fe hir amgaewyd mewn caeau y tir gwair gorau, a oedd yn brin, ac efallai'r tir pori gorau, ond fe rannwyd yn gaeau hefyd y tir oedd ar lawr y pant, tir a oedd yn aml yn llaith a brwynog, megis tir isel fferm y Dyffryn. (Pan fûm i'n holi, deellais mai tir annymunol oedd 'hen wrglo' neu weirglodd. Cynnyrch tir gwair eilradd oedd 'gwair gweirglawdd' Gwallter Mechain hefyd pan nododd ef y gwahanol fathau o dir gwair yn 1814; fe all '[g]weirglodd ffrwythlon ir' Ceiriog gamarwain.) Prin oedd rhediad dŵr mewn llawer pant ond lle ceid hynny, yno wrth reswm oedd y dolydd gwell.

Tir rhannau is y cefnau, 'tir agored' yn hytrach na thir caeau, oedd y tir âr gwell, lle roedd rhediad naturiol i'r dŵr trwy'r rhychau rhwng y grynnau, tir y bu rhan ohono dan ŷd yn barhaus un tro, ond a oedd yn dir 'âr a phori' ym mhobman wedyn. Felly, ynglŷn â'r tir da dan yr hen drefn, roedd y tir gwair da mewn caeau ond y tir ŷd da yn agored. Eithr yn uwch i fyny'r un tir agored ar y cefnau ceid tir glas a rhostir hefyd. Pan amgaewyd y 'tir agored' fe ddibynnid ar gleisiau dwfn wrth fôn y cloddiau newydd i sychu'r tir: ymddengys fod ambell i ffermwr wedi dechrau torri cwteri yn ystod yr 1830au, ond mae'r dystiolaeth yn brin; yn ystod yr 1830au hefyd cychwynnodd rhai ystadau ar y gwaith, megis ystad Mynachdy.

Gan fod tir âr y cefnau un tro mewn grynnau, wedi ei aredig yn ôl trefn cefn a rhych, ni fyddai'n annhebyg iawn ei wedd i'r rhandiroedd gynt yn enwedig lle roedd y cyfan o'r tir agored yn dir âr fel yr oedd, fe ymddengys, ar rai ffermydd yn 1744-7. Gan hynny, gellir dychmygu llunio ffermydd 'caeau a thir agored' am y tro cyntaf nid yn unig o dir gwyllt neu dir gwag, ond o bryd i'w gilydd trwy ymgorffori ynddynt leiniau neu rynnau rhandiroedd oedd eisoes yn bod.

Yn yr Hen Amaethyddiaeth mewn rhanbarth lle roedd y da byw yn bwysig, prif gynnyrch y tir âr, fel y nodwyd, oedd haidd a cheirch (gan gynnwys shiprys) yn hytrach na gwenith. Blawd yr haidd oedd at fara hyd ddiwedd y bedwaredd ganrif ar bymtheg, gwellt yr haidd oedd at sarn i'r creaduriaid, a haidd oedd orau hefyd i'w dyfu ar yr un llain o dir yn ddi-dor am ysbaid hir. A thra oedd amrywiol fwydydd blawd y ceirch 'at iws y tŷ', gwellt y geirchen oedd prif fwyd y da byw dros y gaeaf, fel y nodwyd, a hyd nes dyfodiad peiriannau yn ddiweddar yn y bedwaredd ganrif ar bymtheg fe gyflogai ffermydd mawrion y rhanbarth (er enghraifft Penralltfachno, Penrhiwllan, 260 erw) ddau ŵr i ddyrnu â ffustiau dros y gaeaf, nid i gael grawn i'w falu ond i ddarparu gwellt ar gyfer y creaduriaid. Roedd gwellt y gwenith braidd yn galed i'w fwydo iddynt ond roedd ei angen at doi, hynny eto hyd ddiwedd y bedwaredd ganrif ar bymtheg a dechrau'r ugeinfed.

A thra bu ffaldio, hynny yw tra y bu 'tir agored âr a phori', roedd defaid yn bwysicach na chwedyn yn ne Ceredigion at achlesu'r tir ar gyfer y cnydau. Wedi amgáu'r tir agored fe'u cedwid wedyn i fwyta'r borfa na fedrai'r gwartheg mo'i phori. Roedd yn wahanol yng nghanolbarth a gogledd sir Aberteifi. Yn y canolbarth, y tir is oedd cynefin y defaid, fel y bryndir yng nghyffiniau Tal-sarn; fe'u hanfonid i'r tir uwch y tu draw i afon Teifi dros yr haf. Yn y cyflwyniad i'r gyfrol *Cerddi Cerngoch* (John Jenkins, 1820-94) gwelir cyfrif o fyned o Flaen-plwyf Ystrad i Fronbyrfe (sydd tua 1,200 troedfedd uwchlaw lefel y môr, ger glan un o isafonydd Tywi) er mwyn eu cneifio.

Y gwrthwyneb i hynny oedd y drefn yng ngogledd y sir: y tir uwch oedd cynefin y defaid. Fe'u dygid i lawr garfan ohonynt ar y tro i fwrw'r gaeaf neu ran ohono ar y tir isel. Ac yno yn y gwanwyn rhaid oedd porthi'r defaid, yn enwedig y mamogiaid, yn ogystal â darparu ar gyfer y gwartheg. Lle bynnag roedd rhaid wrth hynny, roedd y tir isel yn wlad y defaid yn ogystal â'r ucheldir. Dros y canrifoedd roedd gwella'r tir uwch yn anodd ar y gorau, yn enwedig cyn dyfodiad *basic slag* ar ddiwedd y bedwaredd ganrif ar bymtheg. O ran aredig, lle roedd hynny'n gymwys, mor ddiweddar â'r 1930au roedd angen cael gan gwmni Ransomes i gynllunio a gwneuthur un aradr arbennig, sydd nawr yn Amgueddfa Werin Sain Ffagan, i rwygo tywarchen anhydrin yr ucheldir yng nghyffiniau Cwm Ystwyth a thu hwnt yng nghanolbarth Cymru, tra ar dir uchel y dewis ddull oedd llosgi'r hen dyfiant a chalcho a hau had.

Yn amser y Gwelliannau mae'n amlwg mai yn araf y mabwysiadwyd dulliau a chnydau a chylchdroadau cnydau yr Amaethyddiaeth Newydd, ac fe briodolwyd hynny i lawer rheswm: tlodi, diogi, anwybodaeth, glynu wrth hen ddulliau, diffyg crebwyll, diffyg arweiniad, a diffyg gweledigaeth. Ar ôl cyhyd o amser prin y gellir synio am amgylchiadau'r cyfnod hwnnw heb fod yn ymwybodol o'r hyn sydd wedi digwydd yn y cyfamser, hynny yw, heb wybod beth oedd eto i ddod ac yn anhysbys i wŷr ail hanner y ddeunawfed ganrif. Ynglŷn â hynny mae'r farn a fynegodd Iolo Morganwg ar ddiwedd ei daith yn sir Gâr yn 1796 yn haeddu sylw: 'What system of tillage is precisely the best for West and North Wales remains yet to be discovered by judicious experiment and observation.' Nid oedd yr hyn a oedd eto i ddod yn amlwg i bawb.

'No food, no stock; no stock, no dung; no dung, no corn' oedd dywediad gwŷr canolbarth Lloegr: mae'n berthnasol i'r gwaith o ymgymryd â'r Gwelliannau. Fel y nodwyd mae'n golygu nad oedd ychwanegu ambell i gnwd newydd yn ateb diben: roedd cylch i'w dorri ac ar gyfer hynny roedd angen cyfalaf. Yma fe gyfyngir ein sylw i un ystyriaeth berthnasol.

Cyfeiriodd George Owen at amser gynt a oedd, chwedl yntau, yn oes aur i denantiaid. Gan fod cyn lleied o denantiaid da bryd hynny a meistri tir mor awyddus i'w cael, ni ddisgwylid i denant dalu ond ern wrth gychwyn ar les a roddid iddo. Ond bellach, yn ôl George Owen, cyn i'r les ddarfod rhaid oedd i'r tenant anffodus hel arian am ryw ddwy neu dair blynedd i dalu'r *fine* fyddai'n ofynnol er mwyn adnewyddu'r les. Cyfeirio yr oedd nid at ddirwy ond at y tâl oedd yn arferol y dwthwn hwnnw wrth gychwyn ar les. Ac yn wir byddai'n rhaid iddo gynilo digon i'w alluogi i gynnig mwy nag unrhyw un o'i gymdogion, a byddai hynny mor anodd â phriodi dwy ferch i feibion ffermydd ei fro. Ac os chwareus oedd ei eiriau, nid oeddynt heb arwyddocâd.

Clywyd atsain o hynny yn Lloegr pan fu'n rhaid wynebu costau ymgymryd â gwaith yr Amaethyddiaeth Newydd, a oedd yn sylweddol. Roedd angen cyfnod hir ar gyfer bridio gwell da byw, ac roedd hynny'n gostus. Ar gyfer y cnydau newydd, roedd angen gwrtaith oedd eisoes yn brin; roedd nifer o'r cnydau hynny, fel maip, yn dra llafurus i'w trin a'r cynnyrch yn hynod ansicr: roedd angen sychu tir ar eu cyfer pan nad oedd ond nerth braich at hynny, ac angen yr un nerth braich at godi'r cloddiau newydd ac i wella'r 'tai ma(e)s' tra oedd eto'n aros yng Nghymru yr hen drefn mai cyfrifoldeb y tenant oedd y gwaith cynnal ar y fferm.

Yn yr 1830au yn sir Gaerhirfryn, cymaint oedd y *fine* wrth gael neu adnewyddu les fel nad oedd gan ffermwyr gyfalaf digonol yn weddill i'w galluogi i ffermio'r tir yn iawn. A thua chanol y ganrif yn Nyfnaint, lle ceid arfer o rent isel ond *fine* cychwynnol uchel, rhaid oedd i denant fenthyca er mwyn talu, 'leaving himself without capital adequate to the management or improvement of his farm'.

Eisoes fe nododd William Marshall na fedrai ffermwyr yn Cumbria ymdopi â chostau gwelliannau'r Amaethyddiaeth Newydd. Pan fwriadent sefydlu meibion ar eu ffermydd eu hunain rhaid oedd iddynt gynilo ar gyfer 'the payment of the eventual fine', fel nad oedd dim yn weddill hyd yn oed at ddysgu am y dulliau newydd heb sôn am gostau ymgymryd â'r gwaith. Anghenion y teulu oedd i'w diwallu yn gyntaf. Ni fedrai ond y da eu byd wneud hynny yn ogystal ag ymgymryd â gwaith y gwelliannau.

Un tro yn Lloegr fe briodolwyd y gwelliannau yn bennaf i'r 'gwŷr mawr'; wedi hynny cydnabyddwyd y cyfraniad a wnaeth y 'capitalist farmers' ar ôl i'r rheini gael eu rhyddhau o holl ofynion cyfreithiol yr hen gastwm gwlad, sef rhwymedigaethau tuag at eraill oedd hefyd yn dal tir ond heb y cyfryw gyfalaf, hynny yw *peasantry* y Saesneg, ac afraid dweud fod llawer yng Nghymru nad oedd yn annhebyg iddynt.

Mae lesau llawer ystad yn ne-orllewin Cymru yn ystod y ddeunawfed ganrif ar gael: ni nodweddir hwynt gan *fines* i'w talu wrth gael les, ond ym mhob fferm rhaid oedd gwneud elw er mwyn diwallu anghenion aelodau'r teulu. Fe geisiwyd goleuo'r cefndir yng Nghymru trwy wahaniaethu rhwng dwy ffordd o elwa, trwy beidio â gwario, hynny yw trwy gynilo, a thrwy wario, sef buddsoddi ar gyfer cael gwell elw ymhen y rhawg, ac fe dybiwyd mai'r duedd gyffredin oedd i gynilo, tra bod yna amharodrwydd i fuddsoddi. Tybiwyd mai'r rhesymau am hynny oedd ofn codi'r rhent unwaith y byddai fferm wedi ei gwella, ac ofn bod yn golledus pe bai rhaid ymadael heb gael iawndal teg am welliannau a wnaed.

Mae'r hyn a ddigwyddodd ar lannau'r môr yn drawiadol. Roedd yna nifer o ffermwyr yn barod i fuddsoddi nid yn eu ffermydd ond mewn llongau. Erbyn ail hanner y ddeunawfed ganrif roedd masnach glan y môr yn bywiocáu: nodwyd fod David Parry, yswain Noyadd Trefawr, wedi codi storws ar lan yr afon yn Aberteifi yn 1745, ac fe welodd 1786 sefydlu'r Cardigan Mercantile Company a fu'n weithgar hyd wedi'r Ail Ryfel Byd. Ac efallai fod mwy o barodrwydd eto i fuddsoddi mewn llongau wedi 1786. Yn y flwyddyn honno cafwyd 'An Act for the Furtherance of Trade and Navigation' oedd yn hawlio rhannu gwerth llong yn 64 o gyfranddaliadau; roedd pedwar cyfranddaliad yn un rhan ar bymtheg o werth llong, sef 'owns' o long, ac mae sicrwydd fod ffermwyr gerllaw glannau gorllewin a gogledd Cymru yn prynu cyfranddaliadau hyd at fod yn berchnogion llongau, ac i rai ohonynt sefydlu cwmnïau megis aelodau o deulu Melin y Dyffryn a ddangosir ar fap y Dyffryn yn 1773. Buddsoddai ffermwyr mewn llongau a chychod pysgota hefyd gan fod rhan o bob dalfa yn eiddo i berchen y cwch. Mae ar gadw ewyllys o eiddo aelod o'r tylwyth a oedd yn ddeiliaid fferm Troed y Rhiw. Dyddiad yr ewyllys yw 1789 ac fe'i profwyd yn 1801:

> . . . I John Rees . . . yeoman, being sick and weak in body but of perfect mind, memory and understanding do make my last will and testament in the following manner and form.
>
> I give and bequeath to my son David the one half or moiety of my boat called Mariah and he is to possess the same soon after my decease; And all the rest of my goods . . . of what nature or kind I own they be, I give and bequ[e]ath the same to my beloved wife . . .

Fe adeiladwyd llongau am y tro cyntaf yng Ngheinewydd yn ystod chwarter olaf y ddeunawfed ganrif, ac ar gyfer eu cofrestru gwahaniaethid rhwng 'Cei Newydd', 'Traeth Gwyn', a 'Chei Bach'. Ymddengys mai ar gyfer teulu fferm gyfagos Llwyn-onn yr adeiladwyd y llong gyntaf yn y Cei Bach, ac ar gyfer ffermwr oedd yn forwr hefyd yr adeiladwyd y llong gyntaf yn Nhraeth Gwyn.

Buddsoddai rhai o ffermwyr plwyf cyfagos Llandysilio-gogo yn llongau'r Cei gan gynnwys yr Oweniaid, tad a mab tenantiaid y Cilie. Buddsoddasant hwy felly dros gyfnod o 75 mlynedd er yn aflwyddiannus yn y pen draw, ac roedd eraill yn y cylch oedd wedi buddsoddi ar gymhelliad yr Oweniaid. Pan aeth Jeremiah Jones, 'Jeri'r Cilie', yno yn 1889 roedd y fferm yn wag ers dwy flynedd ac yn ddidda ei chyflwr, ond nid oherwydd amharodrwydd ei ragflaenwyr i fuddsoddi. Roedd y Cilie yn 'ffarm fowr', gyda'r mwyaf yn y cylch: 'y continent' chwedl Isfoel. Heb fod nepell oddi yno mae'r fferm lle yr agorodd yr Urdd wersyll yn 1932, sef Cefn Cwrt. Tua 100 mlynedd cyn hynny bu Evan Timothy yn ei ffermio cyn symud i'r Cei i fuddsoddi nid mewn fferm ond mewn llongau a busnes arall yno. Yn 1878 fe sefydlwyd cwmni insiwrin[9] i ddarparu ar gyfer y 'llonge bach' a'u llwythi – nid yng Nghaerdydd na Lerpwl ond yn Aber-porth. Ffermwr lleol oedd yr ysgrifennydd.

Un rheswm amlwg am fuddsoddi fel hyn oedd gwneud elw, ond tebyg fod yna reswm arall am fuddsoddi mewn llongau yn hytrach na gwella ffermydd. Gellid gwerthu cyfranddaliadau mewn llongau a gwneud elw; ni cheid y fath enillion o fuddsoddi mewn cloddiau a chwteri a gwella'r tir. Ac fe fyddai clymu adnoddau drwy wneud hynny yn ieuo'n annifyr ac yn golygu bod sefydlu plant ar eu ffermydd eu hunain pan ddymunent briodi yn anodd: roedd angen adnoddau oedd ar gael yn hytrach na rhai oedd ynghlwm. Prin y newidiodd hynny nes cael cyfleoedd eraill megis trwy gyfrwng addysg, yn hytrach na bod pawb yn chwilio am ffermydd i'w hunain.

§

Ar y cyd ag neu ynghlwm wrth weithgareddau'r Hen Amaethyddiaeth yr oedd gofynion mesur helaeth o hunangynhaliaeth ym mhob ardal. Ar un ystyriaeth fe ddaeth yr hen drefn i ben pan fabwysiadwyd y Gwelliannau mewn amaethu gan beri diflaniad y ffermydd 'tir agored a chaeau' y soniwyd amdanynt. Ar ystyriaeth arall, ni ddaeth i ben yn llwyr nes darfod y dibynnu ar adnoddau lleol, sef yn ddiweddar yn y bedwaredd ganrif ar bymtheg. Bryd hynny fe gafwyd dau beth, bwydydd a gwrteithiau tramor a'r drafnidiaeth i'w cludo i gefn gwlad.

9 Roedd cwmni o'r fath eisoes yn y Cei, oddi ar 1851.

Ymdriniwyd yn fanwl â'r newidiadau a wybu Cerngoch a'i gyfoedion yn y rhagymadrodd i *Cerddi Cerngoch* (1904), lle ceir cyfrif o brofiad Cerngoch (1825-1894) a'i genhedlaeth: 'Gwelsant y trosfynediad o'r cawl lla'th a'r bwdran i'r te; o'r phiol a'r trenshwn i'r bas'n a'r plat; o'r bladur a'r cryman i'r peiriant lladd gwair a llafur; o'r ffustau a'r gwagrau i'r peiriant dyrnu a nithio; o'r t'warch pen twsw i'r glo; o'r ganwyll i'r lamp; o'r twb a'r *longbody* i'r trap a'r gambo; o'r bara barlus i'r bara can; o'r berem cwrw i'r *German yeast*; o'r dillad gwlad i'r *ready made*; o'r fflinten i'r *breechloader*; o'r briodas fowr a neithior i'r briodas fach a mis mêl; o Deio, Shani, a Nansi i Mr., Mrs., a Miss Jones: o'r gamfa a'r polca i'r weier bigog, o'r dom a'r calch i'r *manure*.' Ac ar y trothwy roedd gwerthu'r ystadau ynghyd â phopeth oedd ynghlwm wrth hynny.

Gwybûm adlais y newid a ddaeth yn sgil hynny oll. Pan oeddwn yn blentyn ysgol bûm yn chwarae pêl-droed â phledren mochyn wedi ei chwythu i fyny; nid oedd angen stamina, gêm fer oedd hi. Genhedlaeth ynghynt prin y digwyddai hynny, fe fyddai angen y bledren at gadw saim y mochyn, fel yn nyddiau Pryderi 'synnen i fochyn'.

§

LLYFRYDDIAETH

Caird, J., *English Agriculture in 1850-1851* (Llundain, 1852).
Davies, E., *Hanes Plwyf Llangynllo* (Llandysul, 1905).
Davies, W. D. (Gwallter Mechain), A *General View of the Agriculture and Domestic Economy of South Wales*, (Llundain, 1814). Dwy gyfrol.
Davies, W. J., *Hanes Plwyf Llandyssul* (Llandysul, 1896).
Evans, E. Estyn, 'Some Survivals of the Irish Open Field Systems', *Geography*, XXIV (1939, tt. 24-36).
Harvey, N., *Ditches, Dykes, and Deep Drainage* (1956) a *Fields, Hedges and Ditches* (1976).
Hassal, Charles, *A General View of the Agriculture of the County of Carmarthen* (Llundain, 1794).
Hassal, Charles, *A General View of the Agriculture of the County of Pembroke* (Llundain, 1794).
Howells, B., *Elizabethan Pembrokeshire, The Evidence of George Owen* (1973).
Howells, B. a K. A. (gol), *The Extent of Cemais,* 1594 (1977).
Jenkin, T. J., 'Y Parch Llafur (Y Cae Ŷd'), *Gwyddor Gwlad*, Rhif 4 (1961, tt. 5-46).
Jenkins, G., *Ar Bwys y Ffald* (Tal-y-bont, 2001).
Jones, D. E., *Hanes Plwyfi Llangeler a Phenboyr* (Llandysul, 1899).
Jones, G. R. J., 'Field Systems of North Wales', yn Baker, A. R. H. a Butlin, R. A., *Studies of Field Systems in the British Isles* (Caergrawnt, 1973).
Jones, R. L., 'Changes in the Pattern of Cardiganshire Farming 1908-1958', *Journal of the Royal Welsh Agricultural Society*, XXVII (1958, tt. 39-50).
Kerridge, E., *The Agricultural Revolution* (Llundain, 1967).
Lloyd, T. a Turnor, D., A *General View of the Agriculture of the County of Cardigan* (Llundain, 1794).
Marshall, W., *The Review and Abstracts of the County Reports to the Board of Agriculture* (Llundain, 1808).

Miles, Dillwyn (gol.), *George Owen, The Description of Pembrokeshire* (Llandysul, 1994).

Owens, B. G. (gol.), *Cywain: Detholiad o Waith Llewelyn Phillips* (Cymdeithas Lyfrau Ceredigion, 1986).

Payne, F. G., *Yr Aradr Gymreig* (Caerdydd, 1954).

Thomas, S., *Land Occupation, Ownership, and Utilisation in the Parish of Llansantffraid, Ceredigion*, Cyfrol III, Rhifyn 2 (1957, tt. 124-55).

Vaughan, C., *Lluestau Blaenrheidol, Ceredigion*, Cyfrol V, Rhifyn 3 (1966, tt. 246-63).

Wiliam, E., *The Historical Farm Buildings of Wales* (Caeredin, 1986).

Dogfennau

Mapiau

Ll.G.C.: Map Bronhownant, Map y Dyffryn.
Yn Archifdy Ceredigion: mapiau ffermydd ystad Noyadd Trefawr.

Casgliadau yn Ll.G.C.

Casgliad Cwmgwili, rhif 1452 – Fferm y Dyffryn.
Casgliad Noyadd Trefawr, rhif 737 – manylion am holl ffermydd yr ystad yn siroedd Aberteifi a Phenfro: rhifau 738 a 742 – manylion rhenti'r ffermydd hynny.
Casgliad Morgan Richardson: amryw rifau am fferm y Plas, gan gynnwys 606, 903 (am 'unarable'), 1679, 1707-8.